CATCH MY MOMENT

我的零点时刻

CATCH MY MOMENT

朱军 著

江苏人民出版社

C**目录**ONTENTS
我 的 零 点 时 刻

- 人生没有彩排（代序）/ 001
- 第01章　这一刻，与世俗无关 / 001
- 第02章　这一刻，与痴梦相守 / 045
- 第03章　这一刻，与恪守为敌 / 089
- 第04章　这一刻，与失意擦肩 / 117
- 第05章　这一刻，与至简交融 / 153
- 第06章　这一刻，与国家同行 / 205
- 零点时刻（代后记）/ 284

CATCH MY MOMENT

零点时刻之"0"意味深长，看似一无所有，却代表了无限的可能，从起笔到落笔，往复之中，永无终结！

（代序）

人生没有彩排
— CATCH MY MOMENT

  几分钟或者几天的"快乐"赚我们活了一世，忍受着许多痛苦。我们希望它来，希望它留，希望它再来——这三句话概括了整个人类努力的历史。

  这是钱钟书先生的话。他一语道尽了人与岁月的争斗。

  当又一个节日盛典即将来临，不远处已开始飘荡甜美的气息。放下日常生活的"困惑"，我再次拿起了"快乐"，它是我每年都会送出去的大礼，给我的亿万观众，给我的亲朋好友，也给我自己。

  零点时刻，是赞美快乐、感恩岁月的高潮时刻。

  这是一个极富仪式感的神圣时刻，但它和华美的场面、恢宏的乐曲无关，它上演于每一颗鲜活的心灵里：回顾过往，珍惜当下，畅想未来。就在这个关节口上，每个生命都进行着与自己的对话，与命运的交手。

  人生没有彩排，生活每天都在直播，身为春晚主持人，只不过这个"零点时刻"是在万众瞩目下直播。当我从前辈的经验中主动创新，以"倒计时"的方式切入这段特殊的时刻，10，9，8，7，6，5，4，3，2，1，零点的钟声响起，举国欢腾，鞭炮齐鸣，那个在零点悠长的钟声里被无限放大的"快乐"

彻底击碎了我心头的紧张、焦虑,甚至痛苦!

这是一份因特殊职业而带来的特殊的快感,在忠诚维护"零误差"直播的过程中,虽然我有过失误,也有过救场,但就在这高潮低谷的颠簸间,我的视野穿越屏幕,看到了生命更辽阔的风景。在旧岁新春相继的零点,钟声渺远,零点之"0"也同样意味深长。旧的一年自动归零,新的一年自此开始。据说"0"是印度的大乘空宗所创,意为"空"。大音希声,大象希形,这看似一无所有的"0"却代表了无限的可能。旧岁圆满?新年伊始?大概都囊括了吧!

舞台上下的实践与感悟,润泽着我的心魄。在"中国的狂欢节",我对脚下的这方舞台刹那间百感交集。

自1997年开始,我便与春晚结缘,作为其中的深度参与者,我与它已经携手走过了整整数十载。这十几年,是一个男人的黄金年华:从三十而立,拿青春赌明天,到四十得子,与爱情相濡以沫。无论我经历低谷,还是高潮,无论我拥有荣光,还是失落,春晚总会赐予我无上的荣耀,让我与十几亿电视观众在中国最盛大的节日相遇,纵时空阻隔仍心有灵犀。数十载除夕,我都会以最为光鲜的形象如约出现,与你相遇在"春晚"金碧辉煌的演播大厅中,与你相遇在大大小小的屏幕里。在亲爱的观众面前,我从而立走过不惑,从青涩走向成熟。

这是我职业生涯的大场面,亦是你的良辰美景除夕夜。世界上还有哪一台晚会能有如此旺盛的生命力和巨大的影响力?万众瞩目,全民狂欢。

零点时刻,是回眸,是高潮,是畅想,无论对于文艺晚会,还是真实人生,它永远是一个起承转合的关节点:怀旧、感伤、极乐、失落、希望,百味杂陈,万般滋味,飘荡在热闹又空旷的演播室,奔突于虚拟又真实的舞台上。

艺术与生命是一致的,但又是分裂的。而春晚,正是一个与我的生命深度交集的艺术大舞台……

2011年12月1日

第01章
这一刻，与世俗无关
CATCH MY MOMENT

这个世界上，与我们亲近的人屈指可数。当面对父母、兄妹、妻儿，这些与我有着血脉相连的人们，我瞬间觉得这世界的世俗，一切与我无关。他们是我人生中最大的幸福源，而我，只想拼了命地对他们好！

催泪四招让我潸然泪下

2005年某个特殊的日子，我和老友冯巩聚到了一起，喝着啤酒，聊起了陈年旧事。聊着聊着，巩哥突然拿出了一张照片。

这张照片甫一亮相，我的心脏立时揪紧。照片上是冯巩、我，以及卧病在床的老母亲，母亲戴着氧气罩，插着输液管，躺在中间，冯巩在左，我在右。

"那天临走的时候，老太太把我一个人叫过去，跟我说了一句话，至今我都没告诉你。"

"她跟你说什么了？"我连忙追问。这事一晃已经过去四年多。

"想知道吗？"在这个节骨眼上，他还卖起了关子。

"嗯。"我不禁连连点头。

"把酒喝了。"我把酒杯放到嘴边胡乱地喝了两口，一心等着冯巩揭晓谜底。

"没喝干净，你这儿养金鱼呢？"

一饮而尽之后，冯巩终于公布了答案："老太太语重心长地对我说，'冯巩啊，小军已经老大不小的了，你一定要帮我劝劝他，我连做梦都希望他能有个孩子……'为咱妈这句话，咱喝点儿……"

听着冯巩的这番话，摩挲着手中的照片——照片中的母亲虚弱地躺靠在病床上，却竭力让自己露出笑容，她憔悴的脸让我心里阵阵疼痛。想到就在拍下这张照片数月之后，母亲便永远离我而去，我终于难以自持，禁不住潸然泪下。

这个特殊的日子正是 2005 年的除夕，而这个场景正是我和冯巩共同在春晚上表演的《笑谈人生》中的一幕。从排练到正式直播，这已经是我第三十次表演这个节目，而每一次，我的泪水总是控制不住。热闹如昔的春晚舞台上，身后的布景是我最熟悉不过的《艺术人生》现场，眼前的访谈嘉宾是老友冯巩，而我一直追问的是一个我早就知道了答案的谜面，要反复面对的是最挑动我泪腺的病榻上的老母亲。《笑谈人生》以《艺术人生》为蓝本，以戏谑的口吻总结了"催泪四招"——套近乎，忆童年，拿照片，把情煽，音乐一起，让你的眼泪流个没完。所谓"笑谈人生"，既有轻松的调侃，又有感动的泪水，现场观众的情绪也随着我们的表演起起伏伏，或哭或笑，无不出自真心。

《笑谈人生》，谈出了人生百味，也考量着我内心的情感与理智。

坦白地说，无论于我，还是冯巩，《笑谈人生》都是无法逾越的高峰，因为这个作品取材于我们各自的真实人生。"真人版"的《笑谈人生》背后还有一位才华横溢的策划和编辑——徐小帆，正是他帮我们把这些生活素材加工成了一部艺术作品。作品诞生当年，徐小帆便与世长辞，《笑谈人生》于他于我都堪称绝响。

2005 年 11 月的一天，突然有人告诉我"小帆走了"。一时间我没反应过来，随口便问了一句："去哪儿了？"作为资深的电视节目策划人、撰稿人，徐小帆也是春晚早期的主创人员之一。我们的相识是在我刚来中央电视台的时候。那时，台里刚开始举办 MTV 大赛，我是工作人员，而他作为著名的词作家，担任评判工作。他为人低调，平时不太爱说话，但是做事非常认真。我们平时没有太多交流，也没有深入了解对方的机会，但他对我仿佛有种特殊的信任。有时节目做了调整，中间的串词就要随着变化，而作为撰稿人的他会很放心地对我说："朱军，你自己看着弄去吧。"当然，这绝不是敷衍了事，如果我自己改的文字达不到他的要求，他会沉吟片刻，然后很委婉地告诉我："你看这样会不会更好？"每次策划会他发言前总会说"我说两句，意见不成熟，仅供批判"，而他不成熟的意见不知催生了多少作品，其中就包括《艺术人生》和《笑谈人生》。

春晚和《艺术人生》是我的两大主要阵营，称小帆为"两军谋士"绝对实至名归。在小酒馆里我们聊出了《艺术人生》漂亮的凤头，在 2005 年的春晚舞台上，冥冥之中我们又合奏了豹尾般有力的生命绝响！小帆走得很突然，明明数月前我们还在一起备战春晚。

"朱军，你有时间的话来一下影视之家吧！"我在家里意外接到徐小帆的电话，他找我一定有正事。

"什么事？"

"冯巩的作品被毙了，我现在有个想法，咱们来一起讨论一下！"

当时距离春晚直播仅剩一个月的时间，而这已经是冯巩的作品第二次被毙掉。其他节目都在紧锣密鼓地彩排，如果不能及时拿出新的作品来，他今年上春晚铁定没戏。作为曾经在春晚舞台上合作过的好哥们儿，这个忙一定得帮。

"好的，几点？"我毫无迟疑地答应了。

"下午两点吧。"

两点，我如约到了影视之家，徐小帆和冯巩都在。

小帆开门见山地说："我有一个想法，我想把《艺术人生》和春晚的相声剧结合起来，由你采访冯巩。"

"这能有笑料吗？"《艺术人生》一向走温情路线，虽然现场也经常笑声不断，可它本质上并非搞笑的娱乐节目。

"这也正是叫你来的原因，咱们一起来讨论一下这个作品，先从理论上论证一下，看看它到底能不能立起来。"

以央视名牌栏目为蓝本创作春晚小品，已经有了类似的成功范例，比如《昨天，今天，明天》就是依托《实话实说》做起来的。可是《艺术人生》的笑点在哪里？

几轮策划过后，针对当时《艺术人生》"含水量"过高的评论，我们决定将计就计，就从大家关注的煽情入手，围绕我和冯巩想方设法让对方流泪以及由此引发的种种笑料展开。尤其当把所谓的"催泪四招"艺术性地抽离出来之后，我自己看了都不禁哑然失笑，还真像那么回事。当时《艺术人生》制片人王峥还提出过"抗议"："朱哥，这不好吧，咱们的节目哪是这样的啊？"我解释说："首先这个剧叫'笑谈人生'，而非'艺术人生'，并不是把咱们的节目原模原样地搬上舞台，让大家看看刻意而为和真正节目的差别也好。再者，敢于自嘲说明咱有自信。有则改之无则加勉，也表明我们的态度。"

"立项"之后，我和冯巩便开始聊起了彼此的"艺术人生"。回忆起用家里的床板为即将插队的姐姐做箱子的经历，他变得兴奋起来，随后把小时候因家里困难而经常捡煤球之类的事抖了出来。后来聊到冯巩曾经和我一起回兰州看望病重住院的母亲时，徐小帆敏感起来："还有这么一段？快细说说！"

2000年8月，母亲当时正在住院，我和冯巩一起去兰州演出。演出是晚上开始，第二天一早我们就要返回北京。刚在兰州下了飞机，冯巩就对我说："兄弟，我在兰州有几个好哥们儿，咱中午一起聚聚怎么样？"

"对不住，巩哥，我可能真去不了。"

"怎么了？"

"老母亲重病住院呢，我不去看看心里不踏实。中午我得赶去医院，吃饭我就不去了，你帮我向哥儿几个解释一下吧！"

"有这事怎么不早说？在哪个医院？"

"兰州军区总院，七里河的那个。"

他当即拨通了朋友的电话："兄弟，我这边有点事，咱们把午饭时间往后错一下，改到一点半吧，还有，最好把聚会地点安排在七里河附近。"挂了电话，他转而看着我，"走，咱一块看老娘去！"说完，我们一刻也没耽误，坐上面包车直奔医院，同行的还有他的助手李志强和经纪人小付。车停在了医院门口，来往的人很多，他不方便下车："志强，去买个果篮，挑个好的，别怕花钱。"不一会儿，志强就拎着一个大果篮回来了。冯巩看了有些生气："买的是送给老娘的礼物，你买的这是什么玩意啊？"

"哥，这是最贵的了。"

"我没说贵还是便宜，你去看老人，上边放两个梨算怎么回事？去把梨换成苹果。"换回来之后，冯巩这才满意地看着果篮，像是在解释："这叫平平安安，放个梨像什么话……"

那时候，母亲的病情已经比较严重了，她整天一门心思就是去找我爸，没事还老爱念叨："你爸在那头叫我呢，我要去找你爸了。"我虽然回去得很频繁，但是每次回去母亲总是会特别高兴。

到医院的时候，我自己先进了门："妈，你看我把谁带来了！"

冯巩刚一踏进病房，母亲就又惊又喜："哎呀，你……你咋来了？冯巩！"母亲没有崇拜过哪个明星，但是一见到冯巩就开心得不得了，而且一下子就叫出了他的名字。知道我俩来了，病房里围了不少医护人员。冯巩恭恭敬敬地给大伙作了个揖，恳切地说："拜托了，各位，这是咱妈，请各位多用点心，把老人家照顾好了。我们也不能天天陪在这儿，你们就受点累吧！拜托大家了！"在场的医生和护士都被他的情绪感染，纷纷点头答应。身为人子的我更是非常感动——这个朋友，我这辈子交定了。二姐和三姐当时都在，并特意拿出相机为冯巩、我和母亲拍了合影，这才有了那张在春晚上曝光的我和冯巩各坐在母亲病床一头的照片。

旧事依稀，却已物是人非，聊起母亲，我和巩哥都有些伤感。就在我俩陷入沉默之时，徐小帆却突然说了一句："有了！"他太了解我了，他知道母亲去世后我的心结所在。他问冯巩："当时朱妈在病床上都对你说什么了？"

"都是一些家长里短，具体的记不太清了，反正老太太挺高兴的。"

"有没有说让你劝朱军要孩子的事？"

"好像还真说了。"

一抬眼，竟然已经是深夜11点了，我们从下午两点多一直聊到了现在，竟全然不知。

"行，二位回去休息吧！今天晚上我拿出一个样稿来，明天上午再接着讨论。"

写作的人善于在这些生活素材中捕捉灵感，而我从影视之家出来时还是一头雾水——有什么了？这事怎么就成了？第二天下午，我接到了徐小帆的电话："你赶紧到影视之家来一趟，本子出来了，而且今天晚上台领导就要看！"

"什么？本子我还没见着呢，晚上就看，怎么演？"

"就是拿着本子念也得演，台里领导定了，今天晚上就要看！"

我放下电话就直奔影视之家，拿到本子一看：嗯，真的成了。

因为本身就是我俩的亲身经历，又是用《艺术人生》的节目形式，所以我上手很快。我们抓紧下午仅有的几个小时对了两遍词，冯巩问："咱走一遍？""行。"虽然台词都只是大概记得，但自由发挥得很自然，这一遍下来，我们的心里就都有谱了。

晚上七点半，胡恩副台长和朱彤主任率团观看并审查了我们的节目。出人意料的是，虽然从构思到表演仅仅用了不到两天的时间，但演出效果出奇地好。第一次把这份感情在人前展露，我不是在演，而确实是真情流露。"我连做梦都希望他有个孩子。"这不就是母亲生前最大的遗憾吗？我们在医院的合影是用姐姐的相机拍的，台本刚成稿的时候照片还没有从老家寄过来，但听了这句话，那些往事俨然昨日重现，一时间我泪流满面。

审查顺利通过，照片的迅速到位成了最大问题。若不是为了春晚，谁愿意把母亲晚年这么痛苦的一张照片拿出来示人？谁愿意让家人刚刚平复的心情再起波澜？那张照片全然不是母亲平时的形象，虽然生我的时候母亲已经四十多岁，我无从推断她年轻时候的模样，但记忆中母亲的脸上永远带着笑意，她坚强、豁达、开朗，全"兰战"（兰州军区战斗歌舞团）从老到小都亲切地叫她"朱妈"，而相片中的母亲却是一副憔悴的模样，与我记忆中的印象相去甚远。可是如果没有这张照片作支撑，作品是站不住脚的，因为贯穿前后让人发笑的主线就是我想让他哭，结果他拿出照片来，我却忍不住掉下了眼泪。没了照片，作品就没了依托，就成了空中楼阁，到底怎么办？

电话打回兰州时，我试探着先问了大姐"当年冯巩来看咱妈时的照片还有没有"，她说："你外甥和你二姐应该都有。"我又分别给他们打电话，后来二姐先给我回话说照片找到了。"不好看，咱妈的表情不自然，还插着输液的管子，你和冯巩还可以。"我犹豫了一下，还是开了口："我可能要在一个节目中用这张照片，你给大哥二哥他们都看一眼吧，问问他们同不同意。"得知我要把它带上春晚，家里确实出现了两种声音，一种声音就说已经是故去的人了，你又把照片拿出去，这不太好吧。听罢，我心里更纠结了，后来大哥问我："你们的节目非用这张照片不可吗？""嗯，如果没有它，节目的魂儿就没了。"他想了想："既然这么重要"，大哥稍稍停顿了一下，"那就用吧！"父母走后，大哥的话具有绝对权威。我们哥俩儿都同意的事，基本不会遇到什么阻力。二哥经常开玩笑说："论官位，我不如大哥；论名气，我不如军军，不管到哪儿，别人介绍我之前都会冠以一个前缀。活了大半辈子才发现，原来我不是我，在省里我是'朱志良（大哥的名字）的弟弟'，出了省我是'朱军的哥哥'。"这话听起来多少有些无奈，其实不光二哥，家里的兄弟姐妹莫不如此，非但没沾光，反而要在各种场合特别注意自己的言行，生怕影响我和大哥的名誉。我和大哥都知道，我们每筑建一层新的高度，都离不开他们的添砖加瓦。大哥发了话，这事情就算定下来了。

照片有了，可怕的梦魇之旅随之开始。入选春晚的节目都要几经"摔打"，而这个节目每演一次对我来说都是一轮痛苦的折磨。尤其是我们和老母亲的合影寄过来之后，看到病床上插着管子的母亲，我的心揪着疼。后来我对冯巩说："巩哥，抱歉，这个作品咱们这么演下去，我受不了了。从今天开始，慰问演出我就不去了，你找别人去演，台里彩排我跟一下就行了。"他也非常理解我，但这只是我们俩之间达成的默契，有很多演出还是不得不去。在春晚之前，这个节目我已经演了二十来场，每演一次都半天缓不过劲儿来。平时最疼最不敢碰的疤，却要一次又一次地掀开缝上、掀开缝上，让我的情感一次又一次地释放，却也一次又一次地受煎熬。到了真正的直播，反而是我演得最次的一回。大概是真正到了台上，心里有了杂念，我想把它演好，就真的开始"演"了，真情的成分已经在之前的二十来次表演中消耗大半。为什么第一次就能顺利通过？就是因为真，任何一个表情都不是演出来的，再资深的表演家都不能完全免于匠气，而第一次无疑浑然天成。但观众心里没有这个比较，现场效果依然很好，掌声笑声不断，拿出照片时，台下观众眼中都泪光闪烁，我的心里也多了一份不同于彩排时的感动。

从十几岁学说相声开始，老师一直告诉我什么是最高级的笑——笑中带泪——让人已经到了感动的极限，同时又能把他的感情瞬间拉回到另一个端点。这个作品做到了。节目前半部分台下笑声响成了一片，后来的段落又令人眼泪纷飞。最后，蔡明扮成冯巩的母亲出场，又让观众破涕为笑。这哭哭笑笑的过程，让我反复咀嚼了人间大痛，同时也消解了缠绕我许久的浓浓心结。在此之前，父母去世后，不能在他们晚年时常伴左右的遗憾已经在我心里拴成死结，虽然家人多方开解，但我却很难释怀，想起这件事心里就窝囊，就别扭，甚至怀疑自己的奋斗到底有何意义。而当我面对全国观众把自己的心怀敞开时，让大家看到我的同时，我也为自己洞开了一扇门。

在我生命的旋转舞台上，生活、春晚、《艺术人生》各执一面，它们有着不同的规模和气场，而这一次，《笑谈人生》让它们水乳交融。2005年春晚就像一个人性的战场，能在这个舞台上战胜自己的脆弱，处置好自己的理性与情感，我明白，这一切来自于天堂里母亲的百般佑护。

感谢母亲。

最可怕的那件事发生了

巩哥去医院看望母亲时,她的身体状况已经不容乐观了。那一年,我经常往返于北京和兰州之间,有时候一个月要跑四五次,哪怕只有一两天的时间,我也会回兰州一趟,只是为了多陪陪母亲。考虑到北京的医疗水平,我决定让母亲来北京的大医院做一下全面检查。在大哥的劝说下,母亲终于同意由两位姐姐陪着来北京住一段时间。为了让母亲在旅途中更舒服些,我特地买了头等舱的机票。母亲16岁就和父亲在一起,追随父亲来到兰州之后,除了回过两次老家,去过一次徐州以外,就再也没走出过兰州。我小时候,父亲每次坐飞机去北京演出,母亲都会特别羡慕,总是有意无意地打探着:"坐飞机啥感觉?晕不晕?北京可好吧?天安门广场是不是可大?"

我以为母亲第一次坐飞机一定会特别惊奇,可是她没有,她还是像往常一样淡定。我把母亲搀上去之后,指着我们的位置说:"妈,您坐这儿。"她回头看了看:"咱们还坐前边?你姐她们呢?"我解释道:"咱们买的是头等舱的票,她们在经济舱。"她从没听过这种说法,问道:"啥叫头等舱?啥叫经济舱?""头等舱比经济舱座位大,舒服,等起飞之后,吃的饭也好一些。"母亲接着问:"为啥还要分出等级来?"我说:"咱这个座位贵一些。""那不公平。"

在母亲心里,人是不应该有三六九等的,尤其不应该以财富作为划分标准。我曾经说过一句话,即便一个人满腹经纶,也不见得他真有文化。母亲虽然文化程度不高,但在我的心中,她绝对是位有素养、有文化的人。母亲一生几乎都在与贫穷斗争,但她从未视金钱为至上。丈夫的幸福,儿女们的善良诚实，是她持家的根本。我曾经因为半路捡了一个空雪花膏的瓶子，就被母亲给予了一顿揍，"捡来的东西也不是自己的"，这句话成了我人生的警句。

母亲的性格本是豁达开朗的，但是拮据的生活让她每天都过得提心吊胆，生怕一个闪失，全家的生计就毁了。部队有自己的农场，到了深秋时节会给大家分一些菜籽油。有一回我陪母亲去领油。她拿了一个玻璃瓶子，可能是因为那时候我还小，那个瓶子特别大。回来的路上，母亲小心翼翼地拿着它，不敢让我碰。一路上我们有说有笑，我还幻想着这下终于可以开"荤"了。谁知快到家门口的时候，瓶底忽然掉了，油全部洒在了马路上。我在一旁呆呆地站着，不知如何是好。母亲手里还握着掉了底的瓶子，一时间也没反应过来。呆滞了大概一秒钟，母亲赶紧把瓶子倒置了起来，并迅速撕开了自己的棉衣，掏出里面的棉花就往地上蘸，再把蘸到的油挤到破碎的半个瓶子里，直到一滴油也吸不上来，她才倒端着瓶子，如履薄冰一般回了家。把剩下的油放在火上烧开，又等它慢慢地沉淀，上面的那层油又支撑着全家吃了一段时间。

我还沉浸在往事当中，用餐时间到了，空服人员将饭菜摆到了母亲桌上，她却怎么都不肯吃："把这个拿去给你姐姐吃。"我后悔自己当初说了什么头等舱饭菜要比经济舱饭菜好一些的话，我又说："不用，她们也有吃的，虽然不像咱这样，但都差不多，您快尝尝飞机上的饭味道怎么样。"母亲这才将信将疑地吃了起来。飞机即将落地的时候，她对我说："你爸当年坐的是不是这样的飞机啊？"我对母亲解释说："咱这飞机和我爸当年坐的不一样了，他坐的飞机全是螺旋桨，噪音大得不得了，哪像咱们的这么舒适，咱这可是全国最新的一种飞机，各方面都可好了……"不知道母亲到底能听懂多少，我们就这样一路聊着到了北京。

2000年，我和梅梅已经在北京贷款买了一套房子。我曾经把家里的照片带回去给爸妈看，他们总是拿着照片满意地点头微笑着："挺漂亮。"我多次邀请父母来北京的新家看看，他们总是推辞："你和谭梅在北京好好过就行了，我们就不去给你们添乱了，在照片上看看也就放心了。"这是母亲第一次到我们的新家，她显得非常开心，眼睛里漾满了欣慰。我怕她的身体吃不消，提议让她休息一下。她却摇摇头说："你扶我到处看看吧！"

　　后来，我和姐姐一起带着母亲去秦皇岛看海，在北京爬电视塔，去看旋转餐厅，去逛海底世界……只要我认为可以让母亲快乐的地方，我们都要让母亲去看看。那时候电视塔的西北角有一个四合院，里面有家不错的火锅店，几个朋友订了上房最大的一个包间，请老母亲去尝尝。可是，母亲没吃几口就吃不下了。朋友当中有一位是301医院的大夫，他见状悄悄把我叫了出去："老妈得的是什么病啊？"我说："还没查清楚，不确定。"他犹豫了一下，面色凝重地告诉我："也许我不该说这话，据我观察，老太太的病情不太好，你们兄弟姐妹都在北京吗？"我说："没有，大部分都在兰州。"他恳切地说："我劝你还是将老人送回兰州吧，到时候……你恐怕担不起这个责任。"他的"到时候"我懂。对于母亲的病情我心里有数，只是不忍真正去面对它。

　　母亲从北京返回兰州后，我在北京和兰州之间奔波得越加频繁了。有一次，我的一位高中女同学来探望母亲，那天母亲精神不错。同学坐在病床上和母亲亲切地聊着天，我坐在对面的沙发上陪着她们。聊着聊着我就听母亲问道："孩子多大了呀？""都九岁啦！"母亲看着她，流露出羡慕的眼光，转而对我说："军军，过来。"我赶紧凑过去，把头伏到母亲身边："咋了，妈，有啥事？"突然，母亲一个巴掌狠狠地扇了过来，"你看看人家，你呢？"看着母亲眼神中那种深深的遗憾，我才突然明白，原来她之前说的话都是在安慰我。

平常每次说起要孩子的事，母亲总说："我无所谓，你们不要也中，我孙子也有了，外孙也有了，不缺你一个。"我也一直以为哥哥姐姐家都有孩子，我有没有真的无所谓，直到这一刻我才明白了母亲的心思。

也许真的是母子连心。12月的一天，我在安徽铜陵演出，演出完毕参加所谓的"庆功宴"。席间，我突然莫名其妙地烦躁起来，看谁都不顺眼，对谁都爱搭不理。随行的同事问我："老朱，怎么了？"我也很奇怪："不知道啊，莫名其妙地烦躁。""没什么事吧？""没事，就是烦。"到了晚上十一点，我实在忍不住了，找到了主办方："请您找辆车送我去南京！"回北京，我需要从南京登机。"都这么晚了，明天不可以吗？""就今晚，再在这儿待下去会出事的，我待不住了！"两个小时后，我到了南京，那里的朋友帮我安顿好了一切。第二天早上八点五十，我搭乘了最早的航班回家。那时候，我刚刚有了第一部手机。每次上了飞机之后，我都会主动关机，那天飞机都已经开始滑行了，我却依然守着电话，像是在等待什么。突然，电话果然响了，是大嫂："军军，你在哪儿呢？"

"在南京。"

"你在南京做什么呢？"

"昨天晚上去安徽主持一个活动。现在从南京飞北京，已经准备起飞了。"

"那你回北京之后还有没有什么重大活动？"

"这几天没有。"

"没什么节目吧？"

"没什么节目。"

"要是这样的话，回去以后看看，真的没什么大事就回家一趟吧，家里有点事。"

听了嫂子这番话，我心里已经明白大概是怎么回事了。当时我大侄子朱涛在北京电影学院上学，我试探性地问："大嫂，是我自己回去，还是叫上谭梅、朱涛一起回去？"

"可以的话，你们就一块回来吧！"

嫂子的话再加上自己头一天莫名的烦躁，我对母亲的病情已经猜得八九不离十了。到了北京，回台里简单交代了一下工作，我便早早地赶回了兰州。一下飞机，二哥直接将我们接到了医院。母亲在病榻上昏迷着，任我怎么叫都叫不醒。在母亲昏迷的 14 天里，我每天吃住在医院里，顾不得刷牙洗脸，蓬头垢面，一刻不离地守护着母亲。

2000 年 12 月 10 日，我接到台里通知——火速回来准备主持一台中纪委的重要晚会。我拖到了 14 日才出发。清早，医院特别安静，我扑通一下，跪倒在地，给母亲磕了三个响头，之后含泪离开。我心里明白，这次离别极有可能就是永别了。西北的冬天特别冷，风特别大。清早天还没大亮，路上只有我拖着行李箱踽踽独行。那一刻，我体会到了生离死别的刺骨冰凉。

身到了北京，心却落在了兰州。我每天都和家里保持着频繁的联系。虽然每次他们都说："妈挺好的。"可是母亲到底好不好，我心里跟明镜似的。我尽量在最短的时间内做最多的工作，这样就能争取更多时间回去陪母亲。我特别怕就这样错过了母亲的最后一刻。

16 日是中纪委那场晚会直播的日子。当时的我最怕听到电话响，最怕接到兰州的电话，最怕听到大哥的声音。可偏偏怕什么来什么，我颤颤巍巍地拿起电话，真的是大哥："军呀，你这几天是不是挺忙的呀？"我知道我最怕的事发生了。大哥这个时候给我打电话，一定是——我们的母亲不在了，我无力地瘫坐下来。

"大哥,你告诉我,什么时候?"

"没事,忙就别回来。"

"你告诉我,是什么时候?"

"你尽到心了,妈走的时候很平静。"

"求求你,告诉我,什么时候?"

"就在刚才。"

从母亲病重到去世,前后将近十个月的时间,说实话,每一天我都在做着这份思想准备,然而真的到了这一刻,还是不胜其悲。从今天起,世界上最爱我的人去了,我成了一个没有爸爸也没有妈妈的孩子。

冲着兰州的方向,我双膝跪倒在地,给也许还未走远的母亲磕了一个头。我不能自已,终于号啕大哭起来……

那一瞥,竟成为永别

母亲去世的前一年,父亲就已经去世了。父母的离世让我更加珍惜与家人的团聚,也让我更加怀念父母健在时,我们全家过的最后一个年。

1999年春晚直播刚刚结束,处理好手头的工作,我便匆匆赶回了家,和梅梅准备行李,搭乘初一最早的航班飞回兰州,和家人补过一个团圆年。记得是初四早上,我和大姐夫在客厅悠闲地看着电视,忽然我们意识到一个问题,家里的电视好像小了点,我俩一拍即合,直奔商场买了一台37英寸的大彩电。当时还没有液晶平板之类,我们买的依然是笨重的"大屁股",必须两个人才能抬动。到了家门口腾不出手来，就只好喊人出来给我们开门。爸妈一见吃了一惊："你们也没打招呼就出去了，这是买了个啥回来？"我们故作神秘地笑而不语，只是赶紧拆掉包装，把家里原来的 24 寸电视搬到了卧室，把新买的这台电视放在客厅。老太太一看是新电视，高兴得合不拢嘴，边抚摸着电视边念叨："这个大，这个好啊，以后你不在家，我在电视上看你的时候就清楚多了。"父亲不说话，只是笑着，而我们却已经全都了解——母亲的话音何尝不是父亲的心曲！

"在电视上看你"，母亲的话让我心里一阵酸涩。作为小儿子的我，在他们二老进入风烛残年的时候却远游在外。从兰州到北京打拼已近六年，家中的一切全是靠哥哥姐姐、嫂子姐夫们操心。对于我的父母而言，小儿子军军成了一个只能在电视上才能经常看到的人。是的，作为一名央视主持人，我越来越受到大众的认可，自 1998 年开始，我频频出现在中央电视台各种大大小小的晚会上，最多一年的晚会主持量达到了一百多台，差不多平均三到四天主持一台，几乎成了电视晚会的专业主持人。

有了些名气后，各地的大型活动便经常邀请我去主持。1999 年 4 月，洛阳牡丹绽放，花会开幕式主办方向我发来了邀请函。当时我内心一动：机会来了！作为朱家的孩子，我能够亲自回老家看看，也可以代父亲完成他的心愿。

在洛阳主持一切顺利，开幕式结束后，我找到主办方，向他们提出了一个诚恳的请求：我想回趟祖籍。当时的洛阳市市长听了，一脸的惊异："你是河南人？"我自豪地回答："是啊！听父亲说，我的祖籍是洛阳市孟津县朱仓村，但我父母成长的地方是送庄。"最后，我还不忘用地道的河南话补充一句："俺可想回家看看。"

"中！"市长爽朗地一笑。我的愿望立刻得到了老家人亲切的回应，车子带着我这个在外多年的"小河南"一路狂奔。我害怕惊扰乡亲们，所以事先并没有向任何人透露这个想法。可是当我到了村子的时候，还是被乡亲们认了出来，大家把我团团围住，扯着我问东问西。"你是不是那个春节晚会上的主持人呢？""我可爱看你主持的节目嘞。"听着亲切的乡音，我不禁说了两句心里话："回到家里来一直是我父亲的心愿，落叶总归根。可老人家身体不好，我算是代替父亲回来看看大家，向乡亲们问好！"

听了这话，在场的老人主动提出带我去看看祖宅。我们在村子里的一间土坯房前停下了，房子残破不堪、风雨飘摇，房前紧邻他人后墙，空间之狭窄，难容二人并排行走。见此情形，我有些伤怀，爷爷辈在村子里地位之卑微，可见一斑。"瞧老朱家那一群要饭的！"我的耳边回响起小时候别人挖苦我家的话语，往事点滴，历历在目。我从小生长在"兰战"大院里，我是家里最小的孩子，上面有三个哥哥、三个姐姐。挣钱人少，吃饭人多，我姊妹七个，加上我舅舅、我外婆、我妈妈，家里十一口人，吃饭全靠父亲一个月130多元的工资，平均到人头上简直微乎其微。而家里的孩子们多数在上学，光学费就是一笔庞大的支出。但就是在那样的艰苦条件下，从朱仓村走出的朱家人，如今已是"枝繁叶茂"，孩子们个个坐正行端，如今也都已成家立业。老朱家后继有人了，也算对祖辈的慰藉。

别看我们家在兰州人口众多，可在河南老家却是人丁飘零。当然，在朱仓村我还是找到了一些远房同姓的亲戚，由于远离故乡，对于辈分我有些搞不清楚。乡亲们给我介绍，这是你姑姑，我赶紧上前给人鞠了一躬；这是你叔叔，我上前又鞠一个；过来一个白发苍苍的老人，居然管我叫爷爷，还一个劲儿地给我鞠躬。老人精神矍铄，拉着我走到一片田野前，指着不远处的地方跟我说："那儿大概就是你家的祖坟，你爷爷当年就埋在那里。"世事变迁，沧海桑田，原来的坟茔早已被铲平，种上了庄稼，祖辈们的生命与故土相融，与天地化而为一，在万物循环中生生不息。当我看到那片土地上蓬勃生长的庄稼，不觉欣慰地一笑，这又何尝不是朱家代代繁荣兴旺的最好预示？

在我的一个二姑家，我吃到了河南老家的特色糊涂面，做法简单，口味地道。热腾腾的面让我想起小时候母亲在家里做饭的情景。我们家有一口大铁锅，母亲把面条往锅里一扔，最后抓两把面一撒，连喝汤带吃面，真的是糊里糊涂。每次吃完后，我还忍不住在碗边舔上几口，那特殊的滋味我一辈子也难忘记，如今于故土重温，更加倍感亲切。

要说在河南老家，和我最亲的人就数送庄的王金亭叔叔了。说是叔叔，其实按辈分讲应该是舅舅。他的父亲曾经收养过我的父亲。父亲从小和他一起长大，自然而然成了好兄弟，于是我们都管他叫叔叔。我小的时候，他也到了甘肃，后来在兰州工作。那时候，我天天盼着叔叔来，心里总念叨着这个叔叔怎么还不来啊？因为他一来，准给我带桃酥、苹果、糖块儿等难得一见的稀罕货，所以我从小就和他感情很好。叔叔退休以后，就回到老家了。那次我去看他，老人家非常激动，说话的声音都颤抖了，握着我的手就是不松开。但有些遗憾的是，后来我才知道老家有这么一个规矩：跟谁最亲就应该在谁家吃饭。而不懂规矩的我在二姑家先吃了。为此父母后来还责备我：你真是不懂事，你应该在你叔叔家吃饭。身为朱仓人，却不懂得朱仓的规矩，也不知道当时我有没有让叔叔心里不舒服。而就是这个老家最亲的人，如今也去世了。

我回河南的事情，开始并没有告诉父母。后来，我兴冲冲地回到兰州，要给父亲一个惊喜。那天晚上，夜很深了，父母躺在床上，我坐在床头，凑到父亲近旁，神秘地对他说："爸，您看，我回了趟老家。"

"啊，"父亲先是一愣，"你啥时候回去的？"

"就前两天回去的。"我一边说一边从包里掏出回老家时孟津县宣传部门帮助拍摄的照片和录像带。

"咋样？"父亲的神情中充满着期盼和渴望。

我晃晃手里的照片和录像带，对父亲一笑："您先看，看完再说。"

当时，家里的录像机还在客厅，我索性把它拆下来拿进父母的卧室，然后插到了电视上。录像带插进去后，屏幕上开始显现当天的热闹场面：在村子的田间地头，我和老乡们用河南话聊得分外开心。

父亲专注地看着，特别高兴，边看还边指着屏幕，和我母亲交流着什么。画面中出现了残破的祖宅，接着又出现了朱家的祖坟所在地。看到这些，我想父亲的思绪一定又飘回到了自己的童年，飘回到了那段在故乡度过的难忘岁月。

大约看到了录像2/3的地方，也就是我说替父亲回家看看的时候，不经意间，我扭头看了父亲一眼，谁知他老人家正在默默地流泪。要知道"男儿有泪不轻弹"，更何况父亲是那样坚强的老军人。我想，镜头中老家的人、事、情，一定触及了老人内心最柔软的位置。

"你小子还中。"父亲冲我点了点头。

也是在这一年的9月，我受邀担任兰州大学90周年校庆主持人，当日上午11点到达兰州，下了飞机我就直奔兰大。几个小时过后，一切准备停当，只等晚会开始。我已是胸有成竹，趁着时间还早，就打车回家看看父母，让他们高兴高兴。得知我是"溜号"出来，父亲"勒令"二哥"押送"我重返晚会现场，还要监督我的表现，回来向他汇报。

晚会结束后，我们夜里11点多才到家。平时这个钟点，父母肯定都睡了，我们怕吵醒他们，蹑手蹑脚地进了门。一开灯，父亲居然在客厅端坐着。"您怎么还没睡啊？"我不解地问道。他并不理我，只是一脸严肃地问二哥："这小子今天表现咋样？"二哥就把我的表现、观众的反应一五一十地做了汇报。父亲听完以后，满意地点点头，这才看着我，语重心长地嘱咐道："这就好，以后可千万不能这样了。"说完之后，有些蹒跚地走进了卧室。

看着父亲伛偻的背影，我的心里说不清是幸福还是酸楚。我已经 36 岁了，同龄人的孩子都上学了，而在父母眼中，我依然是那个还没长大、需要他们特别照看的幺子。我是多么享受这种宠爱，又是多么害怕失去。

除了过年过节，我和几个哥哥平日里也都各忙各的，能见一面实属不易。吃完夜宵，我们便开始了夜谈，我们一直聊到了凌晨 4 点多。简单收拾了一下行李，看了一眼还在熟睡中的父母，心里默念着：原谅儿子又一次不辞而别！

回到北京，我总觉得心里不踏实。给爸妈打电话，总是无人接听。给哥哥姐姐打电话询问爸妈近况，得到的回答永远都是："挺好的。"我又追问："为什么家里的电话总是没人接啊？""你不知道，隔壁装修，吵死啦，爸妈去你二姐家住了。"说得合情合理，由不得我不信。我再打电话给二姐："爸妈在你那儿呢？""是啊。""那让他们接下电话吧。""他们下楼散步去了。"我一直很惭愧，身为家里最小的孩子，我得到了爸妈最多的爱，而与各位哥哥姐姐相比，我为这个家付出的又最少。爸妈由他们照顾，我似乎没有什么不放心的。虽然觉得事有蹊跷，但听他们的口气又都是言之凿凿的，我就不愿往不好的方面想了。

一个月后的一天下午 3 点，我忽然接到电话——父亲病危！我这才知道，父亲此前因为脑溢血和脑血栓住了七八次院，这回恐怕是真的熬不住了。我脑子里"嗡"地一下："为什么不早告诉我？""爸早就嘱咐过，不让我们告诉你，说你干的是要命的事，出不得错……"一瞬间，我泪如雨下。下了飞机，一位朋友来接我，他已经等候多时了。"回来了？""嗯，回来了。"此后，一路死寂，再也无话。山区的高速公路限速1小时90公里，他开到了150码。我们心里都明白，这是在和死亡赛跑。赢了，我就能看到父亲最后一面；输了，上次出门前的一瞥便是永别。

大哥和我同时接到通知，他当时在全省最偏远、最贫困的陇南担任地委书记。虽然距离比我短，但全是崎岖不平的山路，最快也要八九个小时，他晚上十二点才到，而我从北京坐飞机回去，九点多钟就到了医院。我不顾一切地推开房门，扑到父亲的病床前，在他耳边一遍遍地哭喊着："爸，我回来了！您最不懂事的小儿子来看您了！您看看我吧！您听到了吗？"我相信他一定听到了，只是已经没了说话的力气。母亲坐在床边像没了魂儿一样纹丝不动，目光呆滞。兄弟姐妹们在病床前，不敢哭却又抑制不住地暗自抹泪。医生进来通知："对不起，准备后事吧。"轻描淡写的一句话突然让我感觉天旋地转。一整晚，谁都不敢合眼，就那样眼睁睁地看着在鬼门关打转的父亲。他已经闯过了那么多关口，说不定这次也幸免了呢，说不定老天会再一次眷顾这个善良敦厚的老人呢！就算这次是真的要走了，面对满屋子的至亲，就没有什么不放心的？就不想嘱咐我们两句吗？第二天凌晨4点，伴着一声凄厉的叫声，父亲的心电图变成了直线。父亲走了，走得安详，没有一句遗言。一家人的恸哭打破了万籁俱寂的夜。我双膝跪倒在地，哭得泪眼模糊，大脑缺氧，几近昏厥。而母亲却异常平静，她不让我们哭，不让我们跪，她说："你父亲说过，男儿膝下有黄金……"

父亲于1922年出生在河南省洛阳市孟津县朱仓村，在他尚未记事的时候，我爷爷奶奶就去世了，他彻底成了孤儿。一个远房的王姓舅爷好心收留了父亲，把他接到距离朱仓不远的送庄，父亲在这里与母亲相遇。后来，舅爷家里生活困难，孩子一大帮，口粮没几口，只好把父亲送到了当时的河南洛阳孤儿院。这是一个外国传教士办的孤儿院，在这里，心灵手巧的父亲学会了雕刻、木工、吹奏单簧管等等，单簧管是洋人的玩意儿，当时没有几个中国人见过，更别提吹奏了。谁料，这"洋玩意"竟成了父亲捧定一生的饭碗。

后来日军侵华，故乡山河一片惨烈。那时候，父亲和母亲已经在河南结了婚，作为一名热血青年，父亲一心想要上前线报效国家。大约1944年的时候，他带着母亲离开故土，参加了革命，成为了部队军乐团中的一员。淮海战役打响，父亲又转战至大西北，加入了西北野战军政治部宣传队。1949年兰州解放，政府于是以这个宣传队为前身，成立了兰州军区政治部战斗歌舞团。就这样，父亲作为"兰战"的创团元老之一，正式成为了团里的单簧管演奏员。

一颗从中原河南生发的种子，随世事变迁，飘荡了大半个中国，就这样在大西北的甘肃兰州扎下了深根。从此之后，朱家就在此安定了下来。

本以为，我们的大家庭是从父亲去世后才开始变得不完整，听母亲讲述了一个埋藏了几十年的秘密之后，我才知道并非如此。其实我们的大哥只是家里的老二，爸妈真正的大儿子在十个月大的时候便夭折了。第一个孩子出生在1944年，正是兵荒马乱的时候。有一天他突然发起了高烧，父亲抱着他去医院看病，因为没钱交付医药费而被拒之门外，最后只能眼睁睁地看着亲生骨肉死在了自己怀里。回家之后，父亲一口气喝了一大搪瓷缸子白酒。在父亲的有生之年，母亲再也没敢提过这件事。从那以后，父亲变得更加沉默了。

确实，父亲好像从来没有过滔滔不绝的时候，从我记事起就是如此。现在回忆起父亲，我的眼前总是会出现这样一幅画面：在我家的一个角落里摆放着一张破旧的木头桌子，桌子上是各式各样的手表、闹钟、座钟和各种损坏了的乐器。父亲佝偻着身子坐在桌子旁边，右眼上架着一个放大镜，在昏黄的台灯下，认真地修理着什么东西。那时候没有什么娱乐活动，父亲最大的乐趣就是充当大家的义务修理工。现在一块普通手表坏了可能直接就换新的，品牌的可以返厂更换零部件，但这在当时绝对不可能。那时候手表可是贵重物品，哪里舍得随随便便就扔了，又没有什么售后服务，坏了就得自己修或请人修。这可是技术活，会的人极少，而父亲就能解决各种"疑难杂症"。手表里最精密的一个部件叫做摆，摆里有一根轴，只要它的位置偏了一点，表针就会停下来。父亲经常拿一根钢丝，在火上烧过以后，再蘸一下油和水，接着用小锉刀慢慢锉成轴的形状，然后严丝合缝地安到表里，停了的表又可以分秒不差地接着走了。父亲的手艺渐渐出了名，不仅同事和邻居找他，就连同事的朋友、邻居的亲戚，各种八竿子打不着的人也都来找他，而他总是乐呵呵地说："放下吧，我试试。"等到他修好了，人家来取的时候，一句"谢谢"就让他心满意足了。一年三百六十五天，起码有一半的时间父亲都是这样度过的。虽然没有得到任何物质上的酬谢，但父亲却依然乐此不疲。

我们看父亲这样乐在其中，难免好奇这里面到底有什么奥秘。有一次，趁着父亲去上班，我和小哥哥偷偷地用家里的螺丝刀把桌上的一个闹钟拆了个稀里哗啦。拆开一看也不过如此，没见什么玄妙，可是想安上就难了。我们两个忙活了半天，最终也没能如愿。实在没办法，只好找了一张报纸，把这些零件都收起来包好。父亲回家之后，看到纸包立刻就明白了。他故作严厉地问："是谁干的？"我和小哥哥都争着承认错误："爸，是我干的。"父亲为人温和，对待自己的孩子也从不动辄打骂，所以我们从心里敬佩父亲，却不惧怕父亲。"为什么这么做？""好玩。"父亲笑了："安不上了吧！"我和小哥哥不好意思地低下了头。他说："过来，我教你们。"我们分别站在父亲左右。他一边安装,一边给我们讲解钟表的构造和原理,以及每个部件的名称。我们听得津津有味,一会儿工夫,父亲就熟练地把那个闹钟恢复如初了。

父亲是我人生中的第一个偶像。小时候我佩服父亲,是因为不管什么东西,只要到了他的手里一下子就"活"了,他可以让一块罢工的手表滴滴答答地走下去,也可以用单簧管吹奏出美妙的乐曲。长大了我依然佩服父亲,好多人都说我遗传了他的一双巧手和一身的艺术细胞,但我却越发觉得父亲身上那种传统中国人讲究的仁义和温良才是其最可贵之处。不公的命运无情地把一块块冰雹砸在他身上,他却默默地用自己的体温焐化了它们,再细水长流地滋润着身边的人。如果以后再有人说我像父亲,我最希望他指的是我的品性。这是父亲留给我的最宝贵的遗产。

父亲去世后的第三天,我接到了《东西南北中》节目组编导的电话,通知我去河南兰考录制一期节目。当时他们并不知道我家里的情况。我心里非常矛盾,一方面丧父之痛还未消解,虽然后事基本处理完毕,有哥哥姐姐在也不用我操心,但我还是舍不得在这个时候离开母亲。看我这么为难,母亲只是红着眼睛,起身去箱子里拿了一个细长的东西过来,虽然用白色的枕巾裹得严严实实,但我还是一眼就认了出来——那是父亲的单簧管。母亲小心翼翼地拿着这支单簧管,托在手里看了又看,最后郑重地交给了我:"你们兄弟姐妹里就只有你会吹,拿去吧。"这支单簧管陪伴了父亲一辈子,比我和父亲在一起的时间都长,大哥工作之前,一家十几口全是靠父亲和这位"老伙计"养活,它在我们心中的地位可想而知。"走吧,如果你爸在世,也一定不希望你因为家事耽误工作。"翌日,我便飞抵兰考,路上那种痛楚,此生难忘。

每逢佳节倍思亲。2001 年的农历新年,是父亲、母亲去世后的第一个春节，这年春晚上的一曲《想起老妈妈》掀开了我的伤疤。听着于文华如泣如诉地唱着："想起老妈妈，如今她在老家，晚睡早起忙里忙外，一辈子淡饭粗茶，每逢过节常思念她，操劳一生该歇歇啦……"我多想我的老妈妈还在兰州的家里，还守在新添置的大电视前看着我主持，还等着我大年初一赶回去问一声："妈，过年好！"看着舞台上的二位老人被满堂子孙簇拥着，一家人团圆和美，这一幕多么熟悉啊，可是这一切对我来说都只能在梦中回忆了，我在心里默默地祝愿父亲和母亲共聚天堂，过一个团圆的春节。

从春晚的直播现场回到家里，已经是初一凌晨一点半了。轻轻地转动钥匙，本来紧闭的大门忽然打开，黑洞洞的房间瞬间大亮，梅梅和五六个好友正在笑呵呵地看着我。在他们身后，桌子上的饭菜还冒着热气，碗筷已全部摆好，连酒都打开了，就等着我回来一起吃年夜饭呢！我望着眼前的这一切，心里顿时明白了：他们都知道我失去双亲，怕我难受，所以特意过来陪我过年。都是好兄弟，不明说我也懂。这一刻，语言变得没有意义，三五杯酒下肚，一切尽在不言中了。"哥儿几个先喝着，我去趟卫生间。"好嘛！这一去就是半个小时！梅梅见我久久不出来，情急之下赶紧打开门，眼前的画面让她哭笑不得：我坐在马桶上睡着了。梅梅赶快招呼朋友们一起把我架到床上。那段时间，不管是在精神上还是身体上，承受的一切都已经达到了我的极限，精疲力竭再加上酒精开始发挥功效，我早已失去了意识。

后来听梅梅说，这帮朋友就像事先约好了似的，在除夕之夜一起来到我家，只为了在最疲惫的时候给我陪伴，这份情谊我会一直记着。

给亲爱的她一个最好的家

有一位外国作家阿代尔说过这样一句话：爱是真真切切的，有一天你会发现它，但它有一个大敌，就是生活。我和梅梅结婚这么多年了，经受住了传说中七年之痒的考验，也迎来了我们生命中最重要的孩子。风风雨雨这么多年，我俩的感情却历久弥新。

我和梅梅的爱情萌芽于槐花盛开的季节，悄然绽放在领导特许的一缕阳光之下，为我们照亮这束光的正是时任兰州军区战斗歌舞团艺术顾问的许秀林老师。当时，我还在兰州军区战斗歌舞团工作。在一次谈话中，许老师有意无意地提起："我发现咱团有个姑娘不错。"我问："哪个？""舞蹈队的谭梅，这孩子不但漂亮，还比舞蹈队其他的孩子懂事。"许老师正好说到我心坎里去了，那时候我已经注意梅梅很久了。刚到"兰战"时，我在一次打开水的途中偶遇了梅梅，当时的她穿着背带裤，正和同伴们蹦跳着勾槐花。还记得那天天气很好，梅梅的笑脸和阳光一样明媚。想起这个情景，我傻呵呵地回了许老师一句："我也觉得她不错。"许老师心领神会地一笑："那这事就好办了。"后来，许老师为了撮合我俩，在梅梅面前帮我说了不少好话，甚至还编了瞎话。他给梅梅做工作说："朱军这小伙子好啊，重感情，讲义气，业务又好，长得又帅，家里还是万元户……"其实，当时我家的经济条件刚刚有所好转，离所谓的"万元户"还差得远呢！

1989年我们开始相恋，那时候她才18岁，还是部队文工团的学员，属于战士身份。按照部队条例规定，战士是不允许谈恋爱的，所以我们维持了很长一段时间的地下恋情。1991年，她提干，我们终于可以正大光明地在一起了。

在部队有一种说法，男女双方的年龄加起来够 50 岁才算晚婚，而军人必须遵照晚婚的标准。于是，等到梅梅 22 岁，我熬到了 28 岁，50 才算刚好凑够了，我们俩才结婚，显然我的年龄"优势"做了不小贡献。

1992 年 12 月 26 日，是毛主席诞辰 99 周年，也就是在这天，我们去领了结婚证。冬至刚过，正是一年里最冷的时候，梅梅的小脸冻得通红，我帮她把围巾整理好，一种一定要把她照顾好的责任感在我内心里变得强烈起来："从今以后，她就是我的老婆了。"我很郑重地拉起她的手，向她坦露了我的心里话："我家孩子多，从小日子就过得很紧张，咱们结婚本来是好事，办婚礼就不要再给家里增添负担了，我们自己有多大本事就办多大本事的婚礼，不要家里一分钱，我不要，你也不要，好不好？"她点了点头："你跟我想到一块去了，爸爸走了以后，妈妈为我们姐妹三个操了不少心，我不该再让她受累了。"许老师没有说错，我更没有看错，这个姑娘不但漂亮，而且懂事。在 20 世纪 80 年代末 90 年代初那样一个重利风气渐成气候的时代，当歌舞团的漂亮女孩几乎纷纷找到了事业有成者，并通过各种机会炫耀的时候，我身边的这个平时争强好胜的姑娘出于对父母的体谅、对丈夫的理解，却心甘情愿地把自己一生中最重要的仪式归于平实。此时，我的心中充盈了既幸福又心酸的滋味，我真想把她拥在怀里，告诉她拮据是暂时的，以后的日子我会拼了命地对你好，让舞蹈队里所有的女孩都嫉妒……这话我没说出口，但是一个将近三十岁的男人心里却就此埋下了一个简单而执著的夙愿：哪怕是自己动手，也要给她一个最好的家。

自力更生，建设小家庭从布置婚房开始。"兰战"歌舞团营职楼一单元 402 是组织分给我们的新房，就在我从小住的院子里，离我父母很近，是一套 50 多平方米的小两居。新房的装修方案是经过我俩几番认真的讨论才最终确定的。那时的梅梅还完全是一个小女孩,她幻想着自己能像公主一样,住进宫廷式的婚房,而我就像圣诞老人,不声不响,全权负责实现她美妙的梦想。她喜欢地中海风格的圆形拱门,像欧洲宫廷的感觉,我就去舞美队找了几块板子,回去自己钉成了圆形,又弄了点三合板包起来,外边又包了一个套,最后刷上紫色,拱门就做成了。她喜欢家里主体是纯净的白色和粉色,于是我就买了一套水粉色的沙发,定制的家具的颜色也迎合了梅梅的想法,二哥、三哥帮我一起刷漆,白色的底,粉色的边,三个大男人一笔一画、一丝不苟地描画着我们小两口的新生活。虽然我们没用专业的装修队,但是我们自己做出来的效果一点儿都不比专业的逊色。其中的一个小房间被我改装成了一个酒吧,我把壁橱的上半截打掉,利用腾出来的空间做了两层放酒的地方,其实里边并没有什么值得珍藏的好酒,最好的无非就是一些从朝鲜带回来的人参酒,最多的就是普通的白酒了。小酒吧兼作餐厅用,一张桌子、四把椅子摆进去之后,才发现屋子显得特别窄,于是我们又在里面安了一面镜子,立时显得宽敞了许多。我们在墙上贴上了红砖壁纸,显得既原始又现代。最后剩下地砖了,梅梅和我精心挑选了黑白相间的磁砖。为了加快装修进度,我还专门拉来了战友来帮忙。

我的动手能力一直就很强,在我和梅梅恋爱时,我就曾用裁剪衣服专用的比例尺"一拉得"为她做过各式衣服,甚至还有冬天的羽绒服。婚礼临近,梅梅挑选了一件短款的粉色婚纱,穿上显得温柔而不失活力,但我总觉得好像有点美中不足,于是就亲自给她设计了一顶小圆帽,也是她喜欢的欧式风格。那种帽子一般都要有面纱,但是我不想让面纱遮住梅梅美丽的脸,就把面纱披在了后面。20 世纪 90 年代初,拍婚纱照还是一件挺时髦的事。我们去了兰州照相馆,经理亲自接待了我们。当时,我在兰州小有名气,照完相之后,

梅梅是一个多才多艺的人,她会主持、会表演、会舞蹈,但是我和她在同一个舞台上主持的经历只出现过一次。

那位经理分文没取,还把其中的一幅照片挂在了橱窗里。前两年我们回去的时候,照片竟然还挂在那儿。

1993年3月28日,我们在兰州西北宾馆举行了婚礼。当年享誉西北的笑星张保和为我们主持,兰州军区的政治部孔副主任是我们的主婚人,甘肃广播电视厅的厅长海飞是证婚人。在领导、战友、朋友和亲人的祝福声中,我和梅梅成了一对幸福的军中小夫妻。

"兰战"营职楼一单元402那套房子承载了太多美好的回忆,那是我和梅梅的第一个小家。然而我住了不到一年,就顺着杨澜、高立民老师给指的路去北京闯荡了。在那个节骨眼上,我一面恋着甜蜜的小家和在兰州好不容易建立起来的一点基业,一面望着遥远的北京和一个海市蜃楼般的美好前途,犹豫不决。对于新婚夫妻来说，分别无疑是痛苦的，尤其还是在前途未卜、归期无定的状态下，但梅梅是一个明事理、有见识的姑娘。在我还抱怨去北京汇演的名单里总是没有我时，她就已经随着舞蹈队去北京演出过很多次了。当我试探着跟她说了想去北京闯一闯时，她没有丝毫阻拦。"去吧，不用惦记我，你好，我就好了。"从此，这句话就成了我们夫妻之间独特的相处之道。这句话很温馨又很励志，恪守着这句话，两个年轻人开始了牵手奋斗、甘苦与共的人生之路。

带着两件衬衣和几千块钱，我单枪匹马地来到北京闯荡，当我最初在电视台整天忙着给人擦桌子、倒水、订盒饭，前途一片茫然的时候，"尽快好起来"成了支撑我坚持下去的信念。《诗经》里有一句话，说的是女子如何惦记出门在外的丈夫，"君子于役，苟无饥渴。"当初梅梅就是这样，她总是怕我在外边亏待了自己，只要听说有人要来北京，她就要麻烦人家给我捎来一堆生活用品，吃穿住用行都替我考虑到了。而每次面对这些东西的时候，我心里对她的想念就又多了几分。

没想到，促成我和梅梅在北京团聚的竟是1995年的春节联欢晚会。那一年，春晚群舞演员以"兰战"歌舞团和吉林歌舞团两家做班底，梅梅也在其中，当时她参与演出了开场舞，还为那英的《雾里看花》、赵丽蓉老师的《如此包装》等多个节目伴舞。作为一名舞蹈演员，参加春晚是一种很大的荣誉，哪怕只是作为群舞，梅梅也很骄傲。当她看到杨澜、倪萍、许戈辉的时候，就像小粉丝一样跑过去与她们合影。

1995年，我已在中央电视台文艺中心打工近两年，可当时我还是临时工的身份，与春晚更是扯不上一点儿关系。为了多看梅梅一眼，我经常在排练大厅门口偷偷地看她们彩排。一群跳舞的女孩子打扮都差不多，但我一眼就能把梅梅认出来，就像当年下部队的时候给她们打追光一样，我的目光就是灯光，始终追随着她一个。这中间还发生过一段小插曲，梅梅她们在彩排开场舞的时候，忽然进来了一群人，跳舞的女孩们都不知道这些人是干吗的，就自顾自地接着跳。人群中的一个人指着梅梅说："这个女孩跳得不错。"旁边的人告诉她，这就是朱军的媳妇儿。夸奖她的人正是孟欣。听了这个故事之后，我的心里漾起阵阵得意。

年三十晚上，我去了春晚直播现场，那时我还只有临时出入证，在工作的8小时之外是进不了台的。去朋友家吃饭回来已是晚上10点多，恰好我和值班的战士比较熟，他没怎么难为我就放我进去了。进入春晚演播大厅之后，我一直站在门口，台上载歌载舞，异彩纷呈，台下座无虚席，时不时爆发出阵阵欢快的笑声和热烈的掌声。从我的位置看那个舞台，美轮美奂，真实无比，但我觉得它又是那么遥远，遥远得令我绝望。作为一名文艺节目主持人，我不知道要努力多少年才能冲上去，要怎么努力才能冲上去，还是无论怎么努力都冲不上去。但是，我的心里总潜伏着一种隐秘的向往，向往什么呢？又无从说起。于是我提前离场，回到了租住的小屋。当梅梅兴奋无比地带着春晚的气息回来时，我好像要把输掉的一局扳回来似的："你等着瞧，我以后一定是中央电视台最好的主持人！"不知道当时的我是哪里来的底气说这样的话，我期待地看着梅梅，仿佛成败的答案就在她的眼睛里。她只说了一句："我信你……"

话是这样说，现实依然不太乐观。两个人如果一起在北京闯荡，应该很快就会好起来吧。于是，我们想出了一个团聚的办法——让梅梅考北京的大学。考虑过后，她决定报考解放军艺术学院表演系。梅梅是学舞蹈出身，对表演并不了解，报考这个专业有多大的把握呢？我们俩谁也不知道。那真是一段备受煎熬的日子，我这里一边要忙着台里的工作，生怕因为生活上的事给领导和同事留下不好的印象，一边要忙着找专业老师陪梅梅进行专业学习。忙碌的同时，我的心里也不轻松，我整天思忖着一个问题：若是经过这番折腾，梅梅终于来北京了，我要是再被打回原籍怎么办呢？两个人的团聚之梦会是一场空吗？梅梅是个冰雪聪明的姑娘，她看出了我的焦虑，知道用语言安慰也没有实质性的作用，只是拼了命地学习专业课。两个人扛着沉重的心事，咬着牙往前奔，一段日子下来，梅梅原本圆圆的脸竟变成了尖下巴，看到她的样子，我心疼不已。

也许是老天真要为难一下我们，临近专业考试的前一天，为了让梅梅再复习一下即将考试的小品，我特意请专业老师喝酒吃饭，没想到我们俩都喝醉了。临阵无法再磨一下枪，梅梅只好靠自己了。记得她表演的是一个单人小品，一个单亲家庭的大学生省吃俭用地攒钱，给妈妈买了一件毛衣，坐了一夜的长途车回到家中，满心期待着让妈妈赶快穿上它，结果妈妈不在家。在收拾屋子的时候，她无意间发现了医院的单子，才知道原来妈妈是用卖血的钱供她读书的。这个小品表现了一段感人至深的母女情感，梅梅考试出来，眼睛都是肿的。我知道她又流泪了，而且是从心中流出的真切的泪水，因为梅梅和小品中的女孩有相似的经历。梅梅在当兵之前父亲刚刚离世，她是哭着告别妈妈和家人的，家庭的变故使她成为一名善解人意、体贴他人的好女孩。带着内疚和疼爱，我轻轻地拍了拍她的头，温柔地帮她擦去泪水，她仿佛又在安慰我似的说了一句："放心吧，考得挺好的。"我悬着的一颗心终于回到了肚里。

专业课过了还不算完，还要参加文化课考试。为了不耽误工作，梅梅只得返回兰州一边工作一边复习，每天早上5点多钟，她就要起来背课文、读英语，非常辛苦。而我还得在中央电视台继续摸爬滚打，工作虽然忙碌，但在她文化课考试的那天，我还是特意回到了兰州，想要亲自送她进考场。她嗔怪道："你还专门回来一趟干吗？多费钱啊！"我说："上次排练小品的时候，我就很失职了，这次我不能再让你孤军奋战。别怕，我就在外边陪着你呢！"她走进考场的时候一步一回头，我冲她攥了攥拳头，示意加油，她回应给我一个灿烂的笑容。

梅梅果然争气，一举考中。在电话里得知她考上的那一刻，我不禁百感交集，乃至一时语塞，只在心里大声地说了一句：谢天谢地！我们终于可以一起奋斗在北京了。

梅梅刚来北京的时候，我住在丰台区的一栋小白楼里，这是临时租用的

时隔多年后，回看我与梅梅一起表演的小品，她的一举一动丝毫不亚于专业演员。

单身宿舍。她平时都住在学校,只有周六日可以来我这边。从海淀的军艺到丰台区的住所,中间要倒多次公交车,还要经过一个地下通道。一个周六的晚上,天已经特别黑了,我左等右等,就是不见她回来。当时也没有手机,联系不上她。我一个人在宿舍里坐立难安,眼看就要到 11 点了,我想,这或许是有什么事情耽误了吧,可是她也应该提前打声招呼啊,莫非是半路遇到了什么不测……我一边踱步一边瞎想,刚想出去找她的时候,梅梅像风一样冲了进来,气喘吁吁地说:"老公,可吓死我了!"我看她脸色煞白,心一下子揪了起来,赶紧问:"怎么了?"原来是今晚她们班临时加了排练,结束时已经没了公交车。无奈之下,梅梅只得打的,一路上她都在盯着计价器上不断蹦跳着的数字,心疼得不得了。当车刚走到小白楼对面的地下通道,梅梅立刻让司机停了下来。几近午夜,她壮着胆子走进那个黑乎乎的刮着凛冽穿堂风的地下通道,几乎是闭着眼睛一口气冲进了小白楼。听了她的讲述,我又生气又心疼,冲她吼道:"你干吗啊?你万一真的出点意外怎么办?咱就差这两块钱吗?"她趴在桌子上,埋着头不说话。今夜的这场虚惊纵然透出生存的苦涩,但只要两个人一起承担,忧愁也减去了一大半。

贫贱夫妻百事哀,我们俩一个临时工,一个穷学生,最困难的时候两个人甚至连坐地铁的钱都拿不出来,面对昂贵的打车费当然会格外心疼。这次来北京以后,我发现她好像一下子长大了,原来那个在兰州爱撒娇的公主慢慢变成了一个成熟的女人。现在再遇到灯泡坏了,下水道堵了,她竟然自己会去修理。通过这些小小的细节,我看到了现实对于梅梅的磨砺,两年多分居的日子里,我是孤独的北漂,她又何尝不是形影相吊?

男人过了三十,青春这本书便已被仓促翻过,更多现实的压力以比翻书还快的速度扑面而来,比如养家,比如立业。有幸和梅梅相伴,共同恪守着"你好，我也就好"的誓言，我们终于迎来了奋斗之后的初回报。

1998年，我已两次亮相春晚，在台里主持岗位上名气渐增，慢慢被委以重任，我的事业在上升，生活也有了新的起色。谭梅从军艺毕业，考进了海政文工团。好事接踵而至，为了方便工作，台里给播音员、主持人分了值班用房，就在梅地亚附近，步行一分多钟就可以到达办公室。分给我的房子在王宁家对面，梅梅和我终于拥有了一个真正意义上的北京的小家。

拿到钥匙的那天，我兴冲冲地拉着梅梅："走，看看咱家去！"一推门，我俩傻眼了，屋里脏得一塌糊涂，暖气上糊着厚厚的一层油，爱整洁的梅梅一脸受不了的表情看着我："怎么这样啊？"其实我也没有料想到，但是为了安慰梅梅，我不能表现出失望来："你别着急，这不还没装修呢嘛！咱先看看布局。"这是一套小三居，进门之后有一个木头的隔挡，家里人多的话，需要这种设计，我和梅梅就两个人住，这隔挡显然用不着。于是我找了一个专门搞装修的哥们儿，用了一个礼拜的时间，和几个工人一起把能拆的墙壁、门窗都拆了。房子是1978年盖的，在1976年唐山大地震之后建的房子承重墙一律用水泥浇筑，所以中间的承重墙动不了，与邻居家的隔墙不能动，我们就把这几面墙的墙皮铲掉，甚至还改换了家里的管道，来了一个彻头彻尾的改头换面。房子被我拆成了毛坯房，下一步就是装修了，有关房子装修的色调、风格一向是梅梅说了算。这次她放弃了白色加粉色的组合，把嫩粉换成了大气的紫，或许这也是她变得成熟一些的表现吧！房间有50多平方米，为了节省空间，我们把储物柜全部设计在墙体中，房间的主色调是纯白的，但修饰边全涂成了紫色，门套也是。装修完毕打扫干净的那天，我和梅梅在空房子里举目四望，虽然一件家具都没有，但我们谁也舍不得离去。我在屋里踱来踱去，反复打量，直到暮色四合之时，我问梅梅："咱什么时候回家？"她笑着反问道:"家在这儿,你要回哪儿呢?"

于是,两个人干脆将两床棉被铺在地板上,就这样,在自己的家中打地铺睡了一夜。一宿无话,美梦黑甜。

我和梅梅都是家里最小的孩子,从小受到的宠爱最多,又都比较有主见,遇到问题的时候,发生争吵是常有的事。再加上两人都处于事业爬坡的阶段,摩擦更是不可避免。但我欣喜地发现,随着年龄渐长,梅梅的性格中愈加有了宽容的底色。当我喝醉酒像一摊烂泥一样进门就瘫倒在沙发上,她不再数落我,只是帮我倒杯温水,帮我盖好被子。当我忽然因为某件事怒不可遏,她不再和我当面对质,只是听之任之,让我无趣地自动"熄火"。过了这个风头,她才会找一个轻松的场合对我好言相劝,我自然会心悦诚服。

偶然的一次机会,与一位朋友聊天,她无意中说起了梅梅说我的一段话:"朱军在外边那么辛苦,承受那么大压力,那么多委屈,到家了我还跟他争什么呀!"想起这些年梅梅的贴心相伴,我的心中突然滋生出一种老夫老妻的感触,凡世男女的情意也不过如此了吧!

当爸爸不容易

这个年代的年轻人都讲究先立业再成家,我和梅梅走的却是另一条路子——成家之后再立业。当我在中央电视台有了名声的时候,梅梅在军艺的演艺事业也开始有了起色。

梅梅在军艺学习的日子里一直很努力,她的演技相当不错,但是囿于天生娃娃脸的可爱形象，戏路相对比较窄。每次演出她都只能扮演小战士、小媳妇之类的角色，她也很想演一回老太太，可是无论怎么化妆都不像。既然不能在扮演角色的广度上做文章，梅梅便力求把擅长的角色类型演到极致。在校期间，她曾参加过"全国戏曲小品大赛"，并获得了二等奖，对于一个学员来说，这已经是相当不错的成绩了，何况她还是舞蹈演员出身，可是她本人对此并不满意。后来，她又参加了"中央电视台第三届戏曲小品大赛"，这回她不但拿了一等奖，还获得了最佳女演员的称号，集体和个人的双料冠军全被她一个人占了。如果说这是上天的眷顾，那也是她付出的心血先感动了上天，这一点，我作为离她最近的旁观者，看得很清楚。为了排练参赛小品《山妹子》，她那段时间就像走火入魔了一样，一天到晚废寝忘食地设计情节，琢磨台词和动作，不停地和老师交流探讨，我特别担心她这样身体会吃不消，可她偏是那种为了舞台效果可以玩命的演员。她曾经困惑地问我，小品里的舞蹈到底应该跳成什么效果？我坚持说："跳得美美的，你是专业舞蹈演员出身，很少有搞表演的能把舞跳成你这样，要充分发挥你的优势！"她有点高兴还有点不好意思地冲我笑了。

我知道，比哄她开心更重要的是帮她解决实际问题。从军艺毕业后，梅梅决定考海政文工团。说说容易，做起来难。海政的门槛本身就高，从兰州军区到海军又属于跨军种调转，要求很严格，虽然梅梅得过全国小品大赛一等奖，但还得通过业务考试这一关。为此，她准备了一个双人小品《无花果》，临近考试的关头出现了新的问题——梅梅的搭档下部队了。这个时候，我便挺身而出。之前我看过他们的这个小品，印象很深，再加上我也有不少舞台表演的经历，为她当个"捧哏"还是没问题的。为了当好绿叶，我每天都陪她一起认认真真地排练，从不偷懒。考试那天，我当梅梅的配角，著名歌唱家吕继宏亲自当起了音响师,就这样,在两位"大腕儿"的陪同下,梅梅的考试顺利过关。

　　梅梅在海政逐渐稳定下来,我们俩的爱情之花照说也该结果了。其实,从父亲去世之后,我心里就开始觉得不安,后来母亲的身体状况也直线下降,我暗想,赶紧要个孩子,哪怕只让母亲看上一眼也好啊!可是真的想要的时候却怎么都要不上了。我把各项准备工作都做好了,甚至戒了烟酒,我们特别想在2000年要一个和我一个属相的孩子,可是一直到母亲去世都没要上。我知道母亲的遗憾,心里特别懊恼,算了,反正爸妈都不在了,不要了。说也奇怪,就在我们觉得无所谓的时候,孩子来了。

　　有些心灵感应我们不愿把它归于迷信,可是用科学还真解释不了。梅梅发现自己怀孕之前的一段时间,她的身体还没有一点反应,我就隐隐约约地觉得这下好像有了。一天,我突然接到大姐的电话,她第一句话就是:"谭梅怀孕了?"

　　那时候梅梅自己都没有意识到怀孕,我说:"没有啊。"

　　"不对呀!"

　　"怎么不对了?"

　　"我昨天做了一个梦,梦得特清楚!"

　　"你梦见什么了?"

　　"梦见妈了。"

　　"妈说什么?"

　　"妈告诉我说谭梅怀孕了,按照老理,要给孩子做一身棉衣棉裤和两床小被褥。"按照老家的规矩,奶奶要给孙子做那种大开襟的棉衣。"妈说她现在也做不了了,让我这个当大姐的替她做一身吧!"说完又不放心地追问,"谭梅真的没怀孕吗?"

　　那时候我还真不敢乱说:"真没有。"

大姐挂电话的时候还在自言自语："不对啊……"

大姐的这个梦坚定了我的直觉。正赶上梅梅要下部队，我不放心地问："能不能不去啊？"梅梅无奈地说："下部队一年就一次，我不去的话说不过去啊。"我也没有再强求，把梅梅送到她们单位门口之后，我和政委悄悄地耳语了几句："拜托您一件事，谭梅下去之后，太重的活别让她干了。"

他问："怎么了？"

"好像怀孕了。"那个时候还没查呢。

"哦？好事啊！"他们团里的人都觉得我们老大不小了，几乎见了我就问"什么时候要孩子"。"好事，你放心吧！"政委笑呵呵地向我打了包票。

"您别问谭梅，这事还不靠谱，只是我自己心里觉得。"

"行。"说完，他们就出发了。

过了一个星期，梅梅给我打来电话："老公，我怀孕了！"

那一刻，我比中了头彩还兴奋，几乎跳了起来，不停地问："真的吗？这是真的？"

"真的，刚去医院检查了！真的怀上了！"因为难以抑制的兴奋，她的声音有一点颤抖。

"太好了！你一定要照顾好自己！"可惜她不在我身边，否则我一定要紧紧地拥抱她，太不容易了，迟了八年，终于来了。

"不用担心，我现在可轻松了。我们政委安排了好多人帮我干活，我就像个国宝大熊猫！"我心里乐开了花，梅梅有人照顾，我放心不少，同时也惊喜于自己的未卜先知，看来我和这个孩子还真是心有灵犀。我开始认真地盘算如何迎接这个小生命。梅梅怀孕的前三个月反应特别厉害，吃什么吐什么，恨不得连胆汁都吐出来。我看在眼里，急在心里。别人告诉她吃黑芝麻对孩子头发发育好，她就每天都吃黑芝麻；人家又说吃核桃有益于孩子大脑发育，她就不管自己想不想吃，顿顿不离核桃。后来一位朋友送了我们一本国外出的专讲孕育过程的书，上面都有图片，可以看出每个时期孩子的样子，还会相应地在下面标注这个时期孕妇应该吃的食物和补充的营养，这下我们基本上就是科学孕育了。第六周要多吃干果，我就去超市一颗一颗地精挑细选一些杏仁、榛子、开心果……我一直自豪地说，在谭梅怀孕期间，我这个丈夫当得还可以。除了第一次检查的时候她在下部队，我没有办法陪她之外，其余的从刚开始的两个月一次的检查到一个月一次，再到两周一次、一周一次，我都一直陪在她身边，我知道女人在怀孕期间会变得很敏感，也很脆弱，所以我从不给她孤单、害怕的机会。

医院去得多了，我和医生护士也都逐渐熟识起来，更因为我从不"缺勤"，而且相关细节比梅梅自己都清楚，总能对答如流，更是得到了医生护士的一致好评。按照医院规定，孩子的性别是不准透露给家长的。到了六七个月的时候，可能是太熟了，一次例行的检查之后，大夫告诉我说："XY。"又怕我听不懂，补充说明："是男孩。"拜托，这下谜底提前揭晓了，本来期待着三个月之后激动人心的大结局，没想到这一刻悬念到此为止。

医生还告诉我们，胎儿对男人低沉的声音特别敏感，尤其是男孩，爸爸应该多和胎儿交流。于是我便拿出了看家本事——为儿子念唐诗。第一次念的时候我还特意喝了一杯温水，清了清嗓子。梅梅低着头抚摸着肚子笑着说："你爸面对十几亿观众都没这么紧张过。"南京的一位朋友来北京的时候专门为我们带了一个胎心监护仪，念完唐诗我就趴在那儿听胎音，那声音像开小火车一样强劲有力，儿子很健康，我们做父母的就特别满足。一段时间之后，他就习惯了按时收听我的唐诗朗诵，我哪天回家晚了，他还不乐意，要在肚子里蹬他妈妈表示抗议，非等我回来，他才会安静下来。

为了迎接儿子的来临，可把我给忙坏了。除了联络感情，还要置办好各种婴儿需要的家具，尿布台之类的是必需的，我在宜家看到一个尿布台居然卖800多块钱，这哪儿值啊？我自己都能做。回家之后，我用木板、塑料、海绵垫轻而易举地就做好了，还在下边安了轮子，比卖的还先进，移动起来特别方便。

万事俱备，只等"小毛头"出世了。其实，在儿子出生之前，"小毛头"是我对梅梅的昵称。初见梅梅时，她像个稚气未脱的初中生，而我当时已经24岁，且经历过国庆阅兵这样的重大事件，心里已经自诩为成熟男士，梅梅这样的小姑娘在我心里只是一个"小毛头"。为了给儿子起名字，我们也是费尽了心思，甚至还请了专业人士出马，起了一些如"朱冠豪"、"朱思邈"云云。我觉得"思"字还不错，又想到岳母家只有三个女儿，生的孩子又都随着别人姓，我就想在儿子的名字里体现一下谭梅的"谭"字。"思"字不错，"谭"字要有所体现，名字这不就出来了嘛——"朱思潭"！"潭"和"谭"同音，而且潭水不像大海那样波涛汹涌，也不像长江黄河那样一泻而下，潭水是深邃宁静的，正所谓静水流深，这个寓意好，就这么定了！其实很少有孩子一出生就在出生证上写名字的，但小毛头出生的时候，就有了自己的大名——朱思潭。

2002年6月26日16点46分，一个6斤6两的小子出生了。这真是个奇妙的小家伙，从一出生他就和最吉祥的数字6结了缘。不只是6月26日16点46分，6斤6两，而且他们母子住的也是166号病房。护士先把儿子从产房里抱了出来："让爸爸看看！"说实话，接过孩子的时候，我还有些懵，看到他红扑扑的小脸，微微皱着眉头，闭着眼睛，一副在思考的样子，我半天没反应过来。这是我儿子？我真的当爸爸了？我有一位同事，生完孩子之后，他老婆没什么事，倒是他自己激动得晕了过去。而我远比自己想象的平静。我问大夫："挺好的吧？""挺好的，非常好！"孩子出生之后，医生就根据身长体重和健康指标给孩子评定了一个分数，我儿子得了满分——10分。

为了儿子的降临，我准备了好久，而他真正到来的时候，我却还是觉得不真实。我趴在儿子小床的床沿上，一会儿看看儿子，一会儿看看孩子他妈，不知不觉竟过了一整夜。我在努力地使自己快速进入角色。洗澡、抚触、检查听力和视力，一样样忙下来，我已经渐入佳境，而完全进入状态是在回家之后——再也不能睡安稳睡了。三更半夜被孩子的哭声惊醒，睁开惺忪的睡眼，手忙脚乱地查看孩子是想吃奶还是想撒尿，这时我才觉得自己是真的当爹了。那段时间，我们俩谈论最多的就是用什么牌子的奶粉、儿子今天会爬了……

自从有了儿子，喜欢把家里收拾得一尘不染的梅梅面对被玩具侵占得几乎没有落脚之地的房间，也只能无奈地一笑置之了。爱美的她原来总是画着精致而得体的淡妆，对我的形象也是要求甚严，大到衣服的款式，小到领带的颜色、胡子的长度，都在她的管辖范围之内。而自从有了儿子，这些好像都不那么重要了，只要怀里抱着小毛头，哪怕尿在她身上，她也是美滋滋的。

抚养孩子确实要耗费难以计量的时间和精力，但这些都是表象，孩子带来的快乐和力量是外人感受不到的，必须亲身体会。于丹长期担任《艺术人生》的策划，工作交往当中，我们成了朋友。有了小毛头之后，我见谁都爱说孩子，和于丹也不例外。有一天于丹突然问我："哥，你告诉我，有了孩子是什么感觉？为什么要孩子？"我说："一句话就能说明白——等你有了孩子，你就知道为谁而活了。"不知是我的话触动了她，还是于丹两口子早有了计划，这话说了大概有半年，有一天我接到了于丹的短信，绝对是个好消息——她怀孕了，并表示等生了孩子一定带他来看大舅舅。当了妈妈之后，于丹有感而发道：

和孩子在一起，我瞬间觉得快乐就是那么简单。

"哥，你说得真对，有了孩子真是太不一样了，人生不去体验还真不行，光听人家说带孩子麻烦，自己有了才知道，这点麻烦与孩子给你带来的快乐相比，简直太微不足道了！"

于丹家的宝贝闺女现在正跟着梅梅学舞蹈，有时候我去八八空间会碰见她们。有了儿子之后，我的孩子缘变得特别好，我只要牵着她的小手说："来，跟妈妈再见，今天跟大舅舅回家。"小姑娘就乖乖地对于丹摆摆手。于丹吓唬道："我可真走了！""嗯，妈妈再见。"一转身，我就领着她闺女走了，只听见于丹"气"得在后边直念叨："我算白养你了！"呵呵，我这个大舅舅当得真不赖！

当爸爸不容易，但当了爸爸又最幸福。感激上苍赐给了我一个宝贝儿子，跟着他我重新认识了世界，也对"爱"这个博大的字眼有了新的体悟。

第 02 章
这一刻，与痴梦相守
CATCH MY MOMENT

　　每个人年轻的时候，都会有些不靠谱的梦想，我的青年时代也一样。怀揣着主持的梦想，我拿起背囊开始了远行。虽然翻篇从来不是件容易的事，但我相信机会总是愿意拥抱奋力向它奔跑的人。

从小舞台到大舞台

从"兰战"大院到部队,从业余宣传队又回到"兰战"歌舞团,并最终走上主持的道路,这一路兜兜转转,我终于找到了属于自己的那一片天地。我小的时候,物质生活虽然匮乏,人情却不淡漠,一台小小的黑白电视机就能让一个大院的人聚到一起。在我八九岁的时候,我第一次见到了电视机,那是邻居家的叔叔自己组装的。自从大院里出现了这台组装电视机,搅扰得孩子们连吃饭都心神不宁,就怕自己去晚了,抢不到看电视的座位。鉴于天天满员的情况,后来那个叔叔干脆把电视搬到了院子里,孩子们和没事的大人就常常自己搬着凳子去那儿看,就像露天影院一样,只是这个九寸的黑白屏和电影屏幕差距有点大。当年,父亲说过这么一句话:"真不得了,你看看这电视,这不就是千里眼吗?"我第一次对这句话有切身的体验是看了那部译制剧《大西洋底来的人》。能从电视这个小匣子中"窥探"到大洋彼岸人们的生活,甚至他们的音容笑貌、衣食住行,真的是一种奇妙的体验。

伴随着家中生活条件的改善,进入政府工作的大哥利用机关发的电视票,给家里买了一台12英寸的牡丹牌电视机,朱家终于有了自己的电视机。现在想想,其实那台电视机特别土气,土褐色的外壳,没有遥控,每次换台都要拧边上那个换频道的旋钮，还要像手动的收音机一样，来回调试才能找到准确的定位。但就是在那一批土气的电视机中上演的影片，还掀起过不小的时尚风潮。从《大西洋底来的人》开播之日起，大街上的时髦青年就穿起了喇叭裤、大尖领衬衫，还戴上了"蛤蟆镜"。那些走在时尚前沿的男女因为有那么一副"蛤蟆镜"而颇感骄傲，以至于戴了好久之后都舍不得撕去粘在镜片上的商标。

20 世纪 70 年代末 80 年代初，电视无疑帮助国人打开了一个不一样的外部世界，同时，电视里的文艺节目也在悄然丰富着大众单调的精神生活。

那是一个物质匮乏的年代。由于家庭经济的拮据，我对好吃的总保持着强烈的渴望。大院里有个小卖部，专门卖糕点、糖果，货品不多，但对于孩子们来说却相当诱人，我们都叫它"糖铺"。也许是为了美化店铺环境，"糖铺"的主人还会特意在货架和柜台上布置一些塑料制作的水果样品，苹果、梨、桃子，还有好几种我从未曾见过的水果，它们个个体形肥美，绽放着香甜的笑意，似乎在挑逗着我：来啊，来啊，尝尝我吧！虽然我知道那是假的，但有事没事我都要从"糖铺"门口多路过几回，哪怕只是看看它们，都足以让人愉快一阵了。也是从对这些假水果的了解过程中，我知道了从前在罐头中吃到的橘瓣，原来是生长在金黄色橘子圆鼓鼓的肚子里！

对于自小在军队大院长大，体尝过生活贫瘠的我来说，很长一段时间，我对物质的敏感胜过对艺术的敏感，与艺术的相遇却又早过与电视的相遇。

我在大院的生活简单却不乏味。大院的起床号和熄灯号成为了人们作息的提示，起床号不行的话，还有列队的号子声，再不行还有叔叔阿姨的练琴声、吹号声、歌声……总有一种声音能帮你战胜睡意，融入到团结紧张、严肃活泼的大环境里。于无形之中受到的艺术熏陶，引领着我走过还算充实美好的青春期。我的父亲是"兰战"单簧管演奏员,很小我便在父亲手把手的教导下学习单簧管。后来,家里的哥哥姐姐相继当兵,我也理所当然地觉得自己应该去参军。凭着从小跟父亲学的一技之长,17岁那年,我以特长兵的身份应征入伍,被分配到了甘肃永登县中国人民解放军84703部队,当起了侦察兵。

部队训练艰苦而枯燥,给我印象很深的一次集体活动是观看1983年的春节联欢晚会。吃过一年中最为丰盛的部队年饭之后,连长高兴地宣布了一个命令:集体去会议室看春节联欢晚会。1983年是中央电视台第一次举办春晚,所以去之前战友们和我都不知道春晚到底是什么,也不会想到这一个叫"春晚"的节目竟然如此精彩。我们一下子在一台晚会上看到了那么多的名人:侯宝林、马季、胡松华、刘晓庆……而且让人大呼过瘾的是每个人都表演了好几个节目。姜昆老师在相声里说:"以前的春晚,一个人唱八首歌,现在,八个人唱一首歌。"确实如此,但当时我们却一点儿都不觉得厌烦。我清楚地记得,当年李谷一老师演唱了《拜年歌》《乡恋》等六首歌曲,对听惯了高昂革命歌曲的我们来说,柔肠百转的《乡恋》简直"情挑"了我们这些毛头小伙。后来才得知,当年这首歌和邓丽君的歌一样,被称做靡靡之音,不能公开演唱。听黄一鹤导演说,当年观众点播这首歌的纸条摆满了四大盘,而他却没有为这首歌"解禁"的权力。正在他为难之际,坐镇晚会一线的广播电视部吴冷西部长,冒着极大风险下了一道命令:"黄一鹤,上《乡恋》!"这才满足了广大观众的要求。

相比较家中的12寸黑白电视,部队的电视大了整整一倍,我们每个人都坐得笔直,看得兴高采烈。电视里,舞台上灯光闪烁,歌声阵阵,舞台下笑语喧哗,连掌声都显得那么动听,我年轻的心一下子就被李谷一老师征服了,那是20岁的我未曾有过的神奇体验。部队规定晚上10点钟熄灯,那天为春晚破例，推迟了一段时间，但还是没有全部看完，我和战友们只好带着深深的遗憾回到了宿舍。

事隔多年，央视网站评选"观众最喜欢的春节晚会"，1983年春晚的得票数还是遥遥领先，我也是对这届晚会念念不忘的观众之一。后来，有一次我问黄一鹤导演："您还记得那届春晚是在哪儿办的吗？"他说："那个时候央视还在广电部，现在这个楼还没有盖，肯定不是央视大厅，好像是在月坛体育馆吧。"

我不禁怅然，和现在相比，当时的技术水平差远了，节目形式也不成熟，甚至回过头来再看那个时候的春晚其实并不能叫做晚会，它只是一个综艺节目，但它在人们心里却是不可替代的。这个结果多少有些出人意料，但细想想也合情合理，毕竟是第一届春晚，加上当天的节目顺应了观众的呼声，所以它才有了今天的地位。黄导说："你知道当时人们怎么评价我们的晚会吗？"我摇摇头，老先生不无得意地说："当时观众来信，说我们真正办了一场'人民的晚会'。你可知道，当时'人民'二字可是最高荣誉……"我想，或许，这也可以为我们现在的春晚多少提供一些启示。

首届春晚诞生在1983年，当时我还不到20岁。当时看那场晚会，我完全就是一个普通观众的心理，就是特别兴奋，对参与春晚的主持人并没有特别关注，倒是对相声大师侯宝林先生仰慕之至。因为喜欢他，我就偷偷下决心学说相声。要说好相声，首先就得纠正自己的"京兰"口音。虽然看似在走间接的路线，事实上，这无形当中也在为我走向主持之路进行着积累。

作为河南人，爸妈多年来一直未改乡音，我从小在家里跟他们说河南话，与当地的小伙伴们说兰州话，到了学校，老师又教说普通话，其实在学校学的普通话混杂着南腔北调，充其量是"京兰话"。兰州话跟普通话又有很多对立的发音，比如"震"不念 zhèn 而念 zhèng，真正到了"正"又不念 zhèng 而念 zhèn，来回倒，就到现在为止，我还是怕遇到"镇政府"这样的词汇。为了能说相声，我刻苦学说纯正的普通话，先拜收音机里的播音员为师。每天早上早早起来，到菜地里收听中央人民广播电台铁城、方明老师的节目，把眼前的一棵棵大白菜当做听我说普通话的听众，一字一词一句偷偷地练习。

后来，我自以为普通话学得还不错，就不再满足于和菜地里的白菜交流了。当时气象排有一个战友李辛，他是我现实生活里的第一个普通话老师。他的父母在"支援三线"的时候从北京来到兰州，实际上他说的是口京片子，也就是京味普通话，恰好说相声正需要这种感觉，所以当时只要没事我就找他聊天，跟他学发音。他的歌唱得也不错，说学逗唱算是占全了，后来他就成了我的第一任相声搭档。

他既是我学普通话的老师，又是我说相声的搭档，同时也是我在连队里旗鼓相当的竞争对手。我俩就像一对冤家，密不可分又彼此较劲儿。为了争做积极进步的好青年，我俩除了日常的训练争强好胜外，也争着当一个好兵。有时候看他扫院子，我就赶紧把宿舍擦一遍；看他种的那片菜地比我的好，我就能直接跳到粪坑里把大粪掏出来浇地。我们较着劲儿看谁进步得快，看谁到年底能立功受奖，比着谁先入团，谁先当班长，但大家的想法都是单向度的，而且不怕谁知道，真的是心事昭彰，即使有功利心也是光风霁月式的。现在回忆起来，那还真是一段激情燃烧的岁月。

做侦察兵一年之后，我进入了业余宣传队，自己的"艺术特长"终于有了用武之地。就是在这里，一位名叫白凤的漂亮女战友成了我的第二任普通话老师，现在想起当年她对我说的那句话，我还不禁心生感慨。

部队本是一个特别讲究先来后到的地方，白凤 1984 年才入伍，比我晚了三年，而我却尊称她为老师，这"师"出何名呢？她不像李辛说的是北京话，她是西安人，说的是更标准的普通话。我们同在宣传队，平时接触的机会比较多，我就利用这些机会向她学习。一次我们在一起排练，我趁机给"白老师"说了一段新编的段子，她听完之后没有点评我的普通话进步与否，倒是若有所思地说了一句："你的声音条件应该可以当播音员。"现在想来，她应该算是从专业角度评价我声音的第一人了。但当时我的心思还在相声上，随口"哦"了一声，于是，那个有关我的几近精准的人生预言，就这样被我慢怠了。说实话，当时的我从没想过能成为播音员，苦苦练习普通话就是为了说好相声。只是当年为了说好相声而做的种种努力，也都为以后的主持事业开了路，这大概算是无意间的曲线救国了吧。

1984 年，凭借着吹单簧管的老本行，我作为军乐团中的一员参加了建国 35 周年大阅兵，再往后，我就变成了职业的文艺工作者，经常随团到各地演出。在此期间，我遇到了生命中极其重要的良师益友——许秀林。那是 1988 年的一个中午，演出结束后，许老师专门跑过来对我说："小伙子，相声说得不错嘛！"许老师师承天津相声名家赵佩茹，时任"兰战"歌舞团艺术顾问。或许因为对相声有着同样的喜爱而惺惺相惜，许老师建议并义务辅导我考入了"兰战"。起初，我的工作是在大幕拉开前，钻出来给大家说个相声小段，先热一下场子，演出正式开始后，再回到后台去打杂，在打杂的诸项事务中，又属打灯最为常见。早就应该想到，一个相声演员在歌舞团势必会处在边缘地位，但当我真正看着人家在舞台的中央大放异彩，自己却只能在黯淡的灯光槽子里为人家"增光添彩"时，那种落寞是无法言说的。尤其作为一个二十多岁血气方刚的小伙子，刚进"兰战"的时候心气还那么高，在业余宣传队时大小也算个名人，父亲又是"兰战"的元老级人物……虽说术业有专攻,可我怎么可能甘心就做一个打灯的。

许老师一定看出了我的心思,一次"演出"结束,他找到我,沉默良久,最后语重心长地跟我说了好多话:"……歌舞团,歌舞团,歌舞是主体,咱说相声的是干吗的呢?咱是泥缝儿的,歌舞团那边节目演出,换场来不及了,你们俩来段相声,是干这事的,所以在歌舞团想成为主要演员,一定要有一样专业跟歌舞相关。"老师说得很实在,我也理解这话的意思,只是搞不清楚他说这些话的意图,那我能干什么呢?实际上,我是有些急的,我说:"那我总不能回乐队吹单簧管去吧!"许老师笑了:"那倒不用,你形象好,个头也

再次和许老师搭档说相声,我的相声激情又回来了。说、学、逗、唱,样样不落,一招一式,有板有眼。

够了，你敢不敢去当主持人？"白凤说过我的声音条件可以，许老师说我的外形条件也可以，这不就齐了嘛！再说主持人不就是个报幕的吗，能有什么技术含量？还能比说相声更难吗？于是我几乎没怎么犹豫就答应了。

说完这话的第二天，许老师带领"兰战"的一个小分队去新疆南疆各地慰问演出，我也在其中。23年前，还不像现在有火车和高速公路，我们的老式大轿子车在40多度的高温下，吃力地行驶在唯一的一条石子路上，托克逊、吐鲁番、库尔勒、库车……沿着南疆的塔克拉玛干沙漠边缘转了一圈，发动机热得发烫，车内车外都有热源炙烤着经过长途跋涉而疲惫至极的我们。路上到处是砂石、戈壁，绝少有生命的迹象，有些路段甚至连骆驼刺都很难发现。在这种条件下行路，艰辛可想而知。我一面陪着司机聊天，一面伺机帮他点烟倒水。当时年轻力壮的我自觉地坐在副驾驶的位置上，这里离发动机最近，所以最热。这种情况下已经顾不得体面了，虽然身上脱得只剩短裤，但还是汗如雨下。小时候学过一篇课文，讲矿工下矿的时候，腰上总要别一块像扇子一样的猪骨头，用来刮汗。学的时候不理解，为什么不用毛巾呢？新疆之行过后才知道，汗水太多的话，毛巾不但一会儿就黏了，还会散发出一股酸臭味，根本就不管用。我们又没有猪骨，只能拿塑料板刮汗，刮一下甩一下，一路行来，真是"汗畅淋漓"。

我们的南疆之行长达40余天，演出80多场，第一站是在托克逊的汽车二团。这是我第一次当主持人，上台前我紧张得浑身打颤，甚至想临阵脱逃。在我万分愁苦的时候，剧场的电铃毫不留情地响了，我吓得抓着许老师的胳膊："我觉得我不行。"许老师一下子怒不可遏："都到了这个时候了，不行也得上。"说完，顺手把我推上了舞台。大脑一片空白的我，只能利用鞠躬的时间来回忆台词，甚至还现场攒了几句。在那种情况下，大脑没有考虑和加工的时间，说出来的一定都是真心话。我记得当时说:"亲爱的战友,大家好,兰州军区战斗歌舞团来到这里慰问演出,我们所有的演职员都特别激动。托克逊位于吐鲁番的边缘,年夏季平均气温高达40多度,你们为了祖国的边疆,为了国土的完整,在这儿驻守边关,你们辛苦了……"大概就是这样最朴实无华的句子,却赢得了战士们经久不息的掌声。

下来之后,许老师问:"好啊,这谁写的?"自己早先写的稿子上台时忘得一干二净,我尴尬地回答:"没有谁写的,现攒的。""不错,以后也这么说。"这是我的第一次主持秀,之前我没有向经验丰富的老主持人取经,也不知道自己到底该说什么话,甚至连情绪都没酝酿好,我就被一把推了上去,但是我却在我的首场秀上收获了让我受用不尽的主持乃至做人秘籍,那就是真诚。就像许老师一直跟我讲的说相声是一个道理,站在台上不是要你表演,要真

在40多度的高温炙烤下,能吃到一块甘甜多汁的西瓜,真的让我们直呼过瘾!

正地交流，不是在走过场，是要过心的。刚开始，脸上的每一块肌肉，说出的每一个音节都是颤抖的，但就是在那样一个救场如救火的要命时刻，我本能地说了两句肺腑之言过后，事情就变得顺利多了，第一场晚会顺利落幕。从那之后，我克服了心理障碍，面对的人越多，就越是来劲儿，战友们也非常捧场。虽然脚下的舞台都很小，却仿佛激发了我体内蕴藏的无限潜能。

回到兰州之后，被许老师和战友们激发起来的主持热情方兴未艾，我开始留意团里的主持人在台上的表现和台下的准备过程，甚至把他们的串联词熟记于心，我就好像知道一定会有机会登上"兰战"大舞台似的。1989 年"兰战"举办"五四"歌咏比赛，本来是王广甸和田美荣这对老搭档主持，结果王广甸突发肠炎，不得不临时换人，距离开场只剩下半天的时间，在许老师的提议下，我临危受命。我已经有了 80 多场的主持经验垫底，虽然歌咏比赛的舞台大了不知道多少倍，但我竟一点儿都不觉得紧张。可盼来了露脸的机会，我整个人一直处于亢奋状态。

顺利拿下这场晚会之后，我在歌舞团里算是一炮打响了，团里的领导也自然注意到了我。1989 年 12 月，甘肃电视台筹备录制一台"军民鱼水情"双拥晚会，准备在 1990 年元旦播出。有一天，一位团领导找到我说："我给你揽了一个事。"我问："什么事？"他笑着说："甘肃电视台元旦晚会你去主持，怎么样？"我以为他在开玩笑，可是领导没事逗我玩有意思吗？于是我试探着问："人家能让吗？"他说："我推荐的。"我想，这没头没脑的，怎么就推荐我去电视台了？他看我疑惑不解的样子解释说："这是一台双拥晚会，需要男主持人穿军装，他们从甘肃省话剧团找了一个人，好好的军装被他穿得像偷来的一样，我作为军方代表断然不能同意，所以就推荐了你，你赶紧跟甘肃电视台纪主任联系一下！"

到了电视台，我觉得一切都新鲜。去了后才知道，这场晚会是由时任甘肃电视台文艺部主任的纪天智亲自选人，几乎凡是部队文艺团体里的"报幕员"都纷纷被叫来面试过了。熟悉台词之后，听导演简单交代了几句我就上台了。我依旧按照在"兰战"舞台上的主持风格进行，算起来穿军装已有十来年了，自然会流露出一种军人气质，于是面试顺利通过了。

晚会正式录制的那段时间，我正患重感冒，为了完成领导交给的任务，履行军人服从命令的天职，我一口气打了八支柴胡，晕晕乎乎地就上了台。录制地点在一个我熟悉的剧场，一切和平时都没什么两样，唯一不同的是多出来了很多摄像机，它们离我很远，因此我根本没把它们当回事。灯光突然打开的一瞬间，我忽然感觉精神大振，病也似乎好了一大半，真是"四击头一亮相，美极啦，妙极啦"！虽然这台晚会播出时长只有两个小时，但我们却足足录制了大半天，结束时，我还意犹未尽。这是我首次触"电"，当时就是感觉莫名的亢奋，并没觉得有多神奇。只是那台晚会在电视上播出以后，走在大街上竟然会有人对我"指指点点"了，"咦？这不就是电视里的那个主持人吗？"这才"电"到了我那根麻木的神经，上了电视，舞台就不是眼睛所见的那么大了。我再次想起父亲的那句话，电视不就是千里眼嘛！从那以后，我才对电视有了瞬间的梦想。

晚会刚播出，甘肃电视台的金肇聪导演就对我说："兄弟，我邀请你上我的春节晚会！"我没反应过来，不免唐突地问了一句："干吗？"他说："主持啊！"我说："能行吗？"金导演说："那有啥不行的，我看着好得很！"

就这样，我就应下了主持甘肃电视台1990年的春晚。那年我包揽了甘肃电视台的元旦晚会、春节晚会、五一晚会、七一晚会、八一晚会、十一晚会在内的所有大型文艺晚会。20世纪80年代，电视里才开始播一些文艺晚会、电视剧，不但节目不定期，而且内容也很单调。到了20世纪90年代，观众的精神文化需求越来越迫切，对电视文艺的要求也越来越高，从中央台到地方台都在进行文艺节目改革。那时，我不光主持晚会，还在甘肃电视台里有了自己的两档节目，一个是娱乐节目《花好月圆》，另一个是法制节目《社会经纬》。现场互动、真人秀这些现在流行的理念，当时就被我们运用到了节目中，《花好月圆》收视率奇高，广告商纷纷排队。

鉴于我在台里起着越发重要的作用，1993年甘肃台的领导开始找我谈话了。他们提出了优厚的条件，只要我愿意，就以导演编制调我进台，并享有独立执导节目的权利，等新宿舍楼建好，还能分给我一套房子。我把甘肃省广播电视厅开给兰州军区的商调函拿给部队领导看，我说："我要转业，我要去甘肃电视台。"军区的领导说："转什么业，你到甘肃电视台主持，我们从来没有反对过，反而很支持，这跟你调到那儿有什么两样吗？你就在兰州军区待着吧，也不影响你到甘肃电视台主持节目。"

说句掏心窝子的话，我当时拿着甘肃电视台的商调函去找"兰战"的领导，其实只是去"商"，而没想真的"调"。当时我在甘肃已经家喻户晓，甘肃电视台不可能因为我不是正式员工就不用我。部队工资低，像这样去甘肃电视台帮忙做节目还可以拿劳务费，等于两头拿工资，何乐而不为呢？说到底，我把商调函给"兰战"领导看是想告诉他们，咱也是块"香饽饽"，你们不重视我，我就被别的单位抢走咯！没办法，拖家带口的男人必须实际一点儿。

那时，我经常以当家主持人的身份与央视来的"大腕儿"同台合作。和倪萍大姐的第一次合作是在1993年，当年电视综艺节目还很少，倪萍主持的《综艺大观》赢得了各个年龄层观众的喜爱，几乎每家每户都会在周六锁定央视一套收看这个节目。同时，她还主持春晚，倪萍堪称当时中央电视台的当家花旦。在此之前，我曾经在西北笑星张保和的专场演出上见过倪萍一面，当时我们并没有合作，我只是在后台哆哆嗦嗦地请求和她照了一张相，对她的第一印象就是很和善，没有所谓大腕儿的架子。但得知要和这样重量级的人物合作之后，我心里非常紧张，提前好几天就开始准备。没想到，倪萍在晚会开场前两个小时才到兰州，主持时，她只是部分参考甘肃台提供的主持台本，整场晚会她都从容不迫，应对自如。而在倪萍强大气场的影响下，我也玩命地扛着，不让人看出一丝的露怯。凭借倪萍精彩的临场发挥，这场晚会赢得了满堂彩。

后来，和杨澜合作的时候我就自如了一些。那是1993年6月底，甘肃台筹办党的生日晚会，又邀请到了当年风靡全国的《正大综艺》的节目主持人杨澜。她当天下午三点下飞机，晚上七点半就要正式录像。时间很紧张，导演派我去机场接她，抓紧每分每秒熟悉台词，培养默契。我本来是想把她送到宾馆以后赶紧把词对一下，杨澜却说她要休息一会儿，虽说我嘴上客气地答应了，但心里却犯起了嘀咕：这都什么时候了，还这么悠闲。大概到了五点半，甘肃电视台文艺部纪主任给我打电话："朱军，你过来一下，陪杨澜吃个饭。"我说："马上该上台了，我这儿正准备呢！"他说："没事，还有两个小时呢！"那时候我都已经化完妆了，过去陪杨澜吃完饭，距离开场大概还会有半个小时。当我和杨澜正式进入工作状态时，她一手拿着解说词台本，一手用笔在上面写写画画，忽然她对我说："朱军，这个地方好像不是很顺，我会改动一下。"她这么一说，我更有点紧张了，于是问她："您想怎么改？"杨澜说了她的想法，相对于她的调整，我也迅速地修改了自己的台词。我又问她："那往后的串词呢？"她说："一会儿节目当中再说吧……""啊？"我们就这样上台了，老天保佑，第一段我和她配合得很顺利，下了舞台到侧台，我又急忙和杨澜忙着研究下边的词。就这样，全场主持下来，一切都比较顺利。我们俩对这次合作都比较满意,这场晚会结束之后,杨澜即将飞回北京,她郑重其事地对我说:"你应该出去走走,你的声音、形象、现场即兴反应都很好,我们台的主持人也不一定有几个有你这种能力,你如果原地不动的话,5年也就没有什么太大发展了。"

偏居西北的我其实一直对电视发展新潮流保持着极大的兴趣,而没有把自己的眼光局限在一个省级台。和倪萍、杨澜的合作虽然短暂,但我却眼见为实地看到了她们把控舞台的能力,再加上与她们的合作还算顺利,这不免也让我信心大增。最重要的是杨澜的那句忠告,拨旺了我心中早已有之的火苗。每次坐在电视机前观看《正大综艺》,再听杨澜喊出那句"不看不知道,世界真奇妙",我就更加心猿意马起来,要不就出去看看外面的世界是怎么个奇妙法?

杨澜走了没多久,中央电视台的《地方文艺》摄制组就来了。在录制节目的间歇,一位年轻干练的女同志和我聊了两句。我礼貌却略显随意地回答着,心里只知道她是工作人员,至于具体是做什么工作的就不得而知了。"主持得不错,有时间我们聊聊吧!"我点着头,心想,这女子口气不小。这位女同志走后,一位同事望着她的背影神秘兮兮地问我:"知道她是谁吗?"我摇摇头。"这可是中央电视台的高导演啊。你刚才对人家也太冷淡了吧!"当时的我沉浸在小"富"即安的满足中,对事业和生活都没有太大的野心,所以我并没有为刚才的"失礼"而懊恼。不过得到了央视导演的认可,我还是喜不自胜。愉快的合作过后,高导演也撂下了一句话:"你条件不错,有机会到北京,到中央电视台来看看吧,来的时候给我打电话。"然后把电话号码留给了我。

现在回想起来,白凤、杨澜、高立民导演……好多人或无意或有心的肯定或建议像是一站站路牌,一路指引我走上了中国电视晚会的大舞台。

春晚可不是咱撒野的地方

1993年年底,我忽然接到了高立民导演的电话,她邀请我到北京看看,没有说具体事情。说实话,自从杨澜和高立民导演提议我出去看看后,我总是隐隐有种冲动。这次,我没有犹豫,背着简单的行囊就去了北京,成了一名名副其实的北漂。当时,中央电视台的《东西南北中》正在物色一个男主持,我就这样幸运地走进了中央电视台,成了一名编外人员。

1996年3月8日是一个大好的日子,就在这一天,我成为了中央电视台的一名正式员工。3月的北京依然春寒料峭,但这个转折点却让我更加期盼事业的暖春早点到来。

1996年,我已经32岁了,正介于不老不嫩的年纪,《东西南北中》《中国音乐电视》似乎越来越不符合我的风格。我的舞台在哪里?会有一个新的舞台吗?当我带着这样的困惑环顾四周的时候才发现,当时台里的文艺节目主持人其实正处于青黄不接的状态。记得有一次《东西南北中》要筹备教师节晚会,主持人全部邀请了外援。我当时心里暗自不爽,明明有自己的主持人还要去请别人,这不就明摆着说自己不行吗?我和杨东升导演关系不错,在他面前无须掩饰什么不满情绪,有一次我俩坐在一起聊天,我直言不讳地跟他表达了这种想法:"咱们自己的晚会为什么不用自己人?"他无奈地苦笑着:"用谁啊?用你啊!""用我啊!""你还嫩了点!"想想我都三十多岁了,算上军龄也工作了十几年,我愤愤不平地说:"你都不让我上台,怎么知道我还嫩,你得看台上的表现才知道啊!"他安抚道:"你别着急啊,急什么,机会总是有的。"

机会总是有的,只是不多而已,所以每个我都倍加珍惜。当时的我在央视只有过两次直播经历。第一次是在 1994 年 9 月 30 日，我参与了建国 45 周年天安门广场群众联欢活动的现场直播。台里一共安排了近 10 位主持人在不同地点向观众进行现场解说。我在正阳门下，负责礼炮礼花分队的相关报道。这和前一站的集体舞比起来显得冷清不少，为了保持直播气氛能连贯地衔接起来，我提前几个小时就开始热身，围着正阳门跑了一圈之后，我又在原地做起了高抬腿。大家都笑话我："瞧把朱军紧张的！"事实证明，这样做的效果还不赖，当我带着运动过后轻微的喘息，在镜头面前绽放出全部热情的时候，当晚的总导演张晓海惊讶地问道："这个小伙子是谁？"当时《东西南北中》的主题曲《走到一起来》非常流行，他只知道我是"走到一起来"的那个小伙子，从这之后他才记住了我的名字。

国庆直播之后的第二天，张晓海导演再次找到我，通知我和《艺苑风景线》的陈鲁豫一起主持一台《七彩欢歌》的行业内晚会。这也是我首次在当时央视最大的 1000 平方米演播室主持，这里也是每年春晚的直播地。为了缓解我的紧张心理，张晓海说了这么一句话："对了都是你们的，错了都是我的，希望你们能掀开中央电视台主持人新的一页！"

翻篇不是那么容易的事，但机会总是愿意拥抱奋力向它奔跑的人。1996 年的农历八月十五，我在国际饭店主持了一台中秋晚会。这台晚会的导演是袁德旺先生，作为文艺中心的资深导演，《综艺大观》是他的著名作品。我与袁德旺导演的相识还是在 1988 年，那一年我们共同参加了在天津举办的首届曲艺节。熟谙电视文艺晚会沟通艺术的袁导将这台中秋晚会的会场特意设计成了茶座式，演员和观众之间的互动联欢一次次将气氛推向高潮。作为主持人，我发挥自己在部队中练就的全活本领，不仅负责说，还在现场当起了一位魔术师的助手，就像刘谦和董卿合作的感觉差不多。两人合作表演了变金鱼缸、变火盆等中国古典戏法，我还现学现卖地表演了一个魔术，主持人反串在当时是很新鲜的，除了倪萍在《综艺大观》里用胶东话播过一段天气预报以外，中央电视台主持人演节目的并不多，我的表演引来了观众的阵阵喝彩。袁德旺导演又恰好是个有文艺情怀的人，他喜欢相声、小品、电影，不光喜欢，还愿意时不时地客串一些角色，这一点我俩算是志趣相投。

转眼就到了年底。我正在办公室制作《东西南北中》的春节特别节目，突然接到一个电话："朱军吗？我是袁德旺，我正式通知你，你现在是1997年春节联欢晚会的主持人之一了。"我以为是自己出现幻听了，不敢相信地问道："您说的是春晚吗？"他回答得斩钉截铁，容不得丝毫怀疑："对，就是春晚，你看什么时候到梅地亚来一趟，咱们面谈一下。"那时候五棵松的影视之家还没盖好，春晚节目组驻在梅地亚，"好，您在哪个房间，我这就去！"放下电话，我直奔梅地亚。见了袁导，他像老朋友一样拉着我的手嘱咐我说："小朱啊，要把握好这次来之不易的机会，我们相信你！"

机会来了，来得如此之快，快得令我有些不适应，那个在中国电视文艺主持人心中相当于喜马拉雅高度的大舞台将有我的立足之地吗？直到亲临春晚排练现场，直到亲眼看到赵忠祥和程前，我才确信自己终于来到了春晚身边。

毫不夸张地说，赵忠祥老师一直是我的职业偶像，多少次做梦我都想和他站在同一个舞台上。程前当时人气也很高，他是我到了央视以后第一个想要追赶的现实目标。只有我和亚宁是第一次参与春晚。作为新人，每遇到问题，比如生僻的字拿不准，我就会去问赵老师，他总是认真地指导，同时赵老师还担当着春晚主持人团队中大家长的角色，负责把控总体的主持节奏，他会时不时地提醒我们："小哥儿几个，咱这段节奏可以稍微放缓一些。"有一次排练完毕，我兴奋地问倪萍老师，真正直播的时候我们会在哪里对词啊？没

从小受着父亲的艺术熏陶，我也多少有些艺术细胞。画画、戏曲、单簧管……不能说样样精通，但都像模像样。

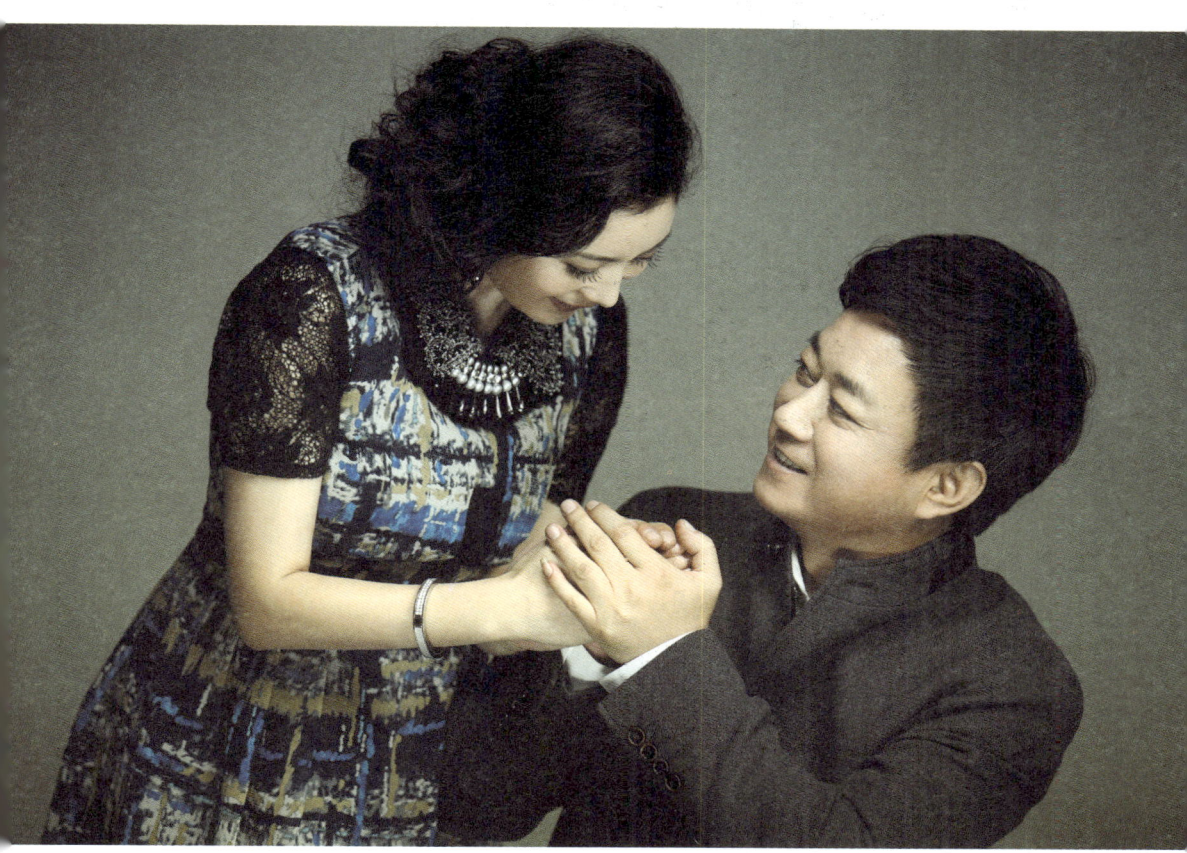

CATCH MY MOMENT

和梅梅认识的第一天起,似乎就注定了我们今生的缘分。当我为了理想,离开兰州的小家时,梅梅没有一句怨言。相濡以沫数十年,我不由得感慨万千,娶了这样一个老婆,真是我今生最大的幸福!

与音乐狂人谭盾偶遇,我抱着儿子与他亲密接触,小家伙面对镜头,居然镇定自若,毫不怯场。

而与杨东升的相识早在数年前,我去中央电视台的时候,第一次和我正式谈话的正是杨东升。还记得我当时不知天高地厚地跟他说:"如果给我一个机会,我肯定还你一份惊喜!"

CATCH MY MOMENT

因为从小见的明星比较多,所以毛头很少会追星。但是当鞠萍出现在他的面前时,他却像个小粉丝一样争着要和鞠萍姐姐照相。看来,鞠萍姐姐仍然是"小朋友杀手",魅力不减当年呀!

站在双拥晚会的现场,我仿佛置身于绿色的军营。和这些身着军装的朋友们站在一起,我就像个"追军族"。当年在部队时的往事,重现眼前。

范曾先生写得一手好文章,作得一手好画,国学西哲无不涉猎,就像一本"活字典"。在先生的面前,我永远都只是学生。

想到，倪萍老师指着后台的一个狭长通道说："咱就在这儿背词。"其实，来不及换服装的时候，那也是我们的更衣室。那个通道也就一米来宽，是舞台大幕的后方与墙壁隔出来的，我们就在那儿借着舞台透过来的光，来回溜达着熟悉台词。无论是台词的记忆还是情绪的酝酿，都需要一个准备过程，我们每个人都沉浸在自己的状态里，互不干扰。这也使得我第一次对春晚主持人有了了解：舞台上的光鲜都是表面的，背后更注重的是专业上的精准。每次排练都会有旧的节目拿下去，新的节目加进来，所以每次的台词都不一样，而且我们还不能把台本拿走，每次排完都要还给导演组，回家还要凭印象回忆，于是那段时间我感觉天天都在背台词。

春晚排练进行的同时，另外一件伤神的事就是准备服装，台里只负责舞蹈演员的服装，其余像主持人、独唱演员的服装都得自备，而且也不负责报销服装费。1996年，我月薪700元，来北京闯荡这几年，我几乎花光了家里的积蓄，梅梅又在读书，以那时候的经济条件，想做两套上得了台面的衣服谈何容易。有知情的朋友见我发愁，就给我支招："我认识一个朋友，他的弟媳是开服装厂的，我们可以去她那儿看看。"于是这位朋友把我介绍给了服装厂老板的大舅哥，在这位大舅哥的带领下，我和梅梅来到了一家小作坊似的服装加工厂，老板是一位戴着眼镜的女士，看到我们非常热情，听说我来定做主持春晚的服装，她表示无条件支持。梅梅是个追求完美的人，虽然我们手头的钱并不宽裕，但她还是力求在有限的资金条件下，为我做高标准的服装。生活的大多方面我都比她经验丰富，但在这方面，我非常信任她，为什么呢？一来，舞蹈演员的出身，给了她对时尚和审美天生的敏锐嗅觉；再者，学习了表演以后，她对舞台服装又有了专业的研究，而且她平时很注意对流行资讯的收集。就从这次开始，她自觉担当起了我的专属形象设计师。我一边听梅梅跟他们聊着服装的款式、颜色、面料，一边心里打鼓，这得多少钱？等到服装所有细节的问题都谈妥了，我终于忍不住问了一句："咱的费用问题怎么算？"老板很热情地说："还谈什么费用啊，帮我们多宣传一下就可以了！"我一想，这怎么行，人家平时做的都是生活装，我们做的是礼服型的舞台装，连布料都得重新去买，这怎么好意思！我说："怎么着您也得留个本钱啊！"她爽朗地笑着："行了，别提钱的事了，就当交个朋友吧！"

主持的礼服算是有朋友赞助了，但还缺一件中式长袍，因为晚会中间我还得和程前说一段串场相声。说相声我倒是不怕，之前在部队的时候没少说，但在春晚这么大的舞台上说相声，我还是觉得心里不踏实。于是，我想到了许秀林老师，他是我的智囊团和加油站。得知我要主持春晚，还要在春晚上表演相声，许老师兴奋极了，一个劲儿地嘱咐我："一定要好好干，要拿出当年咱们使活时候的那种状态。"听到许老师的热情鼓励，我不禁眼中一热，从做人到从艺，许老师亲授我很多可以受用一生的道理。他曾经告诉我，现场乱的时候要小声说话，现场静的时候要大声嚷嚷，后来我真试过，现场没人听我说，我就后退半米，压低声音，马上就安静了。"有些话我以前对你说过，还想再说一下，小晚会要当大晚会去做，大晚会要当小晚会去做。不能因为春晚大了，就觉得自己小了。在舞台上不要耍机灵，要真心地和你的搭档交流，和观众交流，台上演火了，溜着墙根走，要是演砸了，要大声问有消夜吗……"听着电话里许老师熟悉的声音，我顿时觉得安心多了。我说："您放心吧，我都记住了。"最后我上台穿的那件长袍，还是许老师帮我向北京军区一位说相声的同行借的。

记着许老师的嘱咐，我每天都用心地排练。"春晚可不是咱撒野的地方"，那些天，我的耳边时时回响着这样一句话。这是那位名冠西北的著名笑星、我在"兰战"时的副团长张保和说的，他曾三次参加春晚节目的选拔，但三次都和春晚擦肩而过。前两次节目在腊月二十三四被拿下，第三次更惨，节目在腊月二十八被拿下。记得第三次冲击春晚时，他又早早去了北京做准备，家里只剩下爱人和女儿。我想，眼看就过年了，不管是置办年货，还是换液化气都需要个干力气活的，就决定去他家看一看，到了年三十，我叫上相声搭档陈立伟敲开了张保和家的门。他爱人给我们开的门，我说："嫂子，张团不在家，我们来看看过年了您有什么需要帮忙的没有。"忽然屋里传出来一个低沉的声音："不用了，我回来了。"我俩吓了一跳，嫂子苦笑着把我们让进了门，看见张保和"神奇"地出现在家里，我们几乎齐声问道："张副，您怎么回来了？"只见他一脸无奈："春晚可不是咱撒野的地方，最后一次审查又被拿下了。"不但没有帮上忙，还在人家本来就受伤的心上，又浇了盐水。后来听说把他的节目拿下的时候，没人好意思告诉他，他还在紧张而兴奋地准备着上三十的直播，最后不知是牛群还是谁实在看不下去了，告诉了他："保和，你的节目被拿下了，你知道了吗？"他说："啊？又拿下了？飞机票在哪儿呢？"一下子就懵了，说话都变得语无伦次，不知所措。也许是张保和的话给我留下太过深刻的印象，也许是春晚太让我瞩目，首次参与春晚的我越临近春晚，越有些战战兢兢。

直到年三十的下午，我想这下应该不会有什么闪失了，再不给家里打电话，父母该担心了。"爸，我今天就不回去了，我初一再回去。""怎么了？"我忙解释："您别担心，没事，今天晚上看电视吧，春节联欢晚会有我主持，您注意看，也告诉我妈。"他说："好。"在我的记忆当中，父亲的声音永远像单簧管的低音一样沉郁平静，不管我们几个孩子取得了成绩还是闯了祸，他从来都不会一惊一乍，永远保持着一份淡定，一份从容。

与父亲的从容不同，距离晚上8点的直播还有4个小时，我就早早地赶到了台里，心里既盼着赶紧直播，又害怕直播的到来。倒计时还剩一个小时，我开始静默，脑子里一遍遍地过词，琢磨台上会是怎么个状态，还剩半个小时开始紧张，还剩十分钟开始兴奋，7、6、5、4、3、2、1，片头一出，几近血脉贲张。在开场歌舞《大团圆》热闹欢快的旋律中，我和程前、周涛、亚宁一起走上了舞台，我站在程前和周涛中间，趁着程前说开场白的时间定了定神，在他一声热情洋溢的"亲爱的观众朋友们"之后，我附和着大家情绪饱满地问候道："晚上好！""这里是中国北京中央电视台1997年春节联欢晚会的直播现场！"这一刻，我才终于信了——我真的登上了春晚的舞台。"朋友们，过去的一年是团结的一年！"这是我在那个万众瞩目的舞台上说出的第一句独立的主持词，铿锵有力，掷地有声，就像一路走来的跫音，步步扎实，问心无愧。脚下的这一步走好了，那就是家喻户晓；如果走错了，也会人尽皆知，而且以后的路会举步维艰。我深知这个舞台既不会埋没你的才能，也不会放过你的缺点，如果第一次就搞砸了，恐怕以后就再也没有机会了。于是，我对自己没有太多的要求，只是心里反复说：别出错，别出错你就成了。

　　第一次亮相春晚，除了主持，我又拿起了自己的老本行，和程前合说了段相声，为这台大晚会泥了一回缝儿。这个相声是为我俩量身定做的，也是袁德旺老师的创意。程前来央视之前在广东电视台主持，所以他在相声里说一口"广东普通话"，而我则是一口标准的普通话。

　　我：说相声最起码得用普通话嘛。

　　程前：我说的就是普通话啊。

　　我：您让大家伙说说，他说的这是叫普通话吗？

　　程前：怎么不是普通话？就连赵忠祥老师都说我说的这是普通话。

　　我：怎么着？

　　程前：起码比一个叫朱军的说得好。

当天，我们穿着长袍一出场，就赢得了意想不到的热烈掌声，或许不是因为我们表演得多出色，只是观众对专业演员和对主持人的期望值不同。我和程前的每一句话话音未落，掌声就立刻淹没了我们。表演完毕，我们竟然得到了姜昆老师的赞赏："你们哥儿俩这段挺好的。"

得到业界泰斗的赞赏不易，得到父亲的夸奖难上加难。从那以后，每年初一，我都要接受一群特殊观众的当面点评，他们最宽容又最挑剔。

电视里是一番分外热烈的景象：璀璨耀眼的灯光下，我站在气派非凡的春晚舞台上倾情主持，与全国人民一起共度除夕……

家中的餐桌上摆放着丰盛可口的团圆饭，我与家人谈笑风生，一边看着电视里的春晚，一边评论着屏幕里的自己……

两幅画面着实有些穿越，但所述确是现实中事。自从主持春晚，常有热心的观众问我：你每年除夕都站在舞台上，是不是每年都不能与家人团聚？答案是否定的，开篇描绘的场景也是现实，只不过时间有了错位，由于我"春晚主持人"的职业缘故，朱家的团圆饭都改在了大年初一，全家人一起看春晚也只能是初一的重播了。

自从主持春晚以后，每年大年三十，我都要带上梅梅搭乘初一最早的航班赶回甘肃兰州的家。那时父母还健在，兰州就像一个靶心，儿女们总是从东西南北远近各处迅速地赶回去。作为最后一名到家过年的孩子，非但没人埋怨我，而且我还会享受到一项特殊的福利——大哥、二哥、三哥一起接机。

"齐了，就等你们了！"大年初一一下飞机，哥哥的笑容总像冬日的阳光迎面而至，从他们的眼神和语气中，我感受到了家人对我们的期待和想念。从机场回去的路上，和哥哥聊得起劲之时，不知不觉车已经停在家门口了。

"爸妈，你们看，我把军军一家给你们接来了！"进门以后，哥哥姐姐们赶紧接过我们手中的大包小包，爸爸妈妈喜笑颜开，关切地嘘寒问暖，小孩子们兴奋得几乎要跳到我身上，吵着闹着"老叔（老舅）还没给压岁钱"！一切都喜气洋洋，家中的热闹虽然比不上春晚现场的热烈，却让我更为享受，常常会有一种强烈的感触袭上我的心头：这下是真的过年了。

大年初一好多电视台都会重播春晚，几乎从早到晚我都能听到自己的声音。对于大多数电视观众来说，当然是看节目最重要，但是在我们家收视率最高的一定是主持人的串场。每当我出场的时候，大家就会放下手头的事情，围坐在电视周围。

"军军的这件衣服会不会太艳了？"

"这才喜庆嘛！"

……

哥哥嫂子、姐姐姐夫七嘴八舌地议论着，当我出场时他们都屏息凝视，什么瓜子糖块的全然不顾了。我曾试探着询问老父亲，您觉得我主持得咋样，老人家连头都顾不得扭一下，眼睛还不放心似的盯着电视里的我，一如既往地给了我两个字——"还行"。

"还行"已是他对我最大的肯定，在父亲那里，我从没得到过"真棒"这样的评价，内敛、低调一直流动在朱家人的血脉里。或许正因如此，在我的潜意识中，才一直对自己说，朱军，你还需要努力，你还能更好。

我主持春晚之后过的这些"年"可能最具朱家特色，但对于上了年纪的父母来说，连着折腾三十、初一两天，真的会很累。现在我经常会怀念20世纪80年代末90年代初，父母还硬朗、我们还年轻时的那些团圆年。那时候，和几乎所有的中国老百姓一样，每年除夕夜，朱家人都要和春晚一起守岁。按照我家的规矩，男同志拥有特权，哥哥、姐夫会陪着父亲，将餐桌摆到客厅里，弄几个凉菜,一边喝着小酒,一边看着电视。女同志则负责包饺子,在厨房忙活。我们家只有一台电视机,就把它摆放在客厅。当时的小品都是半哑剧的艺术形式,朱时茂和陈佩斯的《胡椒面》好像只有四句台词,这样的小品可"苦"了在厨房忙碌的母亲、姐姐和嫂子们,听到客厅的笑声,她们就时不时地围着围裙、捏着饺子出来看两眼,有时候甚至直接把饺子皮拿到客厅来包,两不耽误。记得那次母亲看得正入神,我问:"妈,饺子什么馅的?"也不知道她听没听见我说话,她只是直盯着陈佩斯光亮的头,笑着说道:"简直就是一个肉丸。"一语双关,当年这在我们家成了比小品里的包袱都经典的段子。

零点之前,我还要早早出去,一是看那些按捺不住兴奋心情的人提前燃放的烟花,还有一项重要的任务就是保证在零点点燃鞭炮,"娘子军"会在楼上等着我的信号。噼里啪啦,只要我这边一响,她们的饺子也要下锅了。河南老家有一种说法:"初一的饺子初二的面,初三的烙饼摊鸡蛋",要赶在大年初一的头一刻煮上饺子才吉利。

等到酒足饭饱,春晚也就进入尾声了,我们全家还要聚在一起意犹未尽地谈论各个节目。那时候,我们家还热衷于参与《中国电视报》举办的"观众最喜爱的春节联欢晚会节目"评选。父亲母亲喜欢陈佩斯的小品,年轻的小辈们爱听李谷一的歌儿,几个有限的名额到底投给谁?众人先是争论不休,好不容易达成了共识,但往往把选票填写好放进信封的那一刻,彼此之间还在进行最后的打赌。

转眼二十来年过去了,国和家都发生了翻天覆地的变化。1997年中国即将迎来历史性的一刻,那就是香港回归,晚会也在最重要的零点时刻特别推出了由赵忠祥和倪萍共同朗诵的《北京时间》。"此刻,改革开放的中国正迎接八面来风。北京时间秒针一动,就是大河上下鼓角联营。1997,香港归航的汽笛将正点鸣响,中国,将用北京时间的6个月去跨越一百年的时空。"赵老师说到动情处,紧握话筒的双手微微颤抖,在场的观众包括站在侧台的我,无不动容。舞台上放置了一个大表盘,想到跳动的秒针正在抛下旧日的耻辱,迎接越来越富足、安宁、有尊严的生活,作为一名中国人,我不禁心潮澎湃,感慨万千。

晚会的主题歌《手挽手,心连心》响起,演员都拥到了台上,我沉浸在欢乐的海洋中,家人的笑脸仿佛在我眼前一一掠过,当我和我的同事们激情满怀地说出最后一句主持词"亲爱的观众朋友们,明年再见"时,一种强烈的成就感油然而生。登临上中国电视文艺这个最高的大舞台,这下是真的成了。如果明年真的能再见,那将会是一个更大的舞台。

春晚,我们又见了!

中央电视台有一句宣传语流传甚广:心有多大,舞台就有多大。20世纪90年代末,中国电视文艺晚会进入了一个黄金般的发展时期,搭乘着这样的春风,春节联欢晚会的舞台也越搭越大。

1997年,经过台内竞聘,时任文艺中心戏曲音乐部主任的孟欣脱颖而出,被确定为1998年春晚的总导演。孟欣有恩于我,初进中央电视台打工,是她第一个收留了我。她当时是《东西南北中》的制片人,也是通过主持这档节目,我第一次获得了中央电视台主持人的名头。孟导是个敢说敢干、雷厉风行的人,她认定了的事就不会轻易改变。担任总导演之后,她便开始致力于建设一个更大规模的演播室。到1997年,春晚已有15年的历史,演播室从旧台址的

600平方米到新台址的1000平方米，中间还经历了体育馆、设置分会场等多种形式。随着电视技术的不断发展，春晚的演播空间越来越大，综合条件也越来越先进。本次孟导谋划的新演播室地址定在台里的圆形草坪，这里有中央电视台的台标，是用灌木种出来的CCTV四个大字母，非常醒目。一段时间不见孟欣，却发现原来的圆形草坪已经荡然无存，取而代之的是日渐成型的新演播大厅。神速竣工的新演播厅建筑面积近3000平方米，成了台里最大的演播室，"央视一号厅"由此而来。

一号演播大厅胜利竣工，1998年的春晚也越来越近了。我在1997年春晚上的表现虽然称不上一鸣惊人，倒也还算过关，就连梅梅这个挑刺大师也都表示满意。然而，毕竟戏份最少，任务最轻，完成得再圆满，似乎也不足以确保我在春晚上的一席之地。所以随着春晚的临近，我心底开始有了那么一种隐忧：我是否还有登上1998年春晚舞台的机会？

离春晚还剩一个月，我身边依然没有任何风吹草动。有人提醒我："人家有事没事就去影视之家转悠，你怎么不去看看？"当时五棵松的影视之家已经建好了，春晚的前期准备工作基本都在那里完成。我说："又没有人通知我，还不知道春晚有没有我的事呢！""孟导是你的领导，你没事去剧组转转，就当是探望也好啊！"

一语惊醒梦中人，我没有继续坐等，偷了一天的清闲，溜达到了孟欣导演的办公室。她正在给春晚剧组开会，一见我露面，她停下会议，笑着问道："来了？"

"来了。"我见他们在工作，就想退出去。

"进来吧！"孟欣脸上的笑意未减。

她只是在做礼貌性的挽留，我这样认为。"你们开会我就不进去了。"我一边往后退，一边应答。

"进来吧，进来吧！"她一个劲儿地招手。

我见推托不过，就进去找了一个角落坐下。她开完会转而对我说："你还知道来呀！我以为你不知道呢！"

原来真的早就应该过来看看，幸好听了同事的建议。"没有，我怕来了给你们添乱，也没什么事，所以就没过来。"

"那今天怎么来了？"

"坐不住了，到了现在还没接到通知，我来问问到底有没有我的事。"态度很实在，语言很含蓄。

显然，她懂了我的意思，"能没有你的事吗？现在主持人还都没进入呢！放心吧！"

这算是很权威的内部消息，我心里终于踏实了。按照春晚的惯例，我在正式排练前三天收到了以中央电视台春节联欢晚会办公室的名义发出的书面通知，进入了 1998 年春晚的彩排。第一次进入一号大厅，我不禁眼前一亮，演播厅不光面积几乎翻了一番，舞台形状也由原来的方形变为了圆形，果真气派无比。1997 年春晚彩排，我走进 1000 平方米演播大厅的时候，就感觉演播厅很大，猛然又来到一个几乎大了两倍的演播大厅，我萌生的第一个念头就是：这么大的场地得多少人才能撑起来啊！

然而，每一个新的高度都需要费些力气才能站上去。为了在更恢宏、更先进的演播大厅把春晚办得更好，台前幕后的演职人员都付出了很多。每当面对一个更大的舞台，我就会变得越发兴奋，这次也一样。在 1800 平方米的一号演播大厅里，本来观众人数就增加了数倍，舞台和观众席中间又隔了一排茶座，这样一来，距离变得更远了。导演并没有强调要放大自己的声音，但出于本能，我们都不约而同地提高了音量。起初，说话时产生的回音严重影响了正常的效果，感觉整个声场的位置都是不对的。音频技术部门整天都在挪音箱，调试声场位置，主管技术的副台长天天亲自到场监督。但是直到我们排练到第三场的时候，问题依然没有解决，舞台上发出的声音肆无忌惮地来回乱撞。最后只好求助于一位国外的资深专家，在他的建议下，工作人员在穹顶吊上了巨大的塑料泡沫圆盘，在墙上贴了吸音材料，这才屏蔽了回声。

主要问题解决了，新的问题又凸显出来。由于舞台环境的变化，我们随之调整了音量，而电视机前的观众却不能直接感知现场的气氛，会觉得春晚主持人和演员都不会好好说话了，怎么一下子都闹起来了？我也会经常反思，从调动现场气氛的角度来说，我的声调就比较正常，但出现在电视上的只是晚会的局部，不明真相的观众肯定会奇怪，这是瞎嚷嚷什么呢？所以，为了达到一个平衡点，我也像音箱一样，在我的音域范围内来回寻找着最佳位置。

面对同样的问题，语言类节目演员也不适应。本山大哥曾经说："在1800平方米的演播厅，演员不是在演，而是在吼。"在原来的小场地，观众是聚拢起来的，而到了大舞台，没有了那种一家人围坐在一起的暖意，人气好像一下子散了。当时甚至有人提议设置两个场地，把语言类节目搬回1000平方米演播厅，把歌舞类节目留在一号厅。这样的话，一个节目过后观众可能刚刚兴奋起来，镜头却一下子切换到了别处，晚会的整体性被破坏了不说，观众的感情也不畅通。春晚对观众来说意味着轻松娱乐，而对我们这些扛着全国数亿观众期望的人来说，这份担子有千斤重。每个人都像斗志昂扬的战士，下定了排除万难、争取胜利的决心。经过几番争论，最后大家达成一致：竭尽全力去适应新环境，哪能被这点困难吓跑了！每个人的舞台经验都受到了挑战，却没人放弃，而力求开创新思路。直到现在，这种探索都没有停止，越来越多的演员选择从观众席上台，这正是拉近距离的一种尝试。

1998年春晚各方面都讲究推陈出新，我也顺应这种大趋势，在着装方面来了一回大胆的突破。随着经济条件的改善，我和梅梅对服装的要求变得更加苛刻。朋友出国带回来了一本关于法国时装周的男装杂志给我参考。一身红色套装吸引了我的眼球，从头到脚、从里到外全是各种不同层次的红色。"夺朱非正色"，在中国人的骨子里，"朱红"象征着喜庆、庄重、热烈，在所有颜色中最为正宗，加上这又和我的姓氏还有那么点渊源，应该会是我的幸运色吧。我当即决定，今年春晚的服装就照着这身衣服做。外套、裤子、衬衫、鞋子，甚至于领带、皮带都是各种不同的红色，这对颜色的要求十分严格，稍微有一点误差，就会觉得衣服是重叠在一起的，非常难看。最后其他的问题都解决了，就剩下一件大红的衬衫让我们纠结不已。我和梅梅走遍了王府井、国贸、西单的各大商场，就是没有一件让我们称心如意，后来勉强买了一件差不多的回来，到家之后，我把全部行头穿在身上，总觉得那件衬衣和整体的感觉并不协调。看到那件衣服的上身效果不佳，梅梅皱起了眉头，丹唇轻启："不行。""领导"发了话，我们只能开始新一轮的搜索。最后连动物园服装批发市场都绕遍了，还是没有满意的，我打起了退堂鼓："要不就算了，绕这么半天你肯定也累了，再说咱西北男人什么时候这么精致过！"梅梅不为我所动："你累了就先走吧，我必须给你找到才安心。你如果在春晚上丢丑，岂不是让全国人民都笑话。"她说得振振有辞，还把一件衣服的问题上纲上线，我不禁哭笑不得。功夫不负有心人，在解放军艺术学院旁边的一个市场里，梅梅发现了一件完全符合要求的衬衫，她拿着衬衫兴奋地往我身上比，一副大喜过望的样子。小店老板疑惑地看着我们俩，一件衬衫至于高兴成这个样子？！

踏破铁鞋觅来的这件衬衫却是化纤的，春节又正是天干物燥的时候，上台之前不得不用喷壶喷上点水才能不起静电，于是我只得穿上湿漉漉的衣服就上场了。孟欣导演以《东西南北中》节目为母本,设计了开场——周涛、我、亚宁、王雪纯分别代表东西南北四个方向的朋友向全国观众拜年。周涛和我在服装上总是能保持高度的默契,大多数时候我们只是简单沟通,有时甚至"各行其是",但最后穿出来的效果却很搭,这次她也穿了一件纯红色的裙子。在倪萍和赵忠祥的话音落下之后,周涛第一个拜年:"今晚在我们的演出现场,来自东西南北中的朋友欢聚一堂,首先我们东边的朋友祝大家吉庆有余、喜气盈门。"我紧随其后:"我们西边的朋友祝大家喜辞旧岁,笑迎新春。"舞台越来越大,春晚越来越精彩,小日子越来越红火,第二次站在春晚的舞台上,我着实多了一份由衷的从容。

历届春晚都会成为老百姓茶余饭后的谈资,对于晚会的工作者来说,嬉笑怒骂从来就不绝于耳,但相对而言,1998年春晚却获得了众口赞誉。原因之一便是场地的升级带动了技术条件的改善。想必大家对《相约九八》这首歌都还记忆犹新,这是孟欣组织专职人员创作的,伴随着那英和王菲曼妙的歌声,两个舞蹈演员在一个大气球里翩翩起舞,亦真亦幻。现在回忆起那种幽静而酷炫的冷蓝色调,还颇有一些阿凡达的味道。

那年春晚除了《相约九八》,还涌现出了《好日子》《大中华》等不少经典作品。20世纪90年代后期音乐电视兴起,很多文艺工作者通过这种形式一下子获得了大家的认可,激发了无限的创作热情。一时间,好的音乐作品和优秀的音乐人如雨后春笋一般纷纷出现在观众的视野。有了这个前提,再加上老孟的吐故纳新,那年春晚自然别具一格。

一切都很圆满,但在这届春晚上,我却经历了一次小惊险,原因很简单,那就是梅梅的"捣乱"。1997年,我们还租住在紫竹宾馆里,尚未有自己的小家,怕她寂寞,我就让她跟我一起来到了直播现场。虽然看不到她在观众席的哪一个座位,但我心里总记挂着她。渴了吗?饿了吗?这么一走神,我就恍惚了一下,在一个不该停顿的地方停了半秒,幸好这句话相对随意,稍稍改换一下断句方式,听着也比较顺,也幸好我快速地调整了自己的状态,暂时屏蔽了梅梅强烈的信号干扰,这才安全脱险。

一来怕我分心,二来台里给我们分了值班用房,从那一年以后,梅梅每年除夕都乖乖地待在家里,再也没来过春晚直播现场。

未经曝光的备份

在北京有了房子之后就算是落地生根了,其实房子更多的只是象征意义,真正让我在北京、在央视站稳脚跟的是在主持上获得更广泛的认可。而为我赢得认可的尤为重要的两场直播背后都"藏"了些什么,只有我自己知道。

1997年6月1日,距离香港回归还有30天,中央电视台现场直播了柯受良飞越黄河的壮举。飞跃地点选择在了陕西和山西的交界处,黄河流经此地时,400米的河宽骤然收缩为50米,形成了奔腾咆哮的壶口瀑布。我和香港凤凰卫视的吴小莉担任山西方向起飞一侧的直播主持人,周涛和张政负责陕西落地一侧的报道。我们提前两天到达这里熟悉环境,而柯受良和相关工作人员已经在此准备数月了。我知道柯受良有30年的特技表演经历,1992年他还曾抢在一位英国人之前成功飞跃了金山岭长城烽火台,所以这次飞跃应该是十拿九稳。但是听说之前在东莞和西安的试飞中,柯受良曾遭遇了翻车,后两次成功飞出的最远距离为42.5米,别说距离50米还有7米多,哪怕只差毫厘,到了实战那都是生与死的差别。虽然柯受良宣称对这次飞跃有百分之百的把握,但面对记者时他也坦言自己已经失眠好久了。我站在临时搭建的跑道上,向悬崖下望去,只见奔流的黄河波涛滚滚,十分骇人。耳边响起了领导的秘密指令:"你要做好他万一失败的准备,如果没有飞过去,你要想好该怎么说。"这番话再加上眼前的这种景象,让我不禁打了一个寒颤,我不敢想象这种"万一"如果真的发生了,会是怎样的惨状,但我又不得不逼自己做好"备份"。

一切准备就绪,直播现场来了十万名群众。虽然跑道是用木板临时钉起来的,但仍然非常讲究,这里有专人把守,不能让女人踏上去一步,所以飞越之前采访柯受良的重任就只能由我承担。那天,我特意穿了一件蓝色的外套,希望能够让他感觉平静。我拿着话筒走到他身边,一股浓重的酒气迎面扑来,我瞬间判断出他喝多了,酒壮英雄胆,此时对他最好的保护就是屏声敛气!

在这生死关头,如果用聒噪的采访去打扰他是多么不合适!我只问了一句:"您准备好了吗?"虽然是问句,却是无比坚定的语气。"准备好了。"他舒展开了紧皱的眉头。"祝你成功!"我相信这不仅是我,更是现场的十万名群众和电视机前收看直播的所有观众心里最真切的祝愿。我和他握了握手,希望能把这份祝福带给他。随后,他便坐在车头前面开始静静地祈祷。我想这个时候他一定希望身边不要有那么多的纷扰,让自己的心能平静下来。于是我逆着人群往外走,摄像大哥一边扛着机器跟我走,一边不解地问:"我说哥们儿,人家在这边飞,你去那边干吗啊?"到了一个相对安静的山脚,我停下来:"就在这儿吧。如果画面切过来,你就示意我。""你要说什么?本子上没有啊。"他一脸茫然。我说:"是没有,你就别管那么多了。""好吧。"此时,柯受良驾驶的白色赛车已经冲了出去,但是到了起飞点又来了一个紧急刹车,停了下来,现场一片哗然,我的心情不禁又沉重了几分,我甚至又温习了一遍领导密令我提前准备的那段"备份"。他的战车再次发起冲刺，13时19分，一道银色的弧线完美地划过黄河上空。数秒之内，我的心脏仿佛停止了跳动，直到黄河的那头响起了欢呼声，我的心才开始狂跳起来："过去啦！成功啦！"此时彼岸必是香槟、鲜花和众人的祝贺，而在他成功飞越后，镜头切到了我这边，面对镜头，我由衷地赞叹了他的勇敢和无畏，更庆幸我的备用台词没有派上用场。

后来有人责怪我："朱军在关键时刻不会采访，不会引导柯受良说话。"我只想说，在这一点上我问心无愧。作为一名传媒人，职业要求我记录真相，不掩恶，不虚美。我不能为了追求"爆料"而不顾他人心境，不管当事人死活，否则就是变相的谋杀，就是歪曲了事实，而非所谓"职业"的表现。作为一个有良知的人，道德告诉我宁肯舍其事而成其心。我不能为了自己的事业而违背了良心，这样建立起来的所谓"事业"也终究不会长久。

飞车无疑是驾驶水平的最高表现，即使明知充满了危险，其爱好者也会义无反顾。在一个各项事业蓬勃发展的国家，在那个百年耻辱即将一朝雪洗的时刻，确实需要这样一种爱国壮举来鼓舞民族士气，来印证中国人的自信与自强。我敬佩他是条汉子！但同时，也着实为他捏了一把汗。他的妻子和儿子一直在陕西方向等待他安全着陆，隔着50米宽的黄河，我没有见到他们是什么表情，却能猜测到他们的心情。当自己的至亲面临生死考验，亲人很难不担惊受怕。每个人都有追求梦想的权利，但每个人也有不让爱我们的人担心的义务。我敬佩他的无畏，但更敬重自然的伟力，更觉生命的可贵。如今斯人已逝，我只想把当时的备份讲给故人听："人活着是需要一种精神的，这样我们才会有面对挑战的勇气和渡过难关的决心，即使在此过程中，我们牺牲了也在所不惜，至少这条路上留下了我们的足迹，还有后来人可以循着我们的足迹，走得更远。"

自然诚可畏，人的精神更加不可抛，正是这种精神让人性有了光辉。受降雨影响，1998年夏季，我国发生了20世纪第三次全流域型的特大洪水。灾情一出，各路媒体纷纷报道。当时我在《东西南北中》节目组，为了制作一期抗洪抢险特别节目，我主动请缨去了九江救灾一线采访，掌握了第一手的素材，也体会了最真实的感情。时间紧，任务重，临行前我没敢告诉父母，只和梅梅简单告别。她反复嘱咐我，一定要注意安全，千万要小心。我说："你放心吧。"转头就匆匆上了车。

一路上设想了无数种救灾场面，身临其境的时候我还是被震撼了。不知道那些脸上还带着稚气的战士与洪水奋战了多久，不知道他们有几天几夜没合过眼了，只知道大坝上凡是平缓点的地方，他们倒头就能睡着，有的战士甚至抱着一棵树就睡着了。但是无论在哪里，只要一听说任务来了，他们就"噌"一下站起来，扛起麻袋就往漏水的地方跑。水的扩散效应可以使一个不起眼的小洞一发而不可收拾，他们就瞪大了眼睛，连针孔大的漏洞都不放过。

除了抗战在一线的战士，全国人民都在齐心合力共抗洪峰。中央电视台接到一个紧急任务，要火速组织一台现场直播的募捐晚会。当时赵忠祥老师在家里摔了一跤，行动不便，倪萍老师怀孕六七个月了，所以这份重任自然落到了我和周涛身上。开场前，造型师正在给我做最简单的面部处理，突然有人通知我："朱军，去趟贵宾休息室，领导找你。"造型师在等我做决定，我问："弄完再去行吗？""现在就去！"我到会议室一看，满屋子的人，不光有晚会总导演张晓海和台里的领导，中宣部和广电总局的领导也都在。"各位领导，有什么事吗？"我事先还真没想到会是这么大的阵势。一位领导发话："你是党员吗？"怎么会突然来这么一句？我回答："是啊，我入党十多年了。""那好，你坐吧！看一下这段词！"我接过一张纸条，上面写了一段话，大意是，中华民族是不可战胜的，让我们团结起来，手挽手，肩并肩，必将战胜一切困难。我疑惑地问："这段词放在哪里啊？""还不知道，你先记住。今天的第三次洪峰大概在九点半通过，如果能顺利过去，这段词就不用了，如果过不去……"他迟疑了一下，接着说，"如果过不去，可能就要炸开大堤泄洪，到时候……"他停止了预想，只是叮嘱道，"这段词朱军你记住了，别让别人知道，不要影响大家的情绪。"我说："好。"急忙把纸条塞进了衣兜里。

晚会马上就要开始了，张晓海导演走到我和周涛面前："你们知道今天的任务吗？"我立刻回答："知道，您放心吧！""那你说说看。""一定把这台晚会主持好。"张导看了我们半天，纠正道："错！记住，你们今天不是主持人，是受灾区父老乡亲的委托，来到这个地方接受善款的使者！"带着这种使命感，我们走上了晚会的直播舞台，那次的演员阵容比起春晚来，有过之而无不及。平日光芒四射的明星穿起了统一的抗洪文化衫、牛仔裤，都素面朝天地上台了。整个晚上，捐款的数字一直在跳跃式发展，每念一次数字，台下就会爆发出一阵热烈的掌声，而我也一次又一次深深地鞠躬致谢。因为亲临过救灾现场，深知灾区人民的艰难，了解广大战友的辛苦，我的鞠躬没有一点仪式感，有的只是实实在在的真诚感谢！

当晚会落下帷幕时，来自全国各地的善款达到一亿五千万元人民币！这一刻，我长长地鞠躬不起，这一刻，我深深懂得了这份职业的荣光！继而，一个天大的好消息传来：第三次洪峰顺利通过。

回到后台，我一下子瘫坐在椅子上，几乎所有的同事都以为我是鞠躬劳累所致，此时此刻，只有我一个人知道，那是因为我手里一直紧紧攥着的那张小纸条。天佑中华子民，谢天谢地，这个"备份"终于成了一张废纸！

第 03 章
这一刻，与恪守为敌
CATCH MY MOMENT

我时常问自己：难道这就是我的价值所在吗？我就只能做个"代言人"？那个时候，我太想向观众证明：自己不是石狮子，而是有血有肉有思想的朱军。

冥冥之中的交接

在央视渐渐稳定下来后,我的主持之路也愈走愈稳健。台里的知名主持人也经常给予我许多帮助,使得我的主持风格也愈来愈成熟。大家都盛传,我将是赵忠祥老师的接班人。

1999年冬季的一天,我在台里碰到了赵忠祥老师,他上下打量了我一番说:"朱军啊,你这身衣服不错,在哪儿买的?"当时我穿的西服正是赞助我第一年春晚服装的公司制作的。那时候,这家公司的生意越做越大,他们家的牌子也小有名气了。看到赵老师如此感兴趣,我爽快地答应道:"等哪天您有时间了,我带您去看看吧,这家公司是我朋友开的。"

过了几天,我带赵老师来到了朋友的公司。这位朋友亲自陪同,我们先去试了西装,然后到了另一个展厅。赵老师看中了一件羊绒大衣。"您试试看穿上效果怎么样?"朋友热情地建议。赵老师穿着那件新的羊绒大衣,转身拿起脱下来的旧大衣对我说:"其实我这件衣服也挺好的,买的时候花了几千块钱,如果不嫌弃,你就穿了吧。"赵老师是我的前辈,我一直很敬重他,他这样说也证明他心里没有把我当外人,这让我很开心。为了表示对前辈的尊敬,我接过大衣当场就穿上了。"嘿,这衣服穿着正好,比您穿都合适呢，就这么定了！"那天，他穿着新大衣，我穿着他的旧大衣各自回了家。

后来我们在一次聊天中，谈起这件事，赵老师亦庄亦谐地说："朱军啊，自从我把那件大衣给你，你就渐显，我就渐隐。"我说："那是您把衣钵传给了我……"确实从那年开始，就有了这个倾向，我们仿佛是冥冥之中完成了一次交接。从我走上主持道路之日起，作为第一代中国电视主持人，赵忠祥老师在我的心里就是一座难以逾越的高峰。对于他的说辞，我视作一种永远的鼓励，这又使我想起了另外一件与赵老师有关的故事。

1995年，我来央视一年多了，仍然只是个帮忙的，还不算正式员工。当亚宁等一批新人进台之后，我感觉自己一下子就被边缘化了。当时我主持的《音乐直播厅》收视率也一直上不去，前途一片茫然。那天一下子想了很多，我晕晕乎乎地就走进了当时文艺部副主任郎昆的办公室，就他自己在，没有别人。实际上，我们并不是很熟，他客气地说："小朱来啦，来坐。"简单聊了两句之后，他问我："你们节目组现在怎么样？"我就把节目的困境、我的苦闷统统实话实说了。我垂头丧气地说："我不想在这儿待了，不行的话我就回去，反正在这儿也看不到我的前途。"郎昆赶紧劝我："朱军，你可不能犯傻，你听我的，你一定要咬紧牙关坚持下去，如果我没有看错的话，你一定是赵忠祥的接班人，咱台里没有谁能接得住他。"那个时候，我心里最渴望得到别人的肯定，就像前进中的车轮一样，遇到了太多的坑坑洼洼、石块渣滓，泄气不少，必须有人给我打气鼓劲，我才能继续前行，而郎昆的话恰好就起了这个作用。

2000年春晚，是我和赵老师最后一次在这个舞台上一起主持。那年的主持人共有20位之多，极尽铺陈新千年宏大气象之能事。开场也不同凡响，实拍效果取代了动画效果，CCTV专号飞机越过了青藏高原的雪峰，掠过了内蒙古的羊群，划过江南的小桥流水，在全国各地挂上了鲜红的龙旗——迎接龙年的到来。忽然专机"飞入"了演播室。两人从飞机里出场，说完一大段开场白之后，主持人才出场。彩排的时候，都是我和周涛负责走位，我们理所当然地认为，直播那天从飞机上下来的也应该是我俩。当时我们还为此激动了好一阵，心想这次开场可真算牛气，心里一直美滋滋的。谁想，接到台本的时候，我们才知道，这一段是"朱军、周涛（代）"。到了录制备播带的那天，神秘人始终没有露出庐山真面目。我俩暗地琢磨，这是代谁啊？赵老师和倪萍？不对啊！我们猜了半天都感觉不着边际。历年春晚开始前，各个节目都会向观众保密，以便留有新鲜感。但对于我们这些内部人员来说，看过无数次彩排之后，惊喜已经不再了。而这次的开场，算是给我们留了一个悬念。大年三十晚上，谜底揭晓——晚会总导演赵安和张晓海阔步走下飞机，给高呼"大开眼界"的观众们拜年。

除了参与主持，我还在第三篇章"中华儿女团聚情"中反串演出，把父亲的单簧管带上了2000年春晚的舞台。孙国庆和郭蓉分别拉起了大、小提琴，而韩磊、景岗山、江涛和我则吹起了长号、长笛、萨克斯和单簧管。在表演的曲目中，我特意选择了父亲喜爱的那首《花儿与少年》。小时候，父亲常拿这首曲子作练习曲，他也曾亲自教过我吹奏这首有着"西北之魂"美誉的曲目，只是我当时年少无知，怎么能够理解当年父亲沉默背后的那颗文艺之心。今日它在春晚大舞台上再次响起，婉转粗犷，自由率真，我以这样的旋律向父亲致意。

弦外之音同样绵长的还有赵忠祥和倪萍联袂出演的小品《品茶》。记得就在这届春晚前夕，赵老师对我和周涛说："我的年龄越来越大，记忆力也不好了,这个舞台终将是你们的,这么多年了,我也该回家过年了。"《品茶》算是赵老师春晚的谢幕之作吧。在这个小品中,两个人化妆成白发老者,在除夕夜共同品茶话平生。两人互相挑毛病,赵老师直指倪萍的煽情,而倪萍则调侃赵老师的兰花指,说过之后,一笑置之,二人的默契观众一目了然。或许到了那个时候,什么褒贬荣辱的都看淡了吧。当听到他们自嘲为流星的时候,我在辛酸之余又忽感悲凉。我和周涛相视苦笑,彼此都懂了,他们是在以这种方式向春晚告别啊!个中滋味,或许只有身为同行的我们才能体会吧。

我曾多次和倪萍随着"心连心"到外地演出,亲眼目睹过她在台上的风采。作为晚辈,我受益匪浅。

为自己"改版",对综艺"革命"

在春晚的舞台上,我常听到这样的评价:"朱军形象适合大晚会,正而大气。""朱军背词快,不出错,说话的感觉对。"虽然听上去全是夸奖,我心里却不怎么舒服,我时常问自己:难道这就是你的价值所在吗?你就只能做个"代言人"?萌生对自己这样的质疑,来自于与另外一群同行的比照。那时,白岩松、敬一丹、崔永元等社会新闻类节目主持人日渐赢得了观众的喜爱,虽然春晚带给我的名气或许不会比他们逊色,虽然我和他们处于文艺和新闻的不同领域,但我对置身于春晚和大晚会舞台上的自己有了新一轮的思考。

有一天,我路过一家公园,看到了门口有一对威风凛凛的石狮子,我忽然联想到了自己,站在春晚的舞台上,我就像紫禁城里的石狮子,被摆在最显眼的位置供人赏阅,但无论怎样发力,我都发不出属于自己的声音。春晚是我最高的职业梦想,登上这个舞台着实不易,是它给了我在央视相对牢靠的一席之地,还让我名利双收,我怎么可能不心存感念?以1998年的春晚为作品,我参加了1999年中国播音主持金话筒评奖,获得了银奖第一名,对于这个结果我并不满意,我不愿做没有生命的"金话筒"。我太想证明自己不是石狮子,而是有血有肉有思想的朱军。

和自己较劲儿是不能解决问题的。为了尽快在业务上找到出口,我每天都大量地收看各种电视节目和相关评论。国内看不到的,我还会托朋友从国外帮我带影音资料回来。我有一个朋友家里安了卫星接收器,可以收到一部分国外的节目,我有事没事就到他们家蹭电视看。各个国家、各种语言、各类形式的节目我都不放过——真人秀、肥皂剧、游戏大战……我就是想看看有没有新鲜的、可借鉴的节目形式，至于他们到底在讲什么倒没有太大关系。

我想方设法地为自己"改版"的同时，中国电视正刮起了一股强劲的"谈话风"，谈话节目和说新闻的主持风格成为电视的新标识。就在这股脱口成风的潮流中，央视三套也在改版。在一次策划会上，我遇到了徐小帆。可能和我们共同的军人背景有关，我们对彼此的秉性和做事方式都比较认可。他当时也在军事部做节目策划，他很兴奋地对我说："我今天想到了一个很好的点子，在那边没放大，拿回来跟你商量商量，看咱们能不能把这个节目做起来。"原来是一对一的谈话节目，对于他的这个创意，我起初觉得有点单调。但他的信心丝毫没有被我的怀疑动摇："没问题，就这么做！我回去写一个文字的东西，到时候你再看！"过了两天，他的文字策划案就完成了。拿来一看，我又觉得从理念层面好像缺了点什么，至于怎么完善，我们俩一时间也无计可施。"哎，不想了，咱下馆子喝酒去！"我们真的属于那种君子之交，清淡如水。平时联系不多，只有遇到事情才会打电话，见面招呼一下就过去了，偶尔可能简单地聊两句，绝不会三五天就要聚在一起吃吃喝喝。来到一家小酒馆之后，二两白酒下肚，我感觉自己的思维就开始天马行空了，情绪也变得高涨，说话也无所顾忌起来，言来语去间居然碰撞出了不少火花。两个中年男人在"不要让人生匆匆而过"的感慨声中找到了这档节目的魂，那就是打怀旧牌，做一档明星谈话节目。一个完整的策划案就这样被我们"碰"了出来。

革命刚刚开始，努力还得继续。为了尽快把这件事确定下来，我们在台里到处"堵截"领导，但是主管我们的孟欣是一个工作狂，只要忙起来，就很难看到她的身影。当时听说她在深圳华侨城筹备 MTV 大赛，我们决定即刻奔赴深圳。听我们滔滔不绝地讲了这个创意之后，她连连点头："不错，不错"，随后又面露难色,"可是我没有给你们单独一段时间的权力,《同一首歌》时长时短,如果它时间撑不起来的话,我可以给你们半个小时。"她的眼神仿佛是在询问:二位意下何如?虽然只是作为《同一首歌》的补充版,采访人物只能从当天参演的艺术家中间选择,但毕竟我们的设想马上就可以付诸实践了。再说事情还没做,谁知道播出效果怎么样?我们当时就答应了。

节目正式批下来了,名字还没定,"再回首""回眸"……好多好多的名字反复讨论后又被淘汰掉,最终才有了《艺术人生》。"艺术人生"到底是谁起的,现在我也想不起来,但是每一位参与改版和策划的人都贡献了智慧。为此,组里的几个人还去中央电视台后边的一家小饭馆庆祝了一番。台里任命了当时戏曲音乐部的王峥担任节目制片人,别看她年轻,做事却很老成,特别有自己的想法,据说当年高考之后,按照分数她可以进北大了,但是她却选择了北京广播学院文艺系。本科毕业之后,她又放弃了保送本系研究生的机会,毅然考取了广院的电视系,师从名师王纪言。最后,她一脚踏进了文艺中心,干起了老本行。就是从《艺术人生》开始,我和王峥开启了长达十年的合作,成为并肩战斗的工作伙伴,为此我们俩又分别被戏称为《艺术人生》的父亲和母亲。

谁也没有想到,《艺术人生》第一期《童安格》收视名次高居央视三套第二名,第二期《王洁实·谢莉斯》一下子跃居到了央视三套第一名!《艺术人生》火了!而身在其中的我体味到的是久违的安静与大气,相比于喧闹热烈的大舞台,这方小小的谈话空间显得那么局促,但于我而言,这里流淌的是我想要的真实与真诚。在这个舞台上,我不是一个布道者,更像一个接受洗礼的人。《艺术人生》是我事业的里程碑,也是我人生的关节点,它让观众触摸到了一头"石狮子"的体温,看到了他的哭和笑、苦和乐、爱和愁。用艺术点亮生命,用情感温暖人心,吸纳着《艺术人生》的滋养,深度体会过众多嘉宾的百味人生之后,我的人生观也变得豁达了不少,这也使得我对"春晚"和"石狮子"有了更深的理解。

将自己比做"石狮子",渴望发出自己的声音,其实是对职业素质提出的更高的要求,春晚舞台上的"言不由衷",这是个性层面的东西,春晚的舞台是一个强调共性的舞台,在它的气场笼罩下,各方力量的统合才形成了主持人的"言不由衷"。每台晚会都要经过严格策划、撰稿、排练和反复磨合,主持人表达自己独特感情、观点的机会少之又少。为了维护晚会的整体性,主持人必须配合。生活经历、工作背景尤其是军人的出身已经教会了我如何去

一曲《外婆的澎湖湾》把我和谢莉斯带回了童年。相信观众也被我们感染了,那期节目的收视率居然蹿得老高。

服从大局，我虽然有自己的想法，但断然不会轻易用我的想法去干扰主体。因为我深知，每个人都生活在社会的某一层面，看问题都有自己的角度，不应该以偏概全，也必然概不全。春晚剧组有专职撰稿人，他们有的是曲艺创作人员，有的是专业作家，还有台里的专职编导。或许长时间从事春晚撰稿工作，外人看上去觉得他们不免有些思路僵化，但是剧组也确实尝试过找一些文笔不错、但与春晚毫无瓜葛的创作者来撰稿，效果都不能令人满意。有的人写出来的更像是小打小闹的联欢会，撑不起春晚这么大的场子。要圆满地完成春晚的撰稿工作，不仅需要文笔，更需要对这个国家和民族更缜密的了解和更深沉的爱。即便是"老资格"完成了主撰之后，整个春晚剧组还要协商讨论，最后还需呈送领导审查。这是一个非常严密的过程，不是我在舞台上随心所欲，说改就改的。在这个环节中，主持人绝不是传声筒，而是将自己的情感注入其中，将串联词中蕴涵的意境和精神激活、表现、诠释，让整台晚会更好看，更生动。

穿越于《艺术人生》的小舞台和春晚的大舞台，其实就是从温馨的真诚切换到了隆重的真诚。

那一天，没有人是"大腕儿"

爱与温情是 2003 年春晚的主题，在这台晚会上，一曲《让爱住我家》惊艳全场。"我爱我的家，儿子女儿我亲爱的她，爱就是付出，让家不缺乏……"这首歌旋律简单，感情真挚，彩排时便已在剧组广为传唱，之后更是在"我最喜爱的春节联欢晚会节目评选"中获得了歌舞类的一等奖。用妻子麦玮婷的话说："在一个安静的夜晚，孩子都入睡了，我和赵明在工作室里酝酿这首歌，仅用了两个小时就完成了词曲创作。但是整个词曲的生命，是我们在恋爱、结婚、生子整个过程里面真实的家庭感受。"没有繁复的曲谱，亦无须华美的服装道具，引起众人共鸣的只是他们对家庭和音乐的爱而已。这一点在他们为孩子起的名字上也可见一斑，女儿叫赵丝弦，儿子叫赵鼓瑟。丝竹管弦、钟鼓琴瑟是他们的事业，也是他们的孩子，更是他们的爱。

《让爱住我家》的轰动也是 2003 年春晚的成功。这是中央电视台春节联欢晚会举办 21 年以来，第一次由真正的业余演员，在这个舞台上演唱他们自己创作的歌曲。当年，为了在晚会上推出好歌新歌，充分调动广大歌曲创作者的积极性，满足全国观众的要求和愿望，中央电视台以"2003 年春节联欢晚会剧组"的名义，面向全国征集了海量音乐作品，《让爱住我家》便是其中的佼佼者。除了音乐作品之外，春晚剧组还征集了零点方案和新年新希望。我们在现场选读了一部分，其余的大多数汇聚成了四次爱的呼吁——拥抱亲人、感谢朋友、问候邻居、祝福祖国。在第一次呼吁之后，我们便收到了三百多万观众的回应，反响强烈。当时我们的国民经济总量在翻倍增长，国际地位也在不断提高。继成功获得了 2008 年奥运会的主办权之后，又在 2002 年的年底拿下了 2010 年上海世博会的举办权。从观众的来信中我们明显可以看到，大家共同的希望就是祖国永远像今天这样和平安定，生机勃勃，所以我们第四次呼吁——希望普天下的中华儿女，都能在心里默默地为我们国家和民族的伟大复兴，许下一个美好的心愿。

也许为了和盛世气象相吻合，在台里和导演组的统一安排下，2003 年的春晚开场，倪萍、周涛、李咏和我统一穿上了大红的云锦。当看到灿若云霞、雍容华贵的云锦时，我们不禁齐叹工艺之精美绝伦。云锦过去是专供宫廷御用或赏赐功臣之物，至今这种手工技艺都无法被机器取代，当时还在申报世界非物质文化遗产。据说，锦是金的谐音，意为其价如金，"惟尊者得服"，社会上盛传一件云锦礼服价值50万元，搞得大家起初都小心翼翼。

　　其实，我日常的着装基本没什么讲究，干净整洁就够了。我特别反感男人涂脂抹粉，只是由于工作原因，不得不"被"化妆。我总觉得粗糙点才像个男人，男人都活得那么精细了，让女人怎么活呀！粗糙不代表古板，2002年、2003年我还不像现在这样发福，1.8米的个子，体重基本控制在130斤左右，这种身材对衣服的颜色、款式都没什么禁忌。在梅梅和身边朋友的影响下，我偶尔还会关注一下巴黎时装周，头一年的夏天发布了来年春季服装流行潮流之后，有时也会跟着做一套——紫色、宝蓝色、肉色，来者不拒。我甚至还和陈道明、梁朝伟、张朝阳等一道成为了《时尚先生》的首批候选人，而且在30人中我一直排名前十！记得当初发起"时尚先生"投票的网页上用的是一张黑白照，照片中的我身穿白色衬衫，左手握着单簧管，右手把外套随意地搭在肩上，面带微笑惬意地眺望远方，不事张扬却又成竹在胸。我觉得一件简单的白衬衫包装不出一个时尚先生，一个男人的时尚是由内而外散发出的强大气场，不仅衣着时尚，精神也需先锋。记得当时对我的综合评价是：他亲切的形象和真挚的话语，缔造出一个感动全中国观众的"艺术人生"，人们在他的节目中体会生活，感悟人生。我自认为这份评价还算中肯，我的时尚不在于跟风穿一些当时很潮的露脐装、紧身衣之类，就像那张照片一样，有时候我也不知道穿什么合适，那就白衬衫吧，最保险了！到了重要场合，比如春晚，我才会本着对得起观众的原则，在梅梅的全程督导下，精心挑选、搭配几套像样的衣服。当时我们已经有了一点积蓄，不需要靠朋友友情赞助了，购置每件礼服的花销一般在3000元左右。2003年是台里唯一一次"慷慨解囊"，而且上来就是大手笔，确实机会难得，加上导演组给我们下了统一着装的死命令，于是我们才一起穿上了名贵的云锦隆重亮相。

倪萍的那身云锦前后改了四次，不是耍大牌难伺候，而是筹备春晚的一个月使她累瘦了不少，前后测量尺寸殊异，不得已而为之。那年我们一共有四位主持人，较之以往不算多，每个人的担子相对要重一些。尤其对于倪萍来说，一共四次爱的呼吁，她独自承担了前三次。现在回望起2003年的风风雨雨，不禁觉得这份呼吁实在是太有先见之明了。春晚刚过，刚及早春，"非典"就开始在全国各地肆虐开来，传染态势之迅猛让广大医护人员都始料未及，普通民众更是望而生畏。举国上下笼罩在一片"白色恐怖"之中——每个人都戴着大大的白色口罩，只露出一双恐慌的眼睛，然而这还只是开始。

根据卫生部新闻办公室公布的数据，截至2003年4月28日上午10时，北京市累计报告非典型肺炎病例1199例，死亡59例。我们就是在第二天——4月29日晚上，在央视一号大厅录制了一台名为"我们众志成城"的特别晚会。

对一号大厅的记忆多与春晚有关，欢腾的舞蹈、诙谐的小品、神秘的魔术，以及观众欢快的掌声和笑声……都是"喜庆"的场合，而这场晚会却截然不同。依然是我和周涛主持，但台下却没有一名观众，更无人鼓掌、喝彩，有的只是台上的演员和台下寥落的几位工作人员。举办这场晚会的请求于4月25日得到正式批准，原计划于5月1日直播，文艺中心的工作人员连夜策划出了晚会的直播方案。但由于种种现实原因，4月27日又决定取消直播，改为29日录播，于是我们仅有两天的准备时间。得知这个消息之后，我不禁捏了一把汗，短短的两天之内，能凑齐多少演员？又是在非常时期，"非典"还不同于地震等其他的灾难，尽管专家分析说经过严格的消毒之后，在公交车上被感染的概率比中 500 万大奖还要低，但还是常见空空的公交车内只有零星的几个"大口罩"。北京交通向来人满为患，何时如此冷清过？

出乎所有人意料的是，两天后，100 位明星齐聚在了中央电视台。剧组负责节目安排的同事说起邀请过程，语气变得特别激动："好多演员根本就不在北京，我一听说在外地那就算了吧，反正时间这么紧，但是他们却都坚持要赶回来。张也在潍坊，宋祖英在长沙，阎维文在珠海……尤其是那英，她当时在大连，知道我的意图之后，她特别干脆地对我说：'什么话都别说了，你指到哪儿，我就打到哪儿。这是应该我们出头的时候了。'过了俩钟头，那英又给我打电话，我以为有什么变动呢，结果她还是要求把她的独唱换成和解晓东合唱专为晚会写的新歌……"

这是一场异乎寻常的晚会，不但没有观众，不同节目的参演嘉宾彼此也见不着面，因为大家候场都是在各自的车里，录完了必须马上离开演播室，决不允许滞留。为了让室内通风换气，工作人员打开了一号大厅所有的门，还在每位演员进来之前帮他们测量体温，话筒用完后立刻消毒。一直从 29 日下午折腾到 30 日凌晨 4 点才算录完，之后还要忙着剪辑合成……相比导演和其他工作人员，我是相对轻松的，因为首先录主持人的串场，我并没有陪着他们熬到第二天凌晨；但这也是遗憾的，因为我没有机会在现场感受从一线回来的同事亲口讲述白衣天使的感人事迹。当天好多明星大腕儿只是去参加一个很多人表演的朗诵或者大合唱，但没有一个人嫌戏份少而退却。这一天没有人把自己当"腕儿"，真正的主角是那些无法来到现场，却令在场的所有人都肃然起敬的"战士"。当我在剪辑好的片子里听到王志讲述他在一线了解到的三位医护人员舍生忘死、救死扶伤的故事时，画面正切到三位烈士的遗像，"为什么战旗美如画？英雄的鲜血染红了她；为什么大地春常在？英雄的生命开鲜花……"《英雄赞歌》响起，他们才是民族的脊梁！

去录制晚会的时候，所有人都戴了口罩，只有我没戴，大家都问："你不怕吗？"他们心里肯定都在想，这朱军是无畏还是无知？我只是笑着回答："你们都戴了，我就不用戴了。"听了这话，大家都笑了。

那段特殊时期，《艺术人生》也面临同样的窘境。我们将开会的地点改到了玉渊潭公园的室外茶社，阳光明媚或霆雨霏霏的天气为我们的会议打下了不同的底色。平时的策划会总是天南海北地"跑题"，特殊时期也照跑不误，只是这时所有的会议都有了一个中心，无论跑到哪里都会被"非典"牵回来。大家都坚信零食不但能刺激食欲，还能活跃大脑，所以方便易带的美食也是座上常客，但这段日子大家带的最多的还是消毒纸巾和口罩，连平时不拘小节的我也记得带上了抗干扰的眼药水和滴鼻净。别的倒是不怕，只是儿子还小，抵抗力差，为了他，我在外边也不能太不管不顾。往日朝夕相处的同事，经"非典"这么一闹，乍一见面竟觉得分外亲切。"家里大人孩子都挺好的吧"，平时客套的问候也变得特别贴心。人生的意义不再复杂，活着就挺好。

我们在《艺术人生》的一期节目中还特意请到了一直关注生命、思考生命的女作家毕淑敏，她是北师大的心理学硕士，有过11年的阿里军旅生涯，22年从医经历，她的大量作品中都贯穿着"生命关怀"这一线索。演播室的设计也煞费苦心，蓝色的幕布上缀着点点繁星，嘉宾的喷绘照片和等离子电视中的影像相得益彰，桌上的两杯橙汁与桌下的橙色圆柱相互呼应，整个布景浑然天成，而这一切只用了两天时间。当摇臂伴随着优雅的琴声缓缓移动时，我沉浸在这温馨的气氛中，沉浸在《艺术人生》每一个成员的浓浓情意中。

在如此柔情的背景下，毕淑敏那两句男儿般铿锵的话语在我耳旁回响至今："作为一个当年还算不错的医生，只要祖国召唤，我就会义无反顾地加入到抗击'非典'的一线！"我没有任何医务方面的特长，也就没有说这话的资本，但我愿意以我的方式助他们一臂之力，纵使现场没有观众喝彩鼓掌。

带三分侠气；存一点素心

2003年春晚发出"拥抱亲人、感谢朋友、问候邻居、祝福祖国"四次爱的呼吁时，我无法像电视机前的观众朋友一样通过手机短信和热线电话做出回应，但在"非典"那段且行且慢的日子里，我已经开始一一践行了。

"非典"时期，和大专院校、众多单位一样，中央电视台在这段特殊的时期也采取了隔离办公的措施。除非有节目任务，只要台里没什么急事，基本没人找我。整个人一下子就闲下来了。当我不得不停下匆忙的脚步环顾四周时，才发现熟悉的地方其实满是风景。

2003年6月，毛头一岁了。我带着他去了一趟北京植物园。玻璃温室里除了我们爷俩儿之外，连个人影都没有，我抱着儿子像是在自家的后花园散步。其实那些奇花异草我也不尽认识，都是看完了介绍才给儿子讲，不过显然他的兴趣点不在我的讲解上，蝴蝶在身边轻轻地拍拍翅膀他都能看得入神，全然不顾一旁正讲得声情并茂的老爸。穿梭在遮天蔽日的绿色植物之间，仿佛游走于热带雨林，小路蜿蜒，水流潺潺，千姿百态的植物让人赏心悦目。毛头最喜欢看鱼，梅梅怀着他的时候，家里养了一缸漂亮的五彩鱼，她没事就爱躺在床上静静地看，等到儿子出生之后，我们发现他也特别爱看那缸鱼，原来这也能遗传。温室里有一个大池子，在荷叶的掩映下，游着各色的锦鲤，毛头看到它们的时候便不想离开了。抱着儿子久久地立在水边,看着自由自在的鱼儿,我忽生"池鱼思故渊"之感,久在樊笼里,借着"非典"的机会,一夕返归自然,心里竟像回了家一样安宁闲适。

　　回家的时候已经是下午五六点了,三环上绝少有车经过,那段日子,像这样在路上优哉游哉的时候很多。有一次我开车从前门往西走,忽然发现路边有一家航模店。我从小就对航模充满了好奇和向往,于是我把车停在了新华社大院附近,迫不及待地走了进去。本来我只是想进去看看,一看可了不得了,直升飞机真漂亮!还有各种固定翼飞机,看得我眼花缭乱。我对那些航模爱不释手,当即买了一整套装备——直升飞机、遥控、油,齐了。

　　航模其实是我从小的一个心结。我小的时候,一次性筷子还非常罕见,有一次父亲不知道从哪儿得到了这样的两双筷子,随意削了削,粘了粘,就做成了一个模型。他又找了一个橡皮筋,扎上之后,那模型居然还能弹射上天飞一阵。那时候父亲能用的材料无非纸板、竹片、筷子、皮筋、线绳之类,但是在他的手中却诞生了各种飞天"神器",现在看来应该就是航模雏形吧。就在我张大了嘴巴,亲眼看着它们飞上天,觉得特别不可思议的时候,父亲告诉我,这世界上其实是有航模这类东西的,比他自制的这些不知道要先进多少倍,光是飞行时间就要长很多。他说时间问题的本质是动力问题,又一日,他带回家了一台废弃的发动机,把它拆解开之后给我讲里边的构造,活塞、喷油嘴、风门、油门等悉数细细讲过。最后父亲叹了一口气说:"可惜少了一个点火头。"父亲的叹息在我心里画下了一个绵长的省略号,让我遐想了很多年。

　　真正把航模带回家的时候,我心里有种抑制不住的兴奋,就像梅梅现在不管到了哪个国家都要给自己买一个洋娃娃一样,这不仅是对儿时的追忆,也是一种弥补。尽管那个航模只花了近千元,远没有想象的那么贵,但我还是感谢那段在北京打拼的匆忙日子,给了我顾及衣食之外的一点经济能力,也感谢"非典"带来的闲暇生活,赋予我略过眼前的杂芜,真正关照内心的闲情。刚到家我还不太好意思,毕竟这么大的人了,所以就假说航模是给儿子买的,其实也确实有他的份儿。梅梅撇撇嘴,用无辜的眼神看着抱在怀里的毛头:"儿子这么小,会玩吗?就说给你自己买的就行了!"我心里想,你不是也买洋娃娃嘛!

说明了也好,我就可以大模大样地出去玩了。掌控航模光有热情还远远不够,因为不得技术要领,直升机在院子里刚刚飞起来几米高就重重地摔在了地上。第一次亮相便负伤了,我只好把它送去修理。后来有好心的朋友为我支招:"你去体校看看,那里经常有人玩飞机。"于是我兴冲冲地去了,结果到那里一打听,看门的大爷说:"我们这儿原来有一个航模学校,现在搬走了,没人玩了。"我听了大失所望:"那我怎么才能找到他们?""我还记着一个老师的电话,就是不知道人家现在换没换号。""您给我吧,谢谢您啦!"我赶紧拨打了大爷给的号码,真的通了!大爷提示我这位教练名叫张宇。"张教练您好,我是朱军,我刚买了航模,还玩不好,想请您教教我,不知道您有没有时间?"我兴奋地说了好多话,只听电话那头传来疑惑的声音:"你是朱军?哪个朱军?"显然他在自己的人际圈子里没有搜到这个名字,突然又恍然大悟似的:"你不会是中央电视台的那个朱军吧!"想想自己其实有些冒昧了:"对,就是那小子!呵呵。不知道您最近有没有时间?""有啊,你平时在哪儿玩?"我便把家里的地址告诉了他。

我家附近有一条快修好的公路,路很平整但是还没通车,四周空荡荡的,他来了一看:"哎呦!这地方玩航模多好啊!来,我看看你玩的是什么样的?"

我拿出直升机他就又笑了："这你哪儿玩得了啊！直升机最难，最危险了。我劝你先别玩这个了，明天我给你带一架过来，你先玩着。"第二天，他给我带了一架40级的教练机，上固定翼，飞行平稳。他给我演示了一圈，我不由得感叹："这飞机起飞速度可真快啊！""嗨，比直升飞机操纵起来容易得多！"之后，他又给我讲了起飞、转弯的动作和要保持的高度，以及舵面的效应、副翼和升降舵的作用之类的原理。纸上谈兵过后，就要进入实战了，他拿出专业的设备，用一根线把我俩的遥控器连在了一起，我主控，遇到危险再立刻切换到他的遥控器上，就像正副驾驶的感觉。一下午的时间，我就掌握了起飞、降落的各种技巧，从此，我便迷上了航模。

看着飞机在空中纵横驰骋，我偶尔会想到父亲当年用筷子做的航模雏形，虽然父亲做的航模简易得简直和我手中的飞机无法相提并论，但当年如果没有它，说不定我这一生和航模都不会有交集。这显然得益于年幼时父亲的启蒙，我为什么不给毛头做一个呢？说不定毛头将来会因此成了航天员呢！这想法虽然听起来有些荒谬，可是谁说得清父对子的影响？谁能否认对孩子的希望？谁又阻止得了一个父亲的热情？

为此，我埋头看了好长一段时间空气动力学方面的书，搞清楚了飞机升力的来源与速度和机翼弧面的关系、翼展与机身的比例、油箱的位置等一系列问题。明白了这些之后，我便着手设计飞机形状和计算升力，又用轻木做好了机身。我初学时用的40级的那台航模已经算小的了，它的翼展还有1.6米，我自己做的这个只有60公分，最后配了一个气缸只有指肚大小的发动机，所有的部件安好之后，拿到外边试飞，真的飞起来了！它袖珍得就像电动玩具，但它确确实实是微小航模，因为两者在动力方面有着本质区别。因为小，所以特别可爱，就连发出的噪声都是稚嫩的，但也是因为太小太轻了，所以不能在刮大风时带它出去飞,这一点是我始料未及的。后来我总结了经验教训,又用广告泡沫板做了一架简易飞机。这回,我还在机身上加了一个大圆盘,在圆盘上画上了哆啦A梦,还在上面安了一个垂直尾翼,在下面安了一个发动机,后面再加两块升降舵和副翼,飞得也挺好。显然毛头对后者表现出了更大的兴趣。我从不拘泥于专业的材料和形状,经常用他喜欢的东西做成各式"飞机"。毛头三四岁的时候,开始特别愿意看我制作的过程,就像小时候的我对父亲做"航模"和修表充满了好奇一样,而我也特别享受和儿子相处的点滴。后来只要我带上航模和儿子一起玩,他就会特别开心。

　　后来,北京航模界的前辈也注意到了我的成果,还邀请我担任了2005年航模锦标赛的颁奖嘉宾。那天碰巧遇到了蒋雯丽,我俩事先并不知道对方会去,见面第一句都是:"你怎么在这儿?""我带孩子来玩。"又是异口同声,我们不由得哈哈大笑。"你们家顾长卫是不是也喜欢玩航模?""对,他特别好这个,带动得儿子也特别爱玩。今天有事,不然他也来了。"我就知道,老爸对儿子的影响非同凡响。

　　"非典"时期,除了和家人的团聚让我很舒心之外,人与人之间瞬间拉近了的距离也让我惊喜,尤其是左邻右舍之间体现最为明显。平时,像我们这群三四十来岁的男人忙得很,少有在小区里闲聊的机会,即使见了面,也是打个招呼匆匆而过。生活慢下来之后,大家都闲在了家里,一切变得不同,邻里之间走动密切了,今天到我家小酌,明天到他家豪饮,因为出门不便,出去买菜的时候,还要顺便帮要好的几户人家带些回来,突然有了小时候街坊邻居之间相互关照的感觉。

　　与邻里朋友有所不同的是,我的另一拨朋友是两位医学界的高手:儿童医院院长李仲智和宣武医院院长张健。"最近酒喝得有点猛啊!""酒能像你这样喝吗?"只要一见面,两位大哥便给我开会,也是在他们的提醒和点拨下,我不仅懂得了身体保健的专业知识,也收获了许多做人的道理。

和李仲智大哥是在做慈善爱心活动中认识的。2004年6月10日适逢儿童医院院庆,恰好《艺术人生》也想做一期与儿童有关的特别节目,于是我们便把二者结合起来,在北京植物园完成了那期录制。以北京儿童医院为背景有一个基金会,叫做"北京扶助贫困儿童健康就医基金会","非典"时期刚刚成立,他们吸收我去做了理事。在此过程中,我发现基金会日常运作的办公经费都由北京儿童医院担负,募集来的每一分钱都力图用在救助贫困孩子上,我觉得这个基金会特别干净,后来就成了常务理事,基金会救助的第一个孩子还和我有点关系。

一天,我突然收到一封来自内蒙古赤峰市的信,信上说:朱军老师您好,我是内蒙古赤峰的某某,我曾经荣立几等功,作为警察,我可以自信地说,我是一名尽职尽责的好警察,因为我曾经和持枪歹徒面对面地交锋过,并从他们手中解救出4名人质。但是作为一名父亲,我却很失败,我6岁的女儿得了白血病,而我却没钱给她看病。我抱着最后的一丝希望给您写了这封信,您能不能帮帮我?

看了这封信,不禁百感交集,我太能体会这位父亲的心情了,当即我便把这事反映给了李院长,他是基金会的理事长。他听了也很感慨:"这是英雄的孩子,不能不救啊!但是光凭一封信还不行,应该核实一下,看看情况是否属实。"我们立刻给内蒙古民政厅发了一份公函,很快我们便收到了回复——这确实是一位屡立奇功的好警察,他的女儿也确实在经受白血病的折磨。得到确认之后,我们迅速把他们父女请到了北京,基金会还捐款15万元用作孩子的治疗费用。现如今,基金会在众多爱心人士的支持下,慢慢积累了更多的善款，得以有更大的力量去救治更多的孩子。

通过和医学界朋友的交往，彼此在专业之间也互相支持，首都医科大学还专门聘请我为客座教授，好多人问我："你一个搞传媒的，去医科大学讲什么？"我说："病患交流，不会和病人沟通的医生看不好病。"其实，沟通也无须太多技巧，真诚交流方能感同身受。

"交友须带三分侠气，为人要存一点素心"，感谢"非典"，让我的心境在慢下来的生活中得以慢慢沉淀——亲人、邻居、朋友，层层关情。

不管拿多少奖，都无法避免遗憾

好雨知时节，当春乃发生。

就在"非典"前后，心境淡泊下来的我突然迎来了人生中的"好时节"——一场"流星雨"悄然而至，慰藉了我多年劳情的同时，也洒予我一身"星光"。那三年中，我几乎把中国电视主持界的最高奖项得了个遍，遍尝荣辱，体阅世情之后，我给自己四句箴言：

勿喜浮名而忽固基，勿怒谏言而误修己。
勿哀困局而不努力，勿乐顺境而忘远虑。

台里每年都会给主持人拍一套挂历，这套挂历并不做商用，而是送给业务上的合作伙伴，虽然声称不是人事风向标，但每年都会有人乐此不疲地研究其中的奥秘，猜测主持人地位的涨落，迫使我们自己对此也不可能毫不在意。之前谁上谁不上都是台里总编室说了算，一般会平衡新闻、文艺、体育、少儿等不同门类做出选择，而自从 2002 年开始，荣登挂历的都是当年评选出的"十佳主持人"。由台里业务方面最高领导机构——编委会，综合节目收视率、美誉度、社会影响、社会形象、工作态度等，针对全台主持人做出一个综合评定。

那年 3 月，评定结果刚刚出来还没有公布，适逢台里举办了一场盛大的典礼，需要一位主持人。说实话，这是个露脸的好机会，领导让我去，我说："是不是女主持人更合适一些？""'十佳主持人'里你是第一，就你去！""啊？什么时候评的？"我确实有些惊喜，又好像没有那么意外，那时候《艺术人生》的收视率高得惊人，经常保持在百分之十几。自从来到台里，不管是当"黑户"的那 700 多天，还是成为正式员工之后的 2000 多个日夜，我无时无刻不在为得到大家的认可而努力着。这个"第一"对我的意义太不同寻常了。不光因为可以获得一定数额的奖金，还在于它不同于外部的主题评选，外部的主题评选只要提交一个作品就可以了，没人去考证你平时的工作状态、个人修为，而这个评选是一个全面的考量，虽然业务依然占据很大比重，但毕竟内部人员彼此之间了解得更加全面、深入。除了在舞台上的表现，台下的真实一面也都心知肚明，无怪乎每年都会有一些社会上呼声很高的主持人"意外"出局。业务精良诚可贵，得到社会认可价值更高，但对于一个实实在在的人来说，做好自己工作的同时，在生活中还没招人嫌怨，也不是一件那么容易的事。

这一年，我还获得了一项最让我感到惶恐的殊荣——"第三届全国百佳电视艺术工作者"，也就是"德艺双馨艺术工作者"前身。说实话，"德艺双馨"这四个字在我心里很重很重，我向来用它来形容那些高山景行的艺术家前辈，自知以我的身量还差十万八千里呢！而既然给我这个奖，就是社会对我的一种期望,不管还有多远的距离,我奔着它努力,不让看得起我的人失望就是了。虽然我知道想要把"德"和"艺"都做得那么好,真的挺难的,但这也是对自己在承担社会责任、保持严谨艺术态度上的一种监督和鞭策吧。

"德艺双馨"一定是"德"在前,"艺"在后,落实到工作领域,"德"就是职业道德。人们都把媒体称为喉舌,很多人不怎么爱听这话,我倒是觉得没什么不妥。去西柏坡的时候,有人告诉我,刘少奇同志在此地专门同当时的主流媒体——各大报纸的记者开过一个会,其中就说到:"你们的笔,是人民的笔,你们是党和人民的耳目喉舌。"如果真能做到为天地立心,为生民立命,做喉舌有什么不好呢?台里不乏铁肩担道义,妙手著文章的新闻记者,他们不畏强权,敢于说真话,勇于为民请命,人们心里也都敬重他们。而作为一名文艺工作者,把忧国忧民的一脑门官司带上舞台显然是不合适的。术业有专攻,在春晚的舞台上,就是要把喜庆、自豪、感动传递给观众,在《艺术人生》就是要在感悟艺术精神的同时,用情感温暖人心。领域所限,我们没有豪言壮语,也不可能表现出铁骨铮铮的一面,但人生道路虽多,却有一种走法叫做殊途同归。如果不能做大事,就怀着大爱做一些小事。随着"心连心"去老区、厂矿、部队、科研一线慰问演出;在天灾忽至、举国同悲之时,代表受灾群众向捐助人真诚鞠躬致谢;在大年三十,去边防哨所把戍边将士的祝愿和过年的情境通过电视信号传送给全国观众,让大家放心……

部队教会我服从,央视让我树立了大局观。在这样一个讲究个性解放的时代,我知道这种论调不怎么招人待见。可谁叫咱是吃这碗饭的!这当然是玩笑之语,服从不是盲从,只是个人感情和工作需要相抵牾时,我会更多地选择以大局为重。比如我曾经在一个节目中采访了长江大学的几位学生。他们自身不会游泳,为了抢救落水少年结成了人链,后因人链断裂,两位大学生不幸丧生。听闻这个消息，我非常痛心，甚至内心里非常抗拒这次采访，我觉得大学生首先应该尊重自己的生命，我甚至说过，这不符合科学发展观。虽然这些孩子做法不免有些鲁莽，最终的得失也很难衡量，但是这种人间大爱毕竟还是需要弘扬的，谁说80后、90后是垮掉的一代？我们分明看到了他们的担当！经过思想斗争，我最终还是采访了他们，但是问话点和采访线索都有了变化。我非常欣赏那位同学的回答："如果再有这样的事，我们还是会跳下去，但是一定会想办法不让人链断裂。"作为主持人，面对这些问题的时候，不论自己在感情上接受与否，首先要服从节目的价值判断，其次才是适时地加入自己的想法。站在这个舞台上，"小我"需要服从"大我"。我肯定不能只代表自己，我身后是中央电视台，央视身后是国家。说白了，没有国家的稳定，我们的个性去哪里展示？佛语有云："大自在故名为大我。"我们芸芸众生可否参透其拈花一笑的了然？

部队让我保持单纯，央视让我保留赤子之心。20岁左右是一个人的世界观、人生观、价值观走向成熟的时候，而这段时间我在部队中度过。战士们的思想就像军营中的颜色一样，单一、环保、无公害。到央视工作时，我已经30岁了，各种观念基本形成，如做人做事者从头学起，恐怕为时已晚，混迹于这个传说中的高智商群体，我选择保持简单和天真。一位作家写自己的家乡，她说在肥沃的土地上插根木棍都能开花。在央视混了十几年，也容不得我不长进。前些天看微博，有人说："这年头，说真话得罪朋友，说假话得罪自己，那就让我们说笑话吧！说假话的人迟早要完蛋，说真话的人立马就完蛋，说笑话顶多被骂扯淡！"这让我不禁想起了《艺术人生》中季羡林的一句话——"假话全不说，真话不说全"。这不就是实用的为人处世之道吗？参悟了这份智慧，不就是我的长进吗？

在《艺术人生》中，吸收了诸多前辈的智慧，沉淀在自己的思想里，心中自然多了一份从容。有人问我，《艺术人生》的锤炼，对主持春晚是否产生了微妙影响？我自认为不大。所谓君子不器，主持人也不该固定成一个风格，春晚的慷慨激昂和《艺术人生》的娓娓诉说并行不悖。朋友却说，经过《艺术人生》再看春晚舞台上的你，有了一种别样的味道。或许是吧，分享了那么多前辈的故事，心境淡然了不少，功利心没有以前那么强了。这些变化朋友看到了，观众看到了，评委也看到了。2003年，我获得了"第二十一届中国电视金鹰奖最佳节目主持人奖"，这是金鹰奖首年设立主持人奖项。紧接着曾经失之交臂的"金话筒奖"又翩然而至，后来中国电视艺术"星光奖"主持人奖在空缺了两年之后又给了我。至此，我几乎拿遍了中国电视节目主持

金奖银奖不如观众的夸奖。举着沉甸甸的奖杯，我深知以后的路，更要踏踏实实地走。

界的所有最高奖项。说实话,谁不想获奖?再多的奖也压不着人,但是金奖银奖始终不如观众的夸奖,主持好节目才是王道。那时候无论走到哪里,不论是领导还是朋友,甚至社会各界人士都给了我不少的鼓励,在这个平台上我已经看到了我的努力所产生的成果和社会效应,我不再默默无闻了。是的,我家喻户晓了,大家认识了我,并开始接纳我、肯定我、鼓励我,还有什么奖比这更好呢?

有位同事说,主持是一门遗憾的艺术,任凭你拿了多少奖,都无法避免遗憾。我深以为然,不管多用心,节目或多或少总会有不尽人意之处。《艺术人生》正火的时候,录完之后也会感觉差强人意,特别是到了节目最后才突然发现,哎呀,这个话题没有谈透。还有就是和后期编辑有时意见会不一致,我很看重节目中那些细微之处,拼拼凑凑就有了生活的味道,但是编辑可能不这么看,掐头去尾一期节目下来也就只剩43分钟。有时候在一旁看他们剪辑,我就会不自觉地上前打断:"哎,等一下,这段挺好的,留着吧。"操刀者思忖过后点点头。下一处欲切掉的地方我又不舍得了,可是你这个也要那个也要,编辑也跟你急。其实大家都是为了办好节目,只是我这一路走来颇感不易,所以处处珍惜。

从在央视大门口的守望到2003年,整整十年了。曾经为了进入中央电视台的大门,我在传达室等了四天,每天重复拨打着相同的电话号码;终于进了央视之后,又为了得到央视的正式"户口"整整熬了两年,期间我无数次怀疑自己,"实在不行就回去",甚至还真的跑回家过一次;终于在央视找到了一个稳妥的位置之后,又为了证明自己不是"石狮子",在父母离开的当口,我强忍剧痛,强打精神谋划着我的《艺术人生》……

奖杯和荣誉有如金灿灿的沙子,当我想紧紧攥住它们时,它们溜得飞快,而当我终于放任自流时，一切又都翩然而至了。多少故事，一年又一年踏着零点钟声诞生；多少荣辱，在转瞬的十年浮浮沉沉；又有多少人，用这十年磨了一剑，却已心平气和，只是用它来镌刻这十年踪迹十年心。

　　在一期节目中我曾无意中说到："男人成熟的表现其实就是平和了，在享受事情的过程了。""举世誉之而不加劝，举世非之而不加沮"，我向往这样的境界。

第04章
这一刻，与失意擦肩
CATCH MY MOMENT

2004年的除夕，钟声还没响，我脑子里已是"嗡"的一下子！天哪，我居然说错了！我不敢相信这个事实，这么简单的一句话，我怎么可能说错呢？

我多希望那只是噩梦一场

  2003年春晚，周涛参演《马路情歌》时，我还问她感觉如何。2004年春晚巩哥就来找我了："弟弟，今年春晚咱一起演一个节目怎么样？""什么节目？""《让一让，生活真美好》，回头我把本子发给你瞅瞅。"我本来就好说相声，看了本子之后感觉还不错，又是巩哥"请"我演，当然义不容辞。

  此时，距离除夕还有一个多月的时间，时间比较紧张了。冯巩只要一进入状态就会立刻变得癫狂。相声以他为主，大多数包袱都在他那儿，我们几个算是捧哏。但是既然接下了这个事，就要对作品负责，也是对自己负责。"一对新人怎么就能在大马路上结婚？"如果连自己都不相信，又怎么可能让观众信服？私下里，我和冯巩是非常要好的哥们儿，可是在排练的过程中，我们却经常因为理念不同而吵架，真的动气的那种吵。五棵松影视之家排练室常常传出这样"不和谐"的声音：

  "你这个地方不对，我演着不舒服！"

  "不对就不对，听我的没错！"

  "凭什么听你的？"

  "那好，按你的来一遍，再按我说的来一遍，我找地方演出，哪个效果好咱就用哪个！"

"好啊！就这么办！我还不信了！"

为了磨出好节目，只要没有排练我们就出去演出，有时候一天会演好几场。观众笑还是不笑，真笑还是假笑，声大还是声小，我们自己都会有感觉，都能判断，先前的争辩也就有了定论。几乎每次演完，台本都会做出相应修改，一字一句，字斟句酌。有时候凌晨三四点，电话突然响了，那头传来冯巩特别兴奋的声音："军，我又改了一遍，这回特别棒，发你邮箱了，你快看看！"我睁开蒙眬的睡眼："哥，几点了？""哎呦，真是对不住，怎么这么晚了，你先睡吧，明儿看！"他还晕着呢，说话的时候已经是他所谓的"明儿"

挽着新娘的手，我得意地昂起了头，可是，"一对新人怎么就能在马路上结婚？"冯巩用他的执著帮我消除了这个疑问。

了。那一次我才明白他凭什么能在春晚这样一个舞台上，一站就是二十多年。

侯宝林先生的老搭档——郭全宝前辈曾经说，相声这东西"不可乐，便可气"，相声演员的天职就是用好的作品逗观众开心。到了直播当晚，从我们表演的版本中，已经找不到初稿的原话了，几乎每个字都做过改动，我们这个本子最后调了50来稿。而照冯巩的惯例，这还算少的，修改个百八十回对他来说都纯属正常。

在相声中，我和周涛扮演一对新人，冯巩和刘金山扮演二位的哥。他们在马路上发生了一点摩擦，导致了交通堵塞。为了赶在12点之前完婚，我们只好在车水马龙中举行了婚礼。虽然是出闹剧，但最终还是挺美满的，我也借着这个机会又当了回"新郎"，在观众的掌声中，挽着幸福的"新娘"周涛美滋滋地走下了台。至此，我都以为那会是"双喜临门"的一年春节呢！

2003年，中国最大的喜事非"神五"成功发射莫属，当年春晚总导演袁德旺早早就决定了要邀请杨利伟到直播现场为大家送祝福。候场期间，他被安排在了贵宾室，门口有武警把守，一般人很难靠近。零点之前，航天英雄才带着那面曾经陪伴他在太空翱翔过的国旗现身舞台。在场观众无不起身肃立，向我们的英雄鼓掌致意。"在新春到来之际，让我们满怀着对祖国的热恋，默默地等待又一个崭新的黎明。让我们向伟大的祖国致敬。"在这样一个特殊的时刻，听到航天英雄铿锵有力的话语，我和现场以及电视机前的观众一样，一时间心潮澎湃。

紧接着倪萍深情地说："亲爱的朋友们，我们又一次地说，新春的钟声马上就要敲响了……我们期盼着猴年大吉，期盼着猴年大利，期盼着猴年万事顺意……"她看了我一眼，主持人在舞台上有眼神交流再正常不过了，或许她只是出于习惯，但此刻我仿佛收到了某种期待。距离零点还有15秒钟，接过倪萍深情祝福的话语，我情绪高昂地脱口而出："观众朋友们，'羊'年的钟声马上就要敲响了！"

钟声还没响，我脑子里先"嗡"的一下子！天哪，我居然说错了！之前在排练过程中，放的都是头一年的贺年电报——某某大使馆恭祝全国人民"羊"年快乐，新年电报确实都是除夕才陆续收到的。整天耳濡目染，听惯了羊年，结果到了场上，竟无意识地说成"羊年的钟声马上敲响"……我不敢相信这个事实，这么简单的一句话，我怎么可能说错呢？那一刻，我多希望这只是噩梦一场，睁开眼睛就什么事都没有了。我握了握拳头，指甲扎到了满是冷汗的手心，真实的痛感仿佛在劝我——接受事实吧！口误已成事实。

不记得零点过后我又带着僵硬的笑容说了些什么，直到直播结束，我脑子里都在回响着"'羊'年的钟声"……怎么就错了呢？从台上下来，所有的演员和工作人员都如释重负，兴奋地相互问好、祝福、拥抱……这个年关，他们算是过了，而我却像是被卡在了另一侧，一个人默默地品尝着苦楚，他们的百般热闹都与我无关。面对着一片狼藉的化妆间，我呆呆地坐在一个角落里，点了一根烟，有点狼狈地抽着。我匆匆换好衣服，找到相关的工作人员："需要补录吗？""不用了，备播里有。"备播带就是最后一次彩排的录像，和现场节目同步，以备除夕当晚现场发生意外事件。我的"羊年"就是这次最大的意外。

大家都去了梅地亚享受"庆功宴"，我走出热气腾腾的演播大厅，走进零下15度的寒夜，独自驾车，行驶在回家的路上。我在北京有家了，不光一家团聚，还中年得子，多大的福气！那么多意想不到的大奖你都统统收入囊中了，多大的幸运！是不是上天在我人生最得意的一年，给了我一个最失意的遗憾，以此给我警示：别太得意了，器满则覆！

想到这儿我豁然开朗。到了公主坟桥下,车很少,我把车停靠在路边,给袁德旺这位引领我走上春晚大舞台的老导演发了一条短信:"袁导,对不起,过年好。"短短数秒之后,我便收到了回复:"小朱,别难过了,全国人民都知道你是口误,别和自己过不去了,明天重播改过来就行了。"

终于到了家,听到车响,家门已经为我打开。关上门,外边的苍凉也就与我无关了。暖黄的灯光下,一切都那么舒心。我真的要过年了!儿子今天分外精神,梅梅学着儿子的语气说话,逗得我和丈母娘笑个不停。"饺子出锅咯!"走,吃饺子去!一家人开开心心地过了一个团圆年,谁也没有提那个"羊"字。

夜深人静,躺在床上,我忍不住对梅梅说起了我的遗憾。儿子也有了,大奖也得了,如果没有那个"羊"该多好啊!本以为这两年圆满了,没想到却是个这样的收尾。我问梅梅:"你听到那句'羊年的钟声'是不是也吓了一跳?""没有,我带着儿子玩呢,没注意。还是妈说,'哎呀,说错了吧!'我还不信呢,我说先别问他,等明天回放的时候再看……没事,导演肯定会处理的。"梅梅的一番话语轻描淡写,似是为我宽心。平时远在兰州的家人总会给我的节目提出各种意见和建议,这次出了这么大纰漏倒没人提了。第二天我没忍住,拨通了大哥的电话。他淡然道:"没事,我身边的朋友都说了,正因为你错了,他们才相信春晚是直播!"

口误事件就这样在同事与家人的宽容与关爱下平静地过去了,直到最后,台里的领导也从未有人批评过我,更没有像外界猜测的那样扣去了多少奖金。老天还是很厚待我的,遗憾过后,又是一番惊喜,我和巩哥、周涛、金山合作的相声《让一让,生活更美好》获得了 2004 年度"我最喜爱的春节联欢晚会相声曲艺类节目"一等奖。

托羊年的福,其实这一年我很幸福!

饕餮盛宴背后的操心事

人们常用饕餮盛宴比喻春晚，但这盘大餐却往往难以完全满足各方的味蕾。2005 年，央视首次提出了"开门办春晚"的理念，并将春晚的大门向老百姓敞开，向各个地方台敞开，向全世界敞开：通过众多渠道，面向全国以及海外征集节目，融八大菜系和异域风味于一锅，这一锅荟萃，不知合不合大家口味。

"中国中央电视台！"站在 2005 年春晚的舞台上，我第一个发出了自豪的呼号，周涛紧随其后与我呼应"中国中央电视台"！在一片辉煌靓丽的金色中，在开场舞《丹凤朝阳》中的"丹凤"们的簇拥下，我和周涛、李咏以及首次主持春晚的董卿一道为迎接 2005 乙酉鸡年，第一次向世界发出了我们的声音。本次春晚首次在综合频道、中文国际频道、英文国际频道、法语和西班牙语国际频道同步直播，信号覆盖全世界！以前开口必称"亲爱的观众朋友们"，而随着风云一号、风云二号卫星的发射，当中央电视台在越来越多的国家、城市落地生根，几乎世界上的每一个角落都可以收看到 CCTV 的节目时，我们有必要告诉电视机前的异乡朋友：这里是中国。对，就是在刚刚落幕的雅典奥运会上金牌总数排名第二的国家！那个正在崛起的东方大国！经济在发展，社会在进步，国际地位也随之不断提高，我们充满自信地向全世界展示出中国的全新形象。

要说我的形象有什么变化，其中最明显的一点可能要属着装的变化，那就是更时尚了。从 2004 年开始，为了置办春晚服装，我经常去上海、香港搜寻时尚信息。我只需找到中意的款式，剩下的一切工作全是梅梅一手包办。春晚对演出服装要求极严，方方面面都不能出现纰漏，一般从最初创意的生成到最后真正穿上舞台，服装都要经过六七轮的修改，在这中间来回受累的自然是梅梅。随着直播日期的临近，我的压力也日益倍增，有时候我非但不领情，还会无故地发脾气。但脾气再大也得配合好一轮又一轮的服装改动，这是形象设计师梅梅坚持到底的原则。

尤其近些年，看着儿子一天天长大，眼角的鱼尾纹不断加深，我深知自己已经过了小伙子的年纪。有时候梅梅满心欢喜地给我带回来一些在我看来过于"潮"的礼服，我就忍不住发飙："不是和你说了不要这种吗，我现在已经不是这个年纪了！"梅梅心里其实也挺委屈，自己全心全意、任劳任怨地帮我做这做那，而我这算什么态度？但在当时的情绪之下可能就顾不得了，或许外在的强势恰恰反映了步入中年的惶恐，虽然我也曾经面对着鹤发童颜的耆宿大贤感叹，如果我现在是80岁就好了，可是真的感觉到年华不再的时候，还真后悔当初的胡妄发言。如果换了前些年，梅梅大半会和我争辩，但现在她一般都选择沉默，让我一个巴掌拍不响。过两天，看我心情好了她再劝我："时间挺紧了，要不你在这些里边先挑一些相对不错的，我们再去设计一稿，这回我让他们设计得大气一点。"备战春晚的几个月确实忙得不可开交，但在梅梅的操心下，我还是尽量抽出时间和设计师见面，让春晚的服装趋于完美。

大气而讲究细节是我对春晚服装的基本要求，不追求大张旗鼓的炫目，而是秉承一贯大气稳重的风格，但在细节上又要足见功夫。主持人说话时手执话筒，所以袖扣我会精心挑选。同时主持人的出镜主要是近中景，所以对上半身的装饰也要精益求精，尤其是领口的位置——胸花、领结、领带、丝带，每年我会争取在这些细微之处画龙点睛。

点睛还真需要一双丹青妙手。在春晚的舞台上，我曾经穿过用一块布料的正反面做成的礼服，金色的上衣是用反面做的，正面做的裤子是近似墨绿的黑金色。衣服上身效果不错，可是梅梅却犯起了愁，因为这种金色特别少见，在市面上很难买到可以搭配的领结。正当她一筹莫展之时，我突发奇想，梅梅不是收藏了好多五颜六色的丝带吗？找来找去，终于找到了合适的颜色，可是领结在哪里？自己做吧！凭着十几年的裁缝手艺，这有何难？一会儿工夫，一个像模像样的领结就新鲜出炉了，戴上一看，还真像那么回事。

这次利用丝带改造领结属于变废为宝，但第二次改造就有点"暴殄天物"了。同年春晚，我还穿了一件立领衬衣，这又给梅梅出了道难题。领带？领结？搭配什么都不顺眼。最后在颈间绾了一条黑色和金色相间的针织绳，效果还算理想，绳子很细，但是制作精良，这下倒是协调了，可是因为绳子太轻，尾梢翘起来有碍观瞻，我只好接着想办法。再坠点什么东西肯定能压下来，坠点什么呢？"梅梅，把你的首饰盒借我一用如何？""好吧。"她知道我又要开始新一轮的改造了。打开盒子，一条项链一下子吸引了我，上面挂着的两颗镶过钻的珠子闪闪发亮，这不正是我需要的吗？如果能把这两颗珠子坠在我的细绳上就万事大吉了，可是怎么能完好无损地拿下来呢？项链两边是有扣的，直接拿肯定不行，苦思冥想未果，干脆一不做二不休，剪了吧！"我可真的要剪了。"梅梅点点头："剪吧！可惜就可惜了，你这身行头早点落实了，我也去块心病。"平时闪耀在梅梅颈前的珠子现在挂到了我的脖子上。女人的首饰做得很讲究，一眼就能看出档次。彩排的时候，好多人看着这两颗晶莹璀璨的珠子问我："朱哥，这个好看，这是在哪里买的？"我神秘地嘿嘿一笑："这你可买不到，是我自己做的。"从此，梅梅更爱买一些水钻、水晶之类的小装饰品放在家里，以备我的不时之需。

除了西装，几乎每年春晚我都会做一套中式礼服，相关的搭配也颇具民族特色。在2005年的春晚上，我让领带和领结下岗，取而代之的是一个飘逸雅致的大红中国结。这是第一年向全球直播我们的晚会，所以在如何彰显民族特色上我下了不少工夫。当晚我不仅穿了一身颇具皇家气派的礼服，还戴了绣有龙纹的领带。这条珍贵的领带可不是随便从哪里都能买到的，这是一位民间艺人专门送给我的。据说这种传统工艺叫做堆绣，外边主体是丝绸，里边塞了棉花，使得领带上盘踞的龙立体可感，栩栩如生。同时这位老艺人还给《艺术人生》节目组赠送了一幅堆绣百花图，不光群芳争艳，还有蝶舞翩跹，鸟鸣啁啾，特别契合春晚喜气洋洋的氛围，到现在这幅画还挂在剧组醒目的位置。第一次看到这两件礼物时，大家都很震撼，感动于老人的这份情谊，也实在惊叹这不凡的手艺。盛放领带的盒子非常精美，打开之后，我迫不及待地在身上比了比，却不太敢戴，当时我还开玩笑说："这应该是皇家御用的，戴了还不折寿？"之后，我就一直小心翼翼地收藏着，只在春晚舞台上用了这一次。

其实，在全球文化大融合的时代，比纯粹的西方流行或东方传统更讨巧的是东西结合的产物，比如我最喜欢的那套蓝色礼服。尽管我一再声明已经过了装嫩的年纪，但是梅梅从来没有放弃过把我"扮嫩"的努力。她和设计师共同打造的这套礼服兼容了欧洲宫廷范儿和传统中国风，金色的盘扣设计也是紧随时尚潮流。乍一看"这哪是我的风格！""说不定这回就破了你的风格呢！你试试看！"说着，梅梅双手把衣服递了过来，眼中满是期待。我犹疑了一会儿，这要换了当年，我肯定来者不拒，连肉色的西装我都穿过，但近些年心里还真没底。好吧，反正也没外人，不好看也就自己媳妇儿看见而已。穿上一看，还不错嘛！照着镜子转了一圈，这设计还真是可圈可点，不事张扬却自有一种奢华的舞台感。梅梅看到我满意的样子，也不禁喜上眉梢，得意道："你看看，相信我没错吧！"

梅梅和儿子的鼓励对我来说至关重要。每次春晚直播前，她都会事无巨细地帮我打理好一切。现在有了助理，梅梅也没能省心，总是要反复确认各种细节，哪套衣服配哪条领带，哪套衣服配哪双皮鞋，她都会交代得清清楚楚。在家门口，毛头会扬起可爱的小脸说："提前祝爸爸新年快乐，我们在电视上看你，等你回来，爸爸加油！"家人的爱既温馨又给力，确保了我以最好的状态和形象出现在春晚的舞台上。

　　为了落实"开门办春晚"的理念，2005年春晚剧组特别邀请了32家省级电视台的主持人代表，在春晚的舞台上代表各省向全国人民拜年。各台派来参与"春晚"的主持人几乎都是当地电视台的台柱子，但奇怪的是他们到了春晚的排练现场，即使是很简单的两句台词，往往也会有忘词和错词的现象发生。春晚是一个欺负人的舞台，有时候即便准备得很充分了，站在这个舞台上还是会莫名其妙地出错，这是它的坑人之处，于是有人把春晚一号厅戏称为"一号坑"。为什么有的省台同行到了"一号坑"就掉进去了呢？虽然他们都是提前半个月进组，但排演过程紧张而忙碌，大家顾不上深入交流，所以彼此之间并不是特别了解。谁都知道这是全世界收视率最高的一台晚会，有十几亿观众在收看，一夜成名不是天方夜谭，同样，错了也是人尽皆知，就像我第一年主持春晚的心情，那种压力不亲身经历是很难体会的。再者，这些兄弟台中的佼佼者来到了春晚这个大平台，肯定每个人都跃跃欲试，一比高下的心态在所难免。而且客场主持，难免有寄人篱下之感，这些都可能有碍发挥。当时我也在想，如果不来北京的话，我就很可能成为甘肃台的代表，来到这个大舞台会是一种什么心态？将心比心，大概也能猜出来。

　　32家电视台的主持人风格各异，各有千秋，用什么形式把他们调和到一起是一个大问题。最后他们的亮相方式是分批分拨出场，以送春联的方式给全国人民拜年。他们之前每天也跟着排练四个小时，到了直播就真的只是露个脸儿而已,如果每个人说两句话,32个人说下来一个小品的时间就没了。由于春晚时间有限,并没有为这些同行提供一个真正的展示窗口,细想来其实也挺遗憾。

将春晚进行到底,2006年除夕,我经历了自己主持历史上最长时间的直播——从晚8点到次日早8点的通宵直播。只不过前半段是春晚,下半段是"喜福英雄会"。

2006年是我的新搭档董卿第二年参加春晚,当时她主持的《欢乐中国行》人气正高,于是在除夕之夜推出了一期春节特别节目——"喜福英雄会",在零点之后接棒春晚,进行直播,而本场主持人就是我和董卿。

《难忘今宵》的余音尚在耳边萦绕,"喜福英雄会"的开场舞已经热热闹闹地上演了。我拽着董卿在两分钟之内,从一号大厅一溜烟跑到了1000平方米演播室,进门时已是气喘吁吁,上台之后还要装作气定神闲的样子继续主持。据说观众也觉得奇怪,心想这俩人一会儿工夫怎么又到这里了?是直播吗?后来一看,连衣服都没来得及换,这才信了。细心的观众可能会发现,除了开场,整台晚会基本没给过董卿全身的镜头,都是中景或者近景,因为主持春晚穿了五六个小时的高跟鞋让她难以支撑,转战"英雄会"的现场,也难免"英雄气短",只好换了一双运动球鞋继续战斗。为了不让礼服下的球鞋穿帮,摄影师只能给予她特别的关照。只是这样的"落差"让我感觉很不习惯,女主持人在台上一般都会穿很高的高跟鞋,具体的数字我不清楚,但是凭我1.8米的身高,和她们说话的时候基本能够平视,而这次董卿换上平底鞋之后,我转过头仍以原来的角度看过去,忽然发现人没了。

保持连续的直播状态不光身体累,精神也不能放松。虽然后续晚会远没有春晚较真儿,但毕竟是直播,马虎不得。到了凌晨三四点,董卿从台上下

连衣服都没来得及换,我俩直接从春晚的舞台跑到了"喜福英雄会"的现场。董卿此时还穿着运动鞋在战斗呐。

来之后对我说:"天哪!我的脑袋已经不会转了。""要不吃点东西,补充一下体力?"剧组为大家准备了饺子,还有其他的一些点心和几瓶红酒,但是很少有人动筷,大家或是已经忙得顾不上,或是累得不知道饿了,只有我喝了两杯酒。我的原则一直是没有工作任务的时候出去喝点小酒,有时也会酩酊大醉,但只要明天上舞台,今天就绝对滴酒不沾。而此时此刻,我是真的需要一个既解乏又提神之物,那就只有破一回例了。凌晨,大概电视机前的观众都开始意兴阑珊,而可能是因为这两杯酒的原因,我整晚思维都异常活跃,情绪也很兴奋。就在候场的时候,突然收到了一位特殊观众发来的短信:"一直在看直播,觉得你们挺辛苦的,实在不好意思,我也帮不上什么忙,你们播着吧,我和女儿先睡了。"原来是我的老搭档周涛,她这不是故意气人嘛!也好,看了短信我越发精神了,或许这也是她的初衷吧。

这种异常兴奋的状态一直保持到下班回家,打开家门的一刻已是大年初一早上9点多，梅梅快步走过来，体贴地接过我手中的衣物，心疼似的叨咕着："肯定累坏了，冲个澡就快回房休息吧。"我一边换鞋一边笑着回答："没事，我精神着呢！"丈母娘闻声也过来劝我："还没顾得上吃饭吧，想吃啥妈给你做，吃完了就赶紧去睡觉。"其实我既不困也不饿，但听着她们的唠叨，心里还是暖融融的。从舞台回归生活，我加入到了一场不同于春晚的"联欢"，亲朋好友的拜年电话、短信挤爆了手机，一声声新年的问候和祝福让我应接不暇。又折腾了一整天，晚上11点才渐有睡意。一觉醒来，已是初二下午4点，我瘫在床上不想动，感觉每个骨头节都疼，试了试体温——38度，这种低迷状态一直持续了一个礼拜。

嘴上说不累，身体却不会撒谎。说实话，我也累，累并享受着。这也许就是春晚的魔力吧！

观众的掌声就是最好的报酬

2006年春晚，我和冯巩、牛莉合作的相声剧《跟着媳妇当保姆》又获得了当年最受欢迎的曲艺类节目一等奖，这是继2004年《让一让，生活真美好》、2005年《笑谈人生》之后，我参演的节目第三次夺魁了。

因为有了前两次比较愉快的舞台合作经验，所以那一年冯巩早早地就和我打了招呼："弟弟，今年有一个好作品，咱们一块儿排！"剧本现成，这回我没有参与前期的创作，抽空去了趟影视之家，直接把《跟着媳妇当保姆》的剧本拿回家去。这个故事主要讲述一个农村媳妇为了给生病的婆婆筹措医疗费，进城当保姆，她丈夫不放心，就跟着媳妇一块儿去应聘。牛莉扮演进城务工的媳妇，冯巩扮演跟着媳妇当保姆的农村丈夫，我在剧中扮演一个跟着媳妇出国的城市男人，临走前帮母亲物色保姆。

看了本子感觉还不错，很快就进入了排练阶段。这期间在选角问题上还出现过两次反复。第一次是有领导提出，朱军太脸谱化了，怎么都不像是要找保姆的人，怎么看都是台上的主持人。

最初我用普通话排了几遍，觉得效果不理想，和自己的形象反差不大。我扮演的那个城市男人有些南方小资的感觉，说标准的普通话不足以表现出那种抠抠索索的小男人情结。我就找冯巩商量："能不能把语言改了？"冯巩问改什么。

"改成南方普通话怎么样？这个作品，如果我说标准的普通话，朱军的符号感太强，给人的感觉还是主持人朱军，观众进入不了戏剧情境。不妨换换口音，再改变一下我的外在形象。"冯巩听了，觉得言之有理。试了一场，效果还不错，就这么敲定了。在后续的排练过程中，围巾、眼镜等道具也一点一点加上去，尽量和我本来的形象拉开差距。

后来又有一回，有人提出要换掉牛莉，裁换理由居然是因为她是春晚"熟脸"。那次我和冯巩谈了一次，话说得比较严肃："巩哥，这事不带这样的，都磨合这么长时间了，你要是把牛莉换掉，就连我一块儿换掉，我该干吗干吗去。"巩哥也有些犯难："不是我让换的，是别人提了这个意见。"我点点头："你可以坚持，我也可以坚持。我不同意换人，你要真的把她换掉的话，也把我换掉！"冯巩本意就不想换人，见我态度也这么坚决，就打消了这个念头。

牛莉是一个直爽的北方女孩，做事非常努力认真，最关键的是人很踏实。跟人合作最怕生事，牛莉心态很好，敬业而配合，没那些曲里拐弯的心思，排练那些天,她一天到晚都乐呵呵的。

合作的时候,最理想的状态莫过于几个搭档之间开诚布公,有什么想法大家就实话实说,摆到桌面上一块儿讨论。因为这个作品是团队合作的成果,不是哪个人单独就能完成得了的。不怕难沟通,就怕不沟通。比较幸运的是,我们三个在这一点上都能达成共识。无论是谁,一旦感觉有什么地方台词不对劲儿,哪些情绪处理不当,哪里的情感反馈不合适,都会直截了当地指出来,大家再一起讨论修改。作品就在一点一点相互掰扯的过程中掰扯清楚了。

虽然在演员问题上出现了两次小风波,作品本身倒没受到多大影响,在第一轮审查的时候,这个作品就顺利通过了。但是事情越稳当,就越觉得应该把它办好。排练过程改稿改得不计其数,这件事主要由冯巩来把握。有一档纪录节目说冯巩认真、努力,我跟那个节目的编导说你说得不准确,我觉得是太认真、太努力了!他们还都以为我在说笑话。但这是真的,到了春晚的时候,冯巩对节目的认真态度简直可以用"较劲儿"来形容了。

这个作品刚开始成型的时候,不少人觉得不可信:这么漂亮的媳妇就送出去当保姆了?男人还跟着?这种事可能吗?会不会不符合社会现实?首先要从理论上解决故事可信度的问题,设置一个合理的故事情境,在这个论证过程中就改过很多稿。随后是具体结构的搭建,以及对白、包袱、逗哏的设计,又数易其稿。

排练到后期,为了验证作品的演出效果,冯巩拉着我们外出试演,见缝插针,逮着机会就演,最多的时候一天能演八场,他就能改八回。每试完一场,下来他就对边上做记录的学生说,下一场把什么地方改了,哪几个字改成什么。改完再试,如果试了不行,再改回来。就这样不断琢磨反复推敲,在此过程中一点一点磨出许多生动有趣的包袱和段子。这个节目最后正式演出的剧本是第 108 稿。

参加春晚演出没有报酬，但如果作品获奖是有奖金的。作为主要的表演者，我这三次一等奖，每次能分得几千块钱。不过我和冯巩一粒米没要，都给作者和一群帮忙的孩子了。那些年轻的孩子有些是冯巩的学生，尽管他们本着学习的目的来帮忙，赚钱倒在其次。可问题是作为我们来讲，大家毕竟都很辛苦。有时候作者也推辞："这是你应得的，你也辛苦嘛。"我说："你们是隐在幕后的人，后面有那么多人辛苦呢。不管怎么说，露脸的是我们，有观众的掌声和肯定就是最好的报酬了。"

春晚语言类节目历来备受关注。写这类本子的人，都是原来的相声曲艺作者，功底深厚。随着合作关系的不断建立，剧作者和演员之间的信任和依靠会慢慢形成。他们和冯巩一样，把相声艺术当成生命，为此心甘情愿隐藏在明星身后，用他们的智慧帮助明星们去发光，从而成就整个作品。春晚的节目对他们而言，非常重要。我算是幸运的，搭着冯巩的顺风车，连着三年拿了三个一等奖，这是许多专业演员都没有的殊荣。但是我自己心里清楚，相声剧对我而言，只是客串、帮忙，毕竟第一职业是主持人嘛。

"黑色三分钟"

2007 年的春晚结束以后，我们六个主持人集体失眠。原因我不说，大家也都知道，那就是所谓"黑色三分钟"的乌龙事故。

事过数年，直到今天，"黑色三分钟"还在不断地被人解读着。为了还原真相，使它不再被过度解读，在这里，我想说说自己亲历的"黑色三分钟"。

事情原委是这样的。那年春晚由于前面的语言类节目超时，导演组临时决定把一个零点之前的节目调到零点以后，这样一来，上一首歌曲结束后，距离零点报时还空出三分多钟，刨去一段一分十秒长的固定台词，还多出将近两分钟的空隙。总导演金越把这个消息告诉给我们六人时，台上的歌曲已经进入尾声，我们每个人都绷着神经硬着头皮上台。我心里一直在打鼓，不知道事先的预案能不能撑足那两分多钟。

我们的预案是上台以后，说完固定台词，我和周涛再一人念两份贺电，随后进入倒计时，这事就算带过。只是张泽群即兴添加的对联影响了预案的实施。泽群为了救场，自己拟了一副对联，上台之前向金越请示，金越心里没底，就没同意："你别乱加，对联又不是咱们的强项。"泽群大概对那一副对联挺满意，没舍得丢，上台等刘芳菲说完一段，他接下去就说了那副对联。因为事先没有和我们沟通过，大家瞬间就懵了，他也比较忐忑，不小心说错了，对联没对齐整，紧张的情绪顿时蔓延开来，于是，引发了"多米诺骨牌效应"。

我看看表，在边上跟周涛说："时间来不及了，这个电报可能念不了，咱们就往下吧，进入正词。"此时李咏已经接过了泽群的话头，也是过于紧张，忘记控制时间了，不紧不慢地撑场。听着听着，周涛急了："得进了，不进的话，那段正词都来不及了。"简单交流过后，我就把手里的电报揣进兜里，盯着表，觉得差不多了，就找了一个气口，调高音调切入，开讲那段事先准备好的台词："亲爱的朋友们，零点的钟声就要敲响了，一个崭新的春天即将到来！"看我起了头，大家随即也进入了预设的台词轨道，每人一句走了一轮，等刘芳菲说完她自己的半句主持词，就又轮到李咏接话。可能是之前意外太多，李咏晃了一下神，台上出现了瞬间的停滞，时间很短促，但直播的时候还是

在甘肃电视台工作时,我见到了传说中的"大腕儿"——倪萍和杨澜,她们的强大气场和精湛技术,深深撩拨着我那颗"不安分"的心。我的舞台到底有多大?带着这个问题,我时刻准备着,准备着向北京进发。

从三峡工地到红色韶山,从青藏高原到太行深处,我和"心连心"剧组奔波于东西南北,乐此不疲。每到一处,当地群众的热情都会让我们感到"受宠若惊"。有人说,幸福就是被需要。"心连心"的大舞台,让我实实在在地体验到了幸福感。

CATCH MY MOMENT

在主持柯受良飞跃黄河的节目中，我受到了一些质疑，有人说"朱军关键时刻不会采访，不会引导柯受良说话"。时隔多年，我依然为自己当年的选择而骄傲。那一刻，我不能用"柯受良的爆料"换来"我的名声大噪"，我只希望柯受良能够平安。

用艺术点亮生命，用情感温暖人心。《艺术人生》的舞台上留下了许多"明星大腕儿"的身影，他们在这里手舞足蹈，他们在这里潸然泪下，我只想用真诚去聆听他们的故事。

CATCH MY MOMENT

"我最喜爱的春节联欢晚会节目"颁奖晚会上大腕儿云集,赵本山、蔡明、冯巩、韩雪、杨光……不过提到获奖,他们都有一句共同的心声:观众的掌声就是最好的奖励!

　　周涛是和我合作时间最长的女主持人。我站在春晚舞台上多少年,就和周涛搭档主持了多少届春晚。2005年,春晚的主持队伍又增加了一位新成员——董卿。我和两位漂亮的女搭档都十足的默契,不用过多言语,一个眼神就能彼此心领神会,她们都是我的最佳拍档。

比较明显的。这时候周涛又主动添加了一段台词，还未说完，李咏又接着她的话往下说，话赶话，很不幸没赶上，就这样，一下子就乱了……

随后李咏试图补救，又即兴发挥了一段，开始给爷爷奶奶叔叔阿姨哥哥姐姐拜年。这时候离零点报时还有 13 秒钟，我盯着表，眼看着秒针一格一格地跳过，感觉浑身血液都涌上了脑袋。金越当时站在观众席边上的二号机旁，和我面对面，他不能冲上来帮忙，只能干着急。我看了眼金越，又扫一眼表，示意他回头看时间，此刻离倒计时只剩下 11 秒钟。金越回过头，伸手一指我，那指令明确，我想再不切入，连 10 秒钟都没了。在这个十万火急的关口，我猛然提高了声调，打断了所有人的话："亲爱的观众朋友们，一个崭新的春天已经来临，在这美好的时刻让我们共同祝愿中华民族——和顺和美，国泰民安！"

赶了两秒，"十九八，七、六、五、四、三、二、一"，新年的钟声终于敲响！以上就是所谓的"黑色三分钟"的始末。

下来以后，所有的人都特别沮丧，那么关键的一个节点上出了这么个纰漏，谁也不吭声，闷头坐着。当时正在直播，节目还得继续，总导演和台领导也不好说什么。我稍微缓了一下神，站起来，冲他们五个挥挥手："行了行了，整理一下情绪，下面还有四十来分钟呢。有什么事等直播结束以后再说，先把后半截干完了。"等把最后的 45 分钟节目主持完，大家再也没心情闲聊，一言不发各自回家。结果第二天起床，就看到满社会对"黑色三分钟"的议论，满眼看到的新闻都变成了我和李咏打架，并绘声绘色地描述了我俩在后台大打出手的全过程。

正月十三彩排元宵晚会，制造"黑色三分钟"的主持人们又碰面了。我上去先跟李咏握手，一握手我们两个就乐了。李咏说："咱俩得拥抱一下。"我问："怎么了？"他一脸苦笑："要不然说咱们打起来了。"我一想也是，就朝他张开手臂："来，拥抱一下。"拥抱完我又忍不住笑，"这样人家更得说咱俩打起来了，这两人怎么过完年回来还拥抱？显然又和解了。"

那桩事故在当时可算是扎在每个人心里的一根刺。时间过去那么久，现在我们也都能够坦然面对了。我之所以重述这段所谓的"黑色三分钟"，是想澄清一些事实，它并非如外界所言，是我们几个主持人之间互相拆台、人为抢词造成的。当时大家都在想办法补台，都怀着一份责任心和善意，但是由于应对危机的经验不足，相互没有配合好，再加上在那个关口上过度紧张，所以接连造成了口误，导致了所谓的"黑色三分钟"。

也是从那一年以后，导演下了明确指令："上去无论发生任何情况，一切交给朱军一个人。"那时候开始，我真正体悟到何谓"老同志"，真正明白了作为春晚"资深主持"所必须的担当。舞台越大，荣耀越大，你所担负的责任也越大。

一分钟，十年功

说实话，对于主持人来说，春晚赋予的责任重大，但空间不大。站在台上，我们没有那么多自由发挥的余地，春晚主持人更像一支黏合剂，努力黏合节目之间的缝隙，这是一个精细活儿，要做到精确而不着痕迹。如果真的要在这个舞台上寻找一个发挥的空间，也就是救场的那一刻。那是一块试金石，那一刻考验着主持人所有的职业功夫。多少年的积累，你有多深，你有多厚，你有多少定力，在那一瞬间肯定要爆发出来。

2009年春晚，零点之前的一个舞蹈节目临时调整到零点以后，和另一个同类节目撞到了一起。两支舞蹈的伴舞都是同一拨演员，为了给他们争取时间更换演出服，总导演郎昆临时下了命令："朱军，赶紧把这一分钟给我补上！"

我立刻抬头看表，离上场只剩50秒了，完整构思一段台词的时间都没有。我本能地把头转向朱海："老哥，说什么？"朱海亮出一副你办事我放心的表情："老弟，我相信你。"

这几句话说完，前面的节目已经差不多收尾了。命令加信任，像是两剂定心丸，瞬间给我安了心。我迅速地整理了一下思路，走上台前的那一刻，那段台词终于应运而生："亲爱的朋友们，新春的钟声已经敲响，又一个明媚的春天向我们走来。在这里，我们再一次给大家拜年，祝大家己丑牛年大吉。此时此刻，一定有很多很多朋友在给自己的朋友送去新春的祝福和问候。我想说：在您送去问候和祝福的时候，千万别忘了我们最容易忽略的人，那就是常伴在我们身边的人。如果您的父母还没有休息的话，请起身给您的父母鞠躬，感谢他们的养育之恩，感谢他们一年的劳累，感谢他们带给这个家庭的温暖。请用您的笑容为您的丈夫、为您的妻子，也给您的儿女送去祝福，感谢一年来我们相互搀扶走过的日子。最后我想说：也让我们感谢我们自己，感谢我们这一年来的自信与坚强，感谢我们这一年来所取得的工作成绩。"

过年的时候，我们可能都会记得给亲戚朋友领导同事发短信拜个年，但是自己的父母家人、自己的兄弟姐妹，在那个时候恰恰是最容易被我们忽略的。作为一名主持人，站在这个舞台上有一定的话语权，我试图借助自己手上小小的权力号召大家，通过鞠躬这样仪式化的方式，表达我们的感激之情，既是一种自我情感的确认，也实实在在地让家人感受到你对他们的祝福。

过了这个年，好多朋友一见我就说："那天我响应你号召了，站起来去给我父母好好鞠了几躬，拜了个年。"

我觉得这段话之所以给人留下深刻印象，一是因为那是我的心里话，它没有那么多的附加任务，没有华丽的辞藻，情感纯粹，让人感觉到真诚；二是因为2008年发生了那么多大事，雪灾、地震，那么多的不容易，我们都扛过来了，灾难让我们学会坚强，珍惜幸福，懂得感恩，这些道理和感情其实都潜藏于人们的心里，借助春晚的平台，正好通过我的口把这些共同的心声公之于众，给大家创造一个表达内心情感的契机。跋涉了一年，辛苦了一年，是时候大声地喊出来，感谢家人的相濡以沫！感谢亲人的守望相助！感谢自己的坚强勤奋！感谢这些年来我们对追求幸福生活的执著和努力！

2011年春晚，类似的情况又发生了。当我和我的五位同事周涛、李咏、董卿、张泽群、朱迅把既定主持词说完后，离零点倒计时还有整整1分20秒。耳麦中响起了总导演的补台命令，就像是赛场上的发令枪，我来不及思考，更不容迟疑，迅速调整，进入战斗，在开口说话的同时，我甚至还看了一下坐在观众席最后一排的焦利台长，从他坐姿的变换中我感到了洋溢全场的紧张。似乎仰仗一种职业本能，现场的一切瞬间转换为奇妙的力量，打开了我的思路。1分20秒之后，新年钟声零误差敲响。到了后台，我得到了导演和同事"太棒了"的称许，自己当时也有种劫后余生的喜悦。

但是到了第二天起床看重播的时候，一丝怅然在我心底慢慢地蔓延开来，其实是有遗憾的。虽然貌似圆满地完成了任务，但是回过头再看的时候，不免有些赧然，那段自行添加的台词整体比较空洞，除了一句"凝望着母亲的白发，抚摸着孩子的笑脸"实实在在地传递出了人生的某种况味——这是徐小帆生前，我们俩经常在一起发出的感叹，向往着等到了现在这把岁数，乐享天伦，岁月静好，心中踏实。但是故人已去，当年的祈愿竟成了遥不可及的奢望。虽然这个梦想之于小帆已彻底破灭，我也有一半无法实现，借着春晚转达给他人也无不可，可我还是觉得唐突了故人。

我有些自责，为什么不按照自己的第一直觉发言？当时上场以后，我第一反应就是想告诉大家真相：此时此刻距离一个新的春天还有一分多钟，我们几个人把所有准备好的词都已经告诉您了，现在站在了时间的门槛儿上，我不知道该说什么，要不咱们拉拉家常，您回家了吗？您家的饺子包好了吗？您的鞭炮准备好了吗？或者让我们一起静静等待零点钟声的敲响，现在还有多少秒……

但是我的职业习惯条件反射似的压倒了我的直觉判断。站到台上开口的一刹那，我改变了初衷，自己直觉所要表达的意思和之前预设的台词风格相差太远了，一堆宏大的东西，突然续了一些鸡毛蒜皮，一下把情绪降下来了，我犹豫着要不要冒险随了自己的性子。最后一个女主持人已经开口说话了，导演的指令非常明确："朱军，你来负责零点报时，剩下的人说完自己的词都不要吭声了。"在那一瞬间，我的个人意志终究还是服从了全局，我不假思索脱口而出："亲爱的朋友们，金鼓齐鸣，壮志飞扬……"调子渐渐拔高，把所有美好的词汇统统往里堆砌，"我想此时此刻我们都满怀着激动的心情在迎接一个崭新春天的到来。此时此刻，我们都站在了时间的门槛，凝望着母亲的白发，抚摸着孩子的笑脸，"看着时间一秒钟一秒钟地过去，我拉长了语调，"我想我们所有的人都真心地对自己说一句：真好，我们又过了一个平安、和谐、幸福的快乐年。"那一刻很紧张，也有些沮丧，为了撑时间，我的语速更缓慢了，看重播的时候都能感觉得到，"亲爱的朋友们，您准备好了吗？让我们一起和着这迎春的鼓声，迎接辛卯兔年崭新春天的到来！"精彩不精彩，只有自己明白。这次补台干脆利落，甚至做得不着痕迹，从某种程度而言它是成功的，但它不是我心里最想说的。同事的赞扬，领导的夸奖，观众的掌声，全部过去之后，回归平静的时候，会觉得还不圆满，原本能够更加圆满。

也许按照自己的直觉发挥，可能就会是另外一番滋味了，或者预案再充实一些，在这之前做好一分钟、两分钟、三分钟、四分钟乃至五分钟的准备，我会说些更加实在而真诚的话，用身边的大事小情来给这个年画一个句号，也许就不会显得那么空洞了。

但是所有的一切已经过去了，这就是春晚，这就是直播，当过去的时候，所有的遗憾就只能是永远的遗憾了，没有机会再去弥补。

春晚零点的那段倒计时被人称做"事故多发时段"，在那个特殊时刻，主持人总会格外紧张，说错话的几率也比平时高。事实上，几乎每年春晚的零点仪式都无法掐准钟点，而且随时会有突发事件，需要主持人视具体情况临场调整，因此春晚主持人的一项重要任务就是负责"救场"。救场有两大法宝，一是要具备过硬的业务能力和良好的心理素质，二是得准备应急补救预案。

直播开始，所有的灯光瞬间打开，摄像机全部投入工作，开场音乐奏响的那一刹那，好像有一针强心剂扎进我的脉管，我立刻精神饱满斗志昂扬地进入工作状态。假如把电视直播比做战场，灯光、摄像机和开场音乐就是开战前的冲锋号，在此过程中，所有来自身体上的疲劳、不适、病痛统统都抛却了。有好多次我是在重感冒的情况下完成直播的，可能前一秒钟烧得头昏脑涨、鼻塞嗓子哑，但是只要往台上一站，直播灯打亮的那一瞬间，我所有的生理机能一下子就都恢复正常了。不需要有意识地去控制，身体的各个器官会自动调整，这可能是多年来养成的职业习惯转化为一种自然生理反应机制。观众看我的脸可能会瞧出点端倪，比如眼睛和脸是肿的，但如果只听声音，没有人听得出我在感冒。

心态也是如此。最初几年主持春晚特别紧张，上台前极其亢奋。后来有一段时间有点懈怠了，春晚直播的时候，我甚至坐在后台睡着过。由此好多人就说，你这个心理素质能当航天员。我摇摇头，心里明白那不是一个好现象，因为它不是一个好的主持人应有的状态，无法彻底调动出主持时的热情。直到最近这两年，才达到了一种最佳状态，开场前既不会过度兴奋，也不会特别懈怠，内心比较平静，在四个多小时的直播过程中始终保持着一定的兴奋度。我觉得这是一种良好的状态，以一颗平常心对待春晚，沉稳地主持、控场，可以做到收放自如，游刃有余。

但具备了这些生理心理素质，并不表示直播之前就可以不做功课。我有个习惯，开演前至少半个小时会让自己保持一种安静的状态，沉下心来，梳理一遍整台晚会的几个要点，比如开场什么时候起台词，调门定到什么高度，节奏如何调整，重点节目怎么介绍，零点钟声敲响的时候该是什么状态，会出现什么样的状况……这些问题都得一一考虑到。春晚直播和其他直播还有些差别。一般的电视直播，从录制到播出，可以有两三分钟的缓存期，若出现失误还有时间进行补救。春晚由于零点倒计时环节不容许一秒钟的误差，所以它是正负零秒的直播，一旦现场发生不测，难以补救，只能事先尽可能地做好预防措施。所以每次直播前的半小时、40分钟，我是坚决拒绝被打扰的。哪怕在人来人往的嘈杂环境中，我也要找一个角落面壁，摒除杂念，冥思。

突发事件除了现场操作事故（比如停电、演职人员失误等）、自然灾害以外，另一种可能性来自现场的观众。春晚现场的观众来自社会各界，男女老少什么阶层都有，人员构成还是比较复杂的。观众进入一号厅之前，需要通过安检，然而安检措施并非万无一失。虽然到目前为止，春晚尚未发生过安保突发事件，但是以前没发生并不代表未来不可能发生，况且又是那么大的一个国家级舞台。主持人还是需要时时保持警醒，做好随时应对突发事件的准备。

这些年我养成了一种习惯，每次直播前都会做好心理准备，设想某种情境：现场一旦发生突发事件，自己该如何去应对？作为一名主持人，我的首要任务是让镜头跟着我离开，无论现场发生何种情况，我要迅速找到一个相对安全的地方，始终让镜头对着我，腾出一定的时间，以便让具体的专业工作人员处理现场，直到现场恢复正常，继续直播。这个习惯的产生也许和以前所经历过的一些重要事件有关系。

1984年，我作为中国人民解放军联合军乐团的一员，参加了建国35周年的国庆阅兵仪式。那是我第一次跟天安门结缘，也是我第一次感受到一个国家的行为实施时，整套系统运转起来的严谨。当时在清河训练基地，9月30日下午2点钟，我们全体集合，所有的乐器会由专人进行检查。以军乐团单簧管演奏员朱军为例，检查步骤如下：首先，朱军要把自己的乐器安装好，由于单簧管是直筒的，安保人员会对着太阳，检查里面是否藏匿东西，接着交给朱军本人吹奏几声，如果一切正常，他需要当着安保人员和其他工作人员的面，把乐器一一拆解开，装进乐器盒，贴上封条，最后乐器被封存。

乐器检查结束后还有一项非常重要的环节，是宣布军委的受阅命令。军委命令我们在10月1日上午10点参加中华人民共和国国庆大典。其中有一条，无论现场发生任何突发事件，在没有听到撤离的命令之前，原地保持姿态。各个部门会对受阅命令做具体解读，我们军乐团下达的命令，说白了就是：你在这儿站着，突然有一个爆炸物在你身边爆炸，你身旁的战友倒下了，你该干什么？答案是，你什么都不干，站在原地，保持姿态，继续演奏，直至听到撤离命令迅速撤离。

那天下午我们4点钟就睡觉了，夜里起床整队。10月1日凌晨3点整，车队开始从清河出发，以30公里的时速向天安门广场匀速缓行，因为要确保安全，防止碰撞、刮擦、翻车，以免临战状态下战斗减员。这种严谨精密、一丝不苟的特色贯穿了整个阅兵仪式，一直持续到国庆典礼结束，全团离开北京为止。

从那时起，我就潜移默化地形成了一套特殊时期的应急心理机制，并逐渐养成一种习惯。每年春晚前夕我都会有这样一些思想准备：如果真的发生不测，我该怎么办？我该转移到哪个位置？哪个位置是最安全的？哪个位置不至于被观众冲散？哪个位置可以保证我的状态在屏幕上看起来最正常？每次自己都会默默地进行一番设计。毕竟作为一个老主持人，尤其这些年几乎是春晚主持团队的主心骨，必须要对突发事件有所设想。

这些应变能力都是在实践当中慢慢摸索，通过各种经验和教训一点点总结出来的。学会如何控制现场，怎么掌控主持节奏，怎样利用所学来提高业务素质，这些都是在做加法，是成为主持人的基础，掌握了这些可以说是领会了主持艺术的一半。老话说一张一弛文武之道，我觉得主持艺术的另一半就是做减法，学会释放，既是给自己减压，也是一种真情流露。我觉得，生活就是一项平衡木运动，一味地急行军，不断给自己施压，未必是长久之计，何况电视主持这种时时要逼人"泰山崩于前而不改色"的高压职业，思想包袱太沉重，反倒容易摔下平衡木，时时压抑封存内心，轻易不释放情感，凡事滴水不漏面面俱到，"多智而近妖"，也容易和观众造成隔膜，给人一种"作伪"之嫌。我入行30年，前面20多年都在做加法，现在我致力于做减法，尝试一种更贴近自然的主持体验，从心所欲而不逾矩，算是给自己放生。这也是另外一个层面的为自己"备份"。

作为春晚团队的老员工，伴随着这台庞大机器的运转，自我完善，周全备份，只为直播全程中毫无瑕疵的完美表现。没有差池，完美落幕，心里才会有一种功德圆满的踏实。

第 05 章
这一刻,与至简交融
CATCH MY MOMENT

　　站在台上这些年,那一个个不眠之夜汇成了我记忆中的良辰美景。虽然有过磨难、有过艰辛、有过哀愁,但我内心依旧坚守着当初的那份简单。在我看来,人生会因为简单而更精彩!

黄金搭档和"骨灰级"元老

春晚是个没有硝烟的战场，每一个除夕夜我们都过得惊险而刺激。这些年的大年三十晚上 8 点钟，春晚集结号准时奏响，我和我的战友们严阵以待，并肩作战，倾力配合，筑起一道道语言工事，一起扛下内心压力的迫击炮，一起面对外界褒贬的掷弹筒，互相加油鼓劲，彼此慷慨施予。站在台上这些年，那一个个不眠之夜汇成了我记忆中最值得回味的良辰美景，人生因此而精彩、而充实。谢谢你们！我的战友，我的搭档。

周涛是和我合作时间最长的一位女主持人。迄今为止，我站在春晚舞台上多少年，就和周涛搭档主持了多少届。我们俩第一次搭档是在《东西南北中》，栏目组把她从北京电视台借来，录制了一期节目。当时大家都觉得这个主持人素质不错，然后才有了《综艺大观》竞争激烈的主持人选拔赛。

那次的选拔是真实的，除了延揽精英，还有给倪萍选接班人的一层目的。最后周涛力压群芳，和倪萍、王刚分批搭档主持《综艺大观》。她比我晚几天进台里，但我们的名字出现在同一张转正调令上，1996 年初，我们同时加入了中央电视台的正式编制。周涛主持春晚的资格比我还老，1996 年央视春晚的西安分会场就出现了她的身影。1997 年我们首度在春晚舞台上的明星联袂主持，从那以后，我们的合作比较频繁，除了大晚会之外还搭档主持"心连心"等演出活动，到了 1998 年，我们成为了一对公认的"黄金搭档"。

我和周涛确实称得上是"黄金搭档"，在舞台上我和她有着天生的默契。大到春晚，小至"心连心"，不论主持什么晚会，我们在服装的选择搭配上总会出奇地协调一致。录制春晚备播带时，我们都会把当年的春晚服装带过去。到了后台，我跟周涛商量："你打算第一套穿什么？"她说："穿粉的。"我正好备有一套绿色的西装；如果我第二套想穿金色的，会发现她正好带着一套银色的礼服。奇妙的是，事先我们都是各自准备，根本不曾通过气。面对这样一种"心灵感应"，有时候我百思不得其解："怎么就这么默契，像事先商量好的一样！"她也觉得不可思议："对，就像商量好的一样！"多年来一直如此。也许我俩的审美趣味、价值判断有很多相似之处，加上长期搭档形成的默契，所以思维总能撞到一块儿去。

周涛很聪明也很努力，属于智慧型的大女人，她对自己的人生规划比我强，能够较好地把握人生机会。2005 年的一天，她忽然对我说："我要去奥组委工作。"那时候，正是我们配合得默契的时候，我当时就愣了一下："你干吗呀？现在是咱俩搭档最好的时候！你现在去了，是不是有点太心狠了？"周涛显然已经考虑得非常周详，她条分缕析地跟我解释："朱军，我跟你不一样，你是男同志，是男主持人，你再和两任女主持人搭档都没问题。我不行，我一定要有我自己的核心竞争力，奥组委机会挺难得的，我想锻炼一下。"没多久，她就去了奥组委。据说她在奥组委每天工作 13 小时以上，比当主持人辛苦多了。尽管如此，她还是把央视当成自己的"娘家"，台里有什么活动需要她主持，她都义不容辞直奔现场，那两年的春晚主持工作也没丢开。奥运会结束后，周涛回到台里升任文艺中心副主任。

周涛对自己的判断和定位一直比较清晰准确。春晚舞台上，几位主持人搭档主持，周涛不会刻意去抢镜头出风头，她总是很淡定，给人一种沉稳、大气、处变不惊的感觉。现在她担任一定的领导职位，工作重心渐渐由台前转向幕后。主持这两年的春晚，她给自己定的目标就是顺利完成任务，照她的话说就是"能站在这儿就挺好，说明我还能主持"。

作为她的老搭档，我没感觉到她当了领导后有什么变化。但我在公众场合会给足她面子，在台里见周涛从来都称呼她"周主任"。有人听着还不习惯："朱军，你叫她什么？"我说："对呀，是主任。"别人不理解："你们俩是老搭档了，都这么熟了，至于吗？"我肯定地点点头："朋友之间就应该相互抬举，你看人家好，应该为她高兴才对。"我喊周涛"主任"，刚开始她也挺别扭："行了，你讨厌！"后来她慢慢适应了自己的角色转换，也就习惯了。

2005年，春晚的主持队伍又增加了一位新成员董卿，她成为这几年我在春晚舞台上的主要搭档。

我和董卿认识得很早，第一次接触也是在《东西南北中》节目。1995年，《东西南北中》在上海东方卫视录制一期"五四"特别节目，由我和当时在东方卫视的董卿担纲主持。我们站在东方卫视的楼顶上，迎着大风，说了一段串联词，那时候她大学毕业没多久，是个很清纯的小女孩，长得比较漂亮，举止得体，应对有理，做事很注意分寸。

那次搭档以后，我们陆陆续续还有过一些合作。但她真正到北京来工作，我却不知道。有一天，我在台里的候播间等着录像，偶遇董卿，颇感意外："董卿，你怎么在这儿呢？"她看到我，挺高兴的："朱哥，我来好长时间了。"我问她："你来干什么？""我现在借调到西部频道工作。"我点点头："来也不说一声，太不够意思了！你到北京来，好歹打个招呼嘛。"她客气地笑笑："你们都挺忙的，我也怕打扰你们。"

大家录完各自的节目，天色已经不早了。我问她是否还有事，她说没事了。看到她一个人北上打拼，我蓦地想起自己当年来北京的情景，生活上的艰难且不论，最受煎熬的是心灵，背井离乡，远离亲友，工作的时候还好，许多事情可以分散注意力，但是等到一个人回到出租屋，心里头空落落的，唯一可以倾诉的对象就是自己，整个人被笼罩在孤独的樊笼里。大概因为有这样一段相似的经历，我很理解她，问她在哪儿落脚，她告诉了我一个大致的方位。"那你怎么回？"她说："我打车。"时间挺晚了，路上车也不多，让小姑娘一个人回去，我不大放心，摆摆手道："算了，我们家也住那附近，我送你吧。"把她送到小区门口，问她吃过晚饭没有，她摇头。我指指边上一家尚在营业的餐厅："周围也没什么好饭店，我请你吃消夜吧，正好聊聊天，说说你的近况。"她高兴地点点头："好呀好呀！"董卿后来还念叨了很久，说来北京快两个月了，第一个请她吃饭的人是朱军。其实那天我们吃得很简单，粗茶淡饭，聊一聊天，就各自散去。人在孤独的时候，愿望真的很朴素，朋友的一句问候、一席倾听，传达出温暖和善意，对方就会感到满足。

董卿第一次上春晚，在台上的表现就非常引人注目，她大方得体，一丝不错，圆满完成了任务。零点以后，她看起来特别兴奋，问我晚会结束以后干吗去，我想也没想，很自然地张口就答："回家，儿子在家等着呢。"问周涛，周涛道："我爸妈在家等我呢。"问李咏，李咏说："收拾收拾行李，我准备跟媳妇儿出去度假喽。"当时她挨个儿问了一圈，我也没在意。不久以后看到媒体对她的采访，我才知道春晚结束后，她回到自己租住的小屋里下速冻饺子。看到这段访问后，我心里挺过意不去的，那个时候真是粗心，作为她的搭档，又是当人大哥的，居然没有意识到她问那个话的用意。

和许多同行一样,董卿也是一个非常敬业的人,她对自己要求很高,每年春晚都会拿出十二万分的努力认真地对待,做足了准备工作。有一年的春节晚会,她站在舞台上热情洋溢地主持,一不留神把"马季先生的儿子马东"说成了"马季先生的儿子马季",那句话是脱口而出,说完以后,她自己并没有察觉。我和白岩松在边上听到了,第一时间达成默契,直播结束前绝口不提此事,以免影响她的情绪。她来到后台,心情不错,我们几个都守口如瓶。那天也就奇怪了,春晚直播的过程中,我们都把手机关机,但董卿那天偏偏鬼使神差地抄起桌上的手机看了一眼,也不知道她的哪个朋友,居然在那个当口给她发信息,告诉她口误了。董卿一开始还不敢相信:"怎么可能呢?"等到真的发现自己说错了,她顿时沮丧起来,懊悔不迭。我们赶紧安慰她,说这没什么大不了的。金无足赤,站在舞台上谁能保证永不出错?但是认真好强的她平时工作时就一丝不苟,自然无法原谅自己在春晚上的失误。她后来调整了情绪,顺利完成了后面的主持任务。不过那天晚上,她始终没有摆脱懊悔的情绪。

完美主义者董卿,凭借着勤奋和智慧,一步一个脚印,终于找到了属于自己的一片天地,踏踏实实地站在央视的大舞台上,如鱼得水,尽情遨游。

2009年的春晚,老朋友白岩松也和我一块儿站到了一号厅的大舞台上。虽然迄今为止,我和岩松只搭档了一届春晚,但是我们在其他舞台上有过多次合作,比如《艺术人生》、"心连心"、2008赈灾晚会等活动。

有趣的是,我俩的主持风格与各自的姓氏含义颇为契合。《说文解字》上说:"朱,赤心木,松柏属。从木,一在其中。"木能生火,赤朱丹彤,洋溢着温暖激情的感觉。白,青天白日,白璧无瑕,一清二白,代表清流贤正,蕴涵着冷静、理性、纯洁的意味。一热一冷,很有意思。

白岩松属于天才型的新闻工作者,评论时事新闻时他思维敏捷,言辞犀利。他是狮子座,气场足,不会坐等事件的降临,也不甘停留在问题的表层,而是主动出击,深入调查,挖掘新闻点,往往打蛇七寸、切中要害。他最大的好处就是直率、睿智,善于主动学习,把内心锻造得极其强大,因而他周围的人很容易被他积极的气质所感染、所带动。虽然我们分属于不同的主持领域,但是他捕捉新闻线索时的敏锐嗅觉、整合信息资源时的理解力、驾驭新闻时的现场控制力,则令我深为佩服。

平时大家各自都忙,见面机会不多,可只要约在一起,总会非常尽兴。我们聚会时,经常会就一些事物进行探讨,讨论的内容很广泛,诸如当下的社会现象、新闻事件、文艺节目,甚至文艺理论。无论谈及什么话题,白岩松都侃侃而谈,头头是道,俨然一个睿智儒雅的学者。他的思想见解也总有独到之处,一方面看问题比较客观,另一方面客观当中又见锋芒,难能可贵。生活中的白岩松爽快仗义,坦坦荡荡。喝酒的时候该他豪爽,他决不会有一丝扭捏。他是个把工作和生活的界限分得相对清楚的人,这样的人丰富立体,真实而不矫饰,入得出得,外化而内不化,交往起来让人觉得愉快。他是内蒙人,我是西北人,彼此的性格特质有很多相近的地方。我心里对岩松有兄弟之情,同时又怀有行业之敬,所以关系处得很融洽。

作为朋友,我特别佩服他在事业上做出的抉择。有一段时间,岩松在新闻评论部身兼数职,同时顶着几档栏目制片人和策划人的头衔,后来他心一横,把几个职位全都辞了,和行政管理琐碎事务挥手告别,将更多的精力投放到了对新闻事件的深入研究上,专注于新闻评论,实现了由单纯的新闻节目主持人向专业新闻评论员的角色转换。我觉得这份取舍,恰巧体现出他的专业素养和职业操守,也正是他的睿智之处。

作为新闻评论类的主持人，岩松偶尔还会跨界主持"心连心"等文艺晚会。他在舞台上的表现和我们文艺节目类的主持人不太一样，如果完全按照对文艺节目主持人的要求来看，岩松在舞台上显然缺少所谓的"激情"，但是他的激情深含于他的语言风格和语言体系之中。也许是每个人长期形成的思维方式和职业习惯使然，拿到台本后，岩松对台词做的每一处修改都按照自己的语言习惯，或从另一个角度挖掘切入，或重新组织一个故事，有些时候的修改几乎是颠覆性的，干脆全盘推翻掉编导和策划的既定创意，进行自主发挥。这样的工作方式和主持风格也为综艺节目主持人带来了有益的启迪。

岩松之于我，亦师亦友。这是我对朱白关系的定位。

除了主持人，春晚舞台上和我搭档次数最多的就数冯巩了。从2004年开始，我们连续三年搭档出演相声剧，连着三年拿了一等奖。

冯巩连续二十多年参与春晚，年年不落，属于春晚的"骨灰级"元老，他每年上台都要向全国人民笑容可掬地问候一句："亲爱的观众朋友们，我可想死你们啦！"这句声情并茂的经典问候语充满着冯氏喜感，几乎成了春晚的保留节目。

可以毫不夸张地说，冯巩是拿艺术作品尤其是春晚的作品当命看的人。我总说他太认真，甚至于太较劲儿。每年临近春晚的前两三个月，冯巩心里只装着一件事，就是春晚的作品、演出、压场，完全到了呕心沥血的地步。2006年，我和冯巩、牛莉合作表演相声剧《跟着媳妇当保姆》，那次我们最后的演出稿是第108稿，真是千锤百炼磨砺出来的。也许就是凭着这种执著和较劲儿，冯巩才能在春晚的舞台上坚持二十多年屹立不倒。早些年和他一起上春晚的人，一个个都慢慢淡出了人们的视线，而他依然像棵常青树，并且每年都能贡献出一个亮点节目。从这个意义上来说，我佩服冯巩对待艺术的这份真诚和执著。但另一方面，从朋友立场出发，我更想劝他一句，其实放松点也没什么不可以的，没必要跟自己那么较劲儿。和他搭档的时间不短，常常看他为了排好一个节目，几天几夜苦思冥想挑灯夜战，数十遍上百遍地修改剧本，搞得精疲力竭，心理压力巨大，我就很替他的健康担忧。

2009年元宵晚会上，我采访冯巩："巩哥，您今年获了几等奖？"他说获了二等奖。我脸一沉："完了。"他问怎么了，我一脸认真地看着他："巩哥，你看你以前跟周涛合作、跟我合作都得一等奖，而今年没跟我们合作，却得了二等奖，你有什么感受？"

还真得说冯巩反应敏捷，他愣了一秒钟，意识到我在调侃他，不慌不忙反唇相讥："我想观众可能是同情弱者吧，因为您这样的素质，一说话老出错，还在台上站着，观众忍心不投吗？可见观众是多么具有爱心呐。我觉得获几等奖我都会再来，我还年轻，属于茁壮成长可持续发展、说循环相声那一类的……"他接了我的招儿，并很幽默地化解了。

我又问他："你能不能告诉我，你上了多少年春晚？"

"二十年。"

"这二十年里你获了多少个一等奖？"

"十二次一等奖。"

"获了多少个二等奖？"

"三次二等奖。"

我说："那你也差不多了，你也该获获二等奖了，你都把一等奖拿走了，别人还怎么活呀！"

我们的对话很幽默、很轻松。事后很多人说："朱军，你怎么能那么问巩哥呢？本来巩哥没获一等奖心里就不舒服，你还上去捅这个，巩哥得多尴尬呀。"我只得告诉他们,我说这些话并无恶意,你们不了解我和冯巩的关系,只有老朋友才能体会出其中的味道。两个朋友、两个搭档之间长期相处形成了一种特定的交流方式,可能互吹互捧,也可能互讥互损,但其中肯定存着一份由衷的关切和善意。

除了春晚舞台上的搭档,春晚导演和他们的幕后创作团队也是值得书写的一群人。如果把春晚比喻成筵席,我们主持人是跑堂的,负责打点门面揽客上菜,这些幕后英雄就是真正操刀掌勺的,是赋予春晚滋味和灵魂的人物。

春晚的导演们都是才华横溢的人,从早期的袁德旺、张晓海、赵安、陈雨露,到近几年的金越、郎昆、陈临春等,跟他们合作时,我常常折服于他们的才情。同时,他们也都是拼命三郎,常常为了一台晚会废寝忘食,工作时几乎进入癫狂状态。

相较于春晚导演和幕后工作者旷日持久的攻坚战,春晚主持人的加盟更像是空降兵突袭。每年直播前20天左右,我会接到正式的春晚主持通知。那时候,各个独立的节目已经排练得差不多了,要到一号厅现场进行排列组合,并加入主持人的串联词,初次合并成一台完整的晚会。连排并不正式,主持人穿着短裤就能上台。连排结束以后,开始进入六轮彩排。彩排比较正式,而且是对外开放的,得接受观众检阅,在此过程中还要拍纪念画册,所以每一轮彩排主持人和演员都需要带妆参加。第六轮彩排比较特殊,和春晚仅相隔一天,主持人和演员的着装要和春晚直播完全一致,以录制备播带。正式直播时,导播间的备播带也会同步播放,一旦直播出现任何意外,可以直接插入备播带补救。

每一轮彩排结束后,整个春晚剧组都要召开三轮策划会。

第一轮策划会会邀请各方的力量加盟,上至国务院智库,下到普通观众、网民，所有的人都可以发表观后意见，整个剧组广泛听取社会各界的民意。

第二轮是剧组各工种会议，主持人、灯光、音响、服装、化妆、道具等分别提出各自存在的问题。

最后春晚的核心创作团队继续留下开会，与会者有主管春晚的副台长、业务领导、总导演、语言类导演、歌舞类节目导演、各个分口节目的导演等。这个会议是最核心最重要的，主要是评估并解决领导和观众代表提出的意见，制定具体的解决方案，督促相关人员执行。每次开完这轮策划会，所有的修改和调整几乎都要在一夜之间迅速完成，如是反复六次，越是临近春晚，大家的工作强度和心理压力就越大。

导演组作为春晚班子的核心成员，是真正操刀的人，他们不像其他演职人员，只要照顾好自己那一亩三分地，对观众、台里和自己负责就行。在春晚筹备过程中，导演们除了统筹整台晚会的节目，还要跟各路人马打交道，承受来自社会各界方方面面的压力。

中国人喜欢对一件事物附加多种功能，还总要往意识形态方面靠拢。拿春晚来说，多年来形成了这么一种惯性思维：春晚是一道年夜大餐，这道年夜大餐要吃不好的话，这个年就过不好，年过不好，人心就不安定，社会就不稳定。这种说法有没有道理另说，但是当我们把春晚拔高到这样的程度，并且在许多人已经接受并达成共识的情况下，它显然已经不再是一台单纯的晚会了，它成了一种符号，被负载了太多的政治任务和宣教功能。在我心里，晚会就是晚会，让它承载那么多东西，那也未免太过"抬举"它了。导演们为了让春晚承载外延功能，最后只好忍痛割爱，减损乃至放弃其他一些东西。

这些年，人们对于挖掘春晚"背后"的兴趣远远大于关注节目本身，本着破译达芬奇密码般的热情，到处寻找蛛丝马迹，试图剖析春晚的"台前""幕后"。有些媒体也推波助澜，热衷于给春晚制造个"规模经济体"，或者编排个"谱系权力榜"，忙得不亦乐乎，最后再掷个响雷："你们所不知道的春晚！"直奔"揭秘"剧情，掀起一轮又一轮把春晚妖魔化的"生化危机"。看着导演们百忙之余，时不时还要应付外界的各种发问，去澄清一些没影的事，我觉得剧组实在可以考虑设立一支外宣小分队，专门处理春晚的对外宣传和危机公关。再转念一想，其实许多客观事实就摆在那里，只是大家立场不同、看问题的角度也不同，得出的结论自然也是五花八门，说的权利在别人，听的权利在我们，也没必要做太多解释。

春晚养活整个剧组，给央视创收，都在法律许可的范围内进行，从法理上讲无可非议。要说春晚真的存在什么产业附加值隐性利益，那么最大的受益者恰恰是以研究春晚为业的媒体从业人员和科研工作者，狗仔窥探、娱乐八卦、新闻炒作、名人访谈、社会批评、学术研究等等，形成了一条完整的产业链，从低端到高端，从上游到下游，应有尽有，所炮制的社会效应和经济收益也是巨大的。此外，在这条产业链上，一些所谓的"圈内人"由于角度另类，观点犀利，骂声嘹亮，批得春晚一无是处，驳得春晚体无完肤，而顺利出位，在得到一些关注的同时，也取得了一定的社会话语权。开句玩笑，春晚在丰富娱乐了人们精神世界的同时，对于国家严峻的就业形势也作出了小小的贡献。那些因批驳春晚而名声大噪的人士，下次动笔之前，请先向春晚鸣谢致敬吧。

说到底，春晚是一台面向全民的国家级晚会，它本身就是一笔公共财富，从它开始筹备的那一天起（甚至更早），它的价值和资源就是对社会开放的，供社会成员无偿开发使用，夸它、骂它，还是把它当做研究对象，那是每个人的权利。况且大家都要养家糊口，行有行规，人各有志，我无权也无力去干涉、扭转、统一别人的思想。在这本书里，我只想表达自己最真实的想法。

说了这么多，并非指东打西有意混淆视听。这台晚会之所以能引起那么多的关注和争议，因为它的的确确存在着巨大的利益诱惑，这一点我无意隐瞒。对于已然成名的艺术家来讲，这些年春晚的吸引力恐怕不再像以前那么强烈，市场是如此的开放，社会上各种晚会多如牛毛，春晚和名人最多是互惠关系。但对即将成名或渴望成名的人而言，上春晚依旧是一条终南捷径，而且是最保险的通途。参加比赛还有马失前蹄的时候，而春晚不同，登上这个舞台，就意味着得到了一张进入中国艺术界第一阵营的通行证，就预示着未来将名利双收。中国是一个人情社会，所以每年临近春晚，也确实常有托关系说项的找到我："能不能跟春晚剧组联系一下？我们企业想赞助。或者，能不能给春晚总导演说说，哪怕让我去唱个联唱，哪怕给某某当个伴唱，哪怕跳一小段领舞都行？"摊上这类事，我不知道导演们是如何处理的，反正对我而言很好办，我会明确地告诉他们："别来找我，我没那个能耐，这事不是由我说了算，春晚剧组，甚至春晚剧组总导演说了都不算。"这个时候举国关注，压力如山，头大如斗，就算有心舞弊，也是爱莫能助。

先生范曾

小时候，我学过一阵子素描，虽无甚根基，却种下了兴趣，偶尔信手信誊第一鸦。但毕竟先天不足，这棵兴趣之树苦于高墙曲径，始终不得其门而入。辗转多年后，机缘巧合认识了范曾先生，枢椏总算入了门，开了花。

2007年的一个春日，姜昆老师找到了我："朱军你最近忙不忙？"我说还好，他说："有个事想请你帮忙。范曾老先生七十大寿，想搞一个朋友的party，你能不能帮忙策划策划？"我一口答应了。

那时候，我只是久仰范曾大名，完全不认识先生本人。不久以后，我随姜昆伉俪第一次登门拜访先生。先生肖虎，虽然年近古稀，但精神矍铄，声如洪钟，走路虎虎生风，到哪儿都握着烟斗，看上去显得很年轻。

初次见面时，先生很健谈。聊了大概半小时，先生把我叫到小书房，一边聊着，还一边给我讲古典学说，我心想："这位老者太神了，大脑袋里装着多少东西啊！而且都是信手拈来，简直如数家珍。"我对他的学识很是敬佩，一不留神听他聊了两个多小时。

头一回上先生家，就蹭了一顿饭，吃完饭总不能一抹嘴就走，看他兴致很高，就再陪他聊了会儿天。晚上七点钟，先生的两个博士生来了，大家就一起玩游戏。那个游戏叫"诗钟"，大家互相出题，随便说两样无关的东西作为题目，比如"矿泉水"和"猴子"，然后遣词造一组对联，七言、五言、四言都可以，每句分别对应一个题眼，让人一听就知道所指的是"矿泉水"或"猴子"，但是句中不能出现题目中的字，上下两句还得讲究对仗工整，平仄协调，存在意义上的关联。我是头一回听说这种玩法，丈二和尚摸不着头脑，没敢参与。回家以后琢磨了一阵，觉得这个游戏挺好玩的，还可以听先生传授那么多古典文化，后来也加入了他们的阵营。曾经有人以"范曾"和"朱军"出了一题。先生三下五除二就写好了："楠莉有情方理纸，董卿无意却同台"。

和先生认识之初，我曾经用行草写了一幅字"风正一帆悬"，拿到先生那里请他过目，先生一看，说写得不错。临走，我要收走那张字，先生问："你干吗？"我说把字拿走。"拿走干什么？这张字就送给我了！"我有些傻了："先生，别开玩笑了，我请您来指点指点，哪敢给您送字啊？"老人淡淡一笑，说："回去好好练，三年后再拿这张字回去自己点评。"

第二次，我画了一幅荷花翠鸟，送去请先生指导，先生一看，伸手一指翠鸟，"这哪是翠鸟啊？见过翠鸟没有？"我说家里有个翠鸟的标本。他说："翠鸟多大啊？荷花叶子画得那么大，翠鸟你给我画这么小，这哪是翠鸟啊？分明是蝉。去，弄点墨来。"那时候我常去拜访先生，他渐渐地就不拿我当外人了。我就去研了点墨，用小推车推过来。先生拿着笔，口授指点我构图，举手间就把我的那只小翠鸟用墨点盖了，在此基础上改成了一只大翠鸟："你看看，是不是不一样了？"我一看，确实，翠鸟一下子就成画的主体了，整幅画有了一个中心，比原来鲜活生动许多。先生站在稍远处端详了一阵，点点头道："不过还不错，第一次能画成这样，不错了。过来，我给你把字题了。"说罢，就提笔在上面题字："朱军来舍，携此画求指教，禽过小，遂改之。朱军写，范曾题。"搁下毛笔，他又说道："那里有章，自己盖去。"我就盖上了先生的印。

当时心生感动。在这之前，我也画过画，也写过字，也找过一些所谓名家给看过，但大多言不及义。而到了先生这里，先生不但主动帮我改画指点，还慷慨题字，我顿时觉得这老先生实在是太可爱了！从那天起，我想更多地关注他，试图走进他的世界，希望能和他对上话，于是看起了他的一些著作，比如《范曾散文三十三篇》《老庄心解》等，我越看越心生钦佩。国学大师季羡林曾说，认识范曾有一个三步曲：第一步认为他只是个画家，第二步认为他是一个国学家，第三步认为他是一个思想家。在这三个方面，他都有精湛深邃的造诣。走近先生，才发现的确如此。

人民大会堂三楼金色大厅的回廊上悬挂着先生作于2008年的一幅巨幛《唐人诗意图》，那幅画长14.6米，高2.7米，可容纳二三十人并排平躺。当时听说他要画那么大的画,我觉得机会十分难得,把那几天的工作统统排开,赶去观看。由于纸张面积太大,先生把画室挪到了一个礼堂,画幅挂在滑轮吊杆上,上下移动。先生作画的那几天,从起笔到落笔,我一直在边上陪着,中途帮他递笔送颜料,看他从无到有,一笔不落地创作出那幅巨画。

如此宽阔的一张纸上,先生一个铅笔稿都没打,上手就拈起一管大毛笔挥洒起来。第一笔先勾勒出一个长者的额头,添上五官,画了脑袋,标了几个坐标点,拿着笔上下一量,刷刷几下加上衣服,随后是整个身体,一位唐代诗人的形象赫然在目。旋即又在边上勾勒出一个童子,巨大的纸上很快设置好了主景。又过了一阵子,仙鹤、松树、山峦等配景也纷纷跃然纸上。早上还是一张白纸,到了黄昏,人物景致的轮廓都被一一勾勒出来,境界宛在。

我曾经听人说过,许多著名画家创作这类巨画,往往一稿数月,有的甚至要磨上半年之久。而先生作画属于疾风骤雨一气呵成型,他完全进入了亢奋状态,挥毫泼色,指点水墨,只用了两天半时间就着色完毕。虽然他一笔草稿都没打,但我相信那张画在他心里不知打过多少次腹稿,看似随心所欲地落笔,一定经过反复揣摩,因为每一处构图、每一次运笔、每一抹浓淡都能看出是先生精心布局潜心斟酌后的最佳选项。

这幅画整体宏大,细处和谐。画上的唐朝诗人犹如谪仙,凭风欲飞,童子天真烂漫,翘首仰望,像是诗人松下问路童子,又似童子聆听诗人赋诗。在古木参天的峻岭崇山上,白鹿悠悠漫步,一只仙鹤引颈长鸣,另一只仙鹤划空翱翔。先生用恢弘遒劲的笔力,描绘出刚健廓然安宁祥和的盛唐气象,以浪漫飘逸的想象力,营造出丰赡绚烂动静皆宜的生命意志。

此时,季羡林对先生的三部曲评价在我脑中反复盘桓。想来先生作画到这一步,已不仅仅是用笔在画,而是笔到、力到、心到、神到、修为到了。

没有如椽巨笔之功力和精深的艺术造诣，固难描绘出那样诗意的盛唐；然而没有澎湃潮涌之激情和深厚的国学修养，更不足以吞吐出那种盛唐的诗意。我完完全全被那幅巨画震慑、吸引住了，驻足于前，仰观，良久无言。回头看看先生，老人家满头是汗，安静地坐在椅子上，略带倦意而不无得意地审视着自己的作品，我忍不住开了句玩笑："不得了，一个70岁的老翁，上蹿下跳，两天半，整出一张大画，这太了不得了！"

这幅画装裱好之后，被送进了人民大会堂。过了几天，人民大会堂管理局为了表示谢意，邀请先生去看悬挂好的画，中午还专门在大会堂设宴招待。先生也邀我同赴。那天喝得有点高，我趁着酒意对先生说："先生，我有一个斗胆的想法，您别笑话我。"先生道："有什么事你说吧。"我说："能不能收我做徒弟？"先生看了我半天："做徒弟？"我点点头："我真的想跟您好好学点东西。"先生想了想，道："你考我的博士生吧。"我很遗憾地表示自己外语不行。不可见诸文字，"这考博士大概不行。"说到这儿，他的态度模棱两可，有些顾左右而言他，我也就点到即止。

过了一段时间，我拉上现在的五师兄——当时他也仰慕先生，想拜入师门——两人一块儿去找楠莉阿姨商量："阿姨，我们想拜在先生门下，给先生做徒弟，希望您老人家玉成此事，您能帮我们说说么？我上一次给先生说了一次，先生不置可否，我也不敢再提了。"阿姨道："你们都是好孩子。这样，我给他说说，我听听老头的意见，咱们再说。"两天以后，我接到一个电话："朱军啊，我是楠莉，我告诉你啊，你那天说的那个事先生同意了啊。"这可把我给乐坏了。

我第一时间赶到先生家里，见了先生，我还不太敢相信，小心翼翼地问道："先生,那个事您同意了？"先生颔首："同意了。但是有一点,做我范曾的徒弟,你不能丢人。我相信你不是一时心血来潮，更希望你能够持之以恒。作画是一件很艰苦的事情。虽然我经常告诉你们，作画乃娱乐之事，那是我希望你们能达到的一种精神状态，但基础是需要一点一滴扎扎实实打下去的。"

"做我范曾的弟子，你就一定要耐得起那个寂寞，要下得了那个工夫，能不能做到？"我极认真地点了点头："先生，您放心，我一定能做到。"先生笑了起来："我也相信你能做到。你在你这个行业能够干到今天，成就这番事业，我就对你有信心。"

我们本想选一个大点的饭店举行拜师仪式，以表隆重，先生不同意："那些都是形式，拜师张罗那么大动静干什么？你们是不是范曾的徒弟，是我说了算，不是别人说了算。就在家里头，一块儿热热闹闹地放松就行了。"后来就只请了赵忠祥老师、王铁成老师和王刚一起做见证人，在先生书房里举行了一个正式的拜师仪式。先生那天特地穿上一件传统长袍，坐在上座，我们七个弟子一齐点了香，向师父磕了三个头。完成拜师仪式，真正成了先生的入室弟子，那棵兴趣之树已然移植进了绘画的园圃。

先生一向不赞成打着启发式的口号，实质放任自流的教学法，他督促得很严紧。只要我去，老人家肯定会问，最近怎么样？画什么了？有一回我临了一张先生的鹿，背景是淡红色的云海，自觉得意，送去给他看。他说鹿画得还行，但指着背景问我："这个画的是什么呀？"我说是被太阳染红的天。他摇头说不对，又让我研了点墨，补了几笔浪花，一下子就把我原来想象的天空改成大海了，又题："半壁见海日，空中闻鹿鸣。朱军画，师范曾足成之。"他给我讲修改原因，说日上中天时太阳不会呈现这样的颜色，一定得在夕阳西下或旭日东升之时，太阳处在地平线上才会这么红，所以背景绝不可能是云海。既然我把整幅画都渲染成了红色，他就因势利导，补成了落日海景。

我听了，恍然大悟，心里好一阵佩服。按照一般人的推想，红日和云海搭配相得益彰，我也听凭自己的想象力，犯了常识错误。但先生立刻就能指出逻辑上的不合理，对生活观察体验得有多细致，才能到这个程度！

先生授课时很是尽心，但凡我遇到不甚了了的地方，他一定会悉心讲解，还不明白，便亲自画图予以示范。他固擅人物画，也精于花鸟竹石，教我运笔用墨，如松树的长势是怎么样的，松针应该在哪里布局，齐白石的荷杆是这么画的，八大山人是那样画的……一旦我理解了，他就题字盖章，让我把这些课徒稿带回去临摹练习。

先生每年出国度假，临走前会给我布置作业："你抓紧这段时间，一方面临摹八大山人的画，另一方面进行实物写生。"等他回来，我就带着一摞习作去他家，先生见我没偷懒，总是格外欣悦。看到徒弟略有所成的时候，他比任何人都高兴。

说实在的，老人家对我确实比较偏爱。他很护犊，自己怎么说我都可以，但是不爱听别人数落我，所以我跟先生在一块儿，真的觉得很愉快，也很放松，甚至在他面前喝高过。他一看我喝多了，话也多了，就在那儿乐呵呵地看着，也不吱声。过了两天，我酒醒了，又上他家去，先生会很认真地规劝我："朱军，以后不要那么喝酒了，你看你那天，喝多了吧？"我点点头："有点多。"先生板起脸一哼："还有点多？说话都含糊了！男子汉大丈夫不在于喝多少酒，在于你事怎么做。以后不能那么喝酒了！我告诉你，我范曾年轻的时候，比你还能喝呢！"我忍俊不禁："哈！您终于说实话了，您年轻的时候也喝过酒！"他也乐了："是啊，我就是那么过来的，所以不想让你重蹈覆辙。"

师娘七十大寿的时候，是在家里庆祝的，先生只喊了子女和徒弟，没有外人。那天台里有事，我晚到了一会儿。一进门，先生就指着一张墨迹未干的大画对我说:"这张画上还没有朱军的呢,去,给上面添个东西。"为庆贺师娘的寿辰,大家画了些寓意吉祥长寿的图案,先生的博士生画了长寿松,攻山水的师兄画了山石瀑布,此外还有寿桃、修竹、仙鹤等等,一张八尺大画内容丰富,应有尽有。我看了半晌,扭头跟先生商量:"先生,我看着挺完整的,甭添了吧。"先生摇头:"不行,这才看你的本事呢。"我有些犯难:"添什么呀?要是把这画添毁了可怎么办?"先生挥挥手:"你爱添什么添什么,我相信你不会。什么时候画好,什么时候吃饭。我们可都等着你。"

这下成考试了。"行吧,你们聊天,让我研究研究。"我盯着那张画,开始挠头。画的前景有萱草和竹子,中景的中央是两棵松树,松树的下半截伸出来几根寿桃,边上是山,后景是瀑布,下面站着一只仙鹤,天上飞着一只仙鹤。琢磨了半天,我突然灵光一闪:松竹山石瀑布都由浓淡不一的墨色画出,仙鹤也是黑白的,整幅画除了寿桃还带一丝嫣红,整体比较素淡,如果……想明白以后,我没敢贸然告诉先生,而是悄悄把师娘拉了过去:"阿姨,我想好了一个地方。"师娘听我说完,回头细细端详那幅画,点点头,笑道:"还真是,这个画现在看着真是有点素,可你再加别的什么都多余了。来,我告诉你怎么画。"师娘从桌子底下捧出一个调色盘,扣到纸上,拧一下,压出一个印。"我给你找颜色。"说着,老太太又从桌下取出一种颜料递给我,"用这个,老头画的时候就用这个颜色。"我说好,提笔蘸上颜色,循着圆印画了大半个太阳,再用淡淡的红色在底下扫了点红云。还别说,加上太阳,整幅画一下子亮堂起来了。我把先生请来,先生一看,吱溜吸了口烟,喜上眉梢:"嗯,不错,挺好,吃饭!"顺利过关,我心里高兴极了。

先生还是个名副其实的老顽童。他经常念叨:"从老庄到李贽,从孟子到王阳明等,赤子之心,天地可鉴。"我时常觉得,搞艺术的人通常会具备一颗童心，常以一种新鲜纯真的心态打量世界，会看到很多日常之外的东西。艺术的真、善、美，无一不是从这种纯真、纯粹、纯净的心灵状态中萃取升华的。先生是一个富有童心而显得童趣十足的人，有时候他就像个老小孩！兴致上来，拉我和他一道演小品，让我扮演范曾，他演一个假画贩子，来向我推销假画。他一个劲儿朝我点头哈腰，把卖假画的那种畏畏缩缩的样子演得惟妙惟肖。"您是范曾大师吧？您看看我这张画。"我就扮起他平时的样子，手握烟斗，略腆着肚子，中气十足："这张画哪儿来的呀？不真！""假画贩子"鬼鬼祟祟地环顾了一下四周动静，又獐头鼠目地窜过来："您再仔细看看……"这样的情景偶尔会在先生家上演，每次都把大家逗得哈哈大笑。

先生常告诫我们，做人要有"四心"。对祖国、对人民和父母，要有感激之心；对宇宙本体、人类文明和经典文化，要有敬畏之心；对社会上的弱势群体，要有恻隐之心；对民族曾经受过的耻辱，要有知耻之心。如果社会全体都有这"四心"，那就可以缔造和谐社会了。

"5·12"汶川大地震发生不久，我给先生打了一个电话，把18日台里将举行赈灾义演的事告诉了他。当时他刚刚出国讲学不到一周，听说了这个消息，他不顾身体劳累，第二天就赶了回来。

16日夜里，赈灾晚会的策划会结束后，10点多钟我去了先生家。一见到我，先生就很急切地询问起灾区的现状。我问先生："您打算捐多少？"先生想了想，让我拨通了师娘的电话，二老几句话就商议完毕，放下电话，先生郑重地告诉我："朱军我决定了，捐1000万。"我吃了一惊："1000万？"先生点点头："捐1000万。"随即引用了鲁迅先生的一段话，"中国自古以来，就有埋头苦干的人，有为民请命的人，有舍身求法的人……这就是中国的脊梁。到这个时候了，我崇拜在灾区一线的脊梁。我老矣，不能亲赴，就只能做力所能及的了。

就这么定了，捐1000万！"先生是个人捐款最多的，他不是捐一幅价值千万的画作，而是直接刷了1000万的现金。当时建行终端甚至没有开通那么大额度的刷卡通道，只得临时为他启动了一个。两年之后，玉树地震，先生又捐了1000万。先生出席赈灾晚会时说了一句话："祖国，我分担你的痛苦和灾难，分享你的光辉与荣耀，因为你的名字叫中国。"

范曾先生有个24字的自评：痴于绘画，能书；偶为辞章，颇抒己怀；好读书史，略通古今之变。有天我跟先生开玩笑："先生，你这个'略通古今之变'，看上去很谦虚，实际上相当狂啊！"先生笑了："看出来了？"事实上他也的确有"狂"的资本。先生祖籍江苏南通，其先祖可上溯到北宋名臣范仲淹，曾祖范伯子先生是李鸿章的幕府西席。南通范家从明末至今十三代，每一代都会出几个著名的诗人，先生父亲子愚公也写得一手好诗书，确实一门煊赫。我曾随先生去过南通故里，那里还有一个范氏诗文陈列馆。不大的一个博物馆里面，陈列着范氏家族十几代人不同时期的文章，世代书香，家学渊源，可谓名不虚传。

跟随先生三四年了，这段光阴说长不长，说短不短，我从先生那里学到了很多，获得了许多宝贵的精神财富。这几年无论是国学素养、绘画技巧，还是思想深度，我都有了日益的精进，但是先生的教诲对我影响最大的还是心灵层面，使我获得了心灵的平静。

2008年奥运会前夕，我累得人仰马翻，一度十分烦躁。有一天上午没什么事，想起好长时间没去看望先生了，就去了他家，我一进门就抱怨："先生，最近累死了！"先生点头："是，你们最近肯定特别忙。""先生，累得我直想骂人！"先生问："骂谁呀？"我满肚子苦水没处倒，估计全都泼在了脸上："也不是骂谁，反正就是心里觉得累，就想骂人！"先生大概看出我状态确实很糟糕，又问了句："真的很累吗？"我用力点点头："真的很累！"先生抽了口烟，慢条斯理道："那好办，回去找你们台长，告诉他，我不干了！累了不想干了，那就不干了呗，你把自己累成那样子干什么？就这么定了啊。你要不好意思说，我跟你们台长去说，我徒弟不干了，就跟我专心学画了。"说罢，不复谈话，自顾上楼看书了。

  我愣了半天神，回过头来上楼找他："先生，我想通了。"他问："怎么想通了？你不是累吗？累就不要干了。"我摇头："我还得干。想通了，真想通了。"他就是用这种激将法让我慢慢冷却，等我恢复理智。先生告诉我："要干你就不要那么埋怨，那么埋怨你也干不好，你自己心里还不舒畅。这个事你又不能不干，真让你选择干与不干，你肯定不会选择不干。既然是这样，你又何必不愉快地去干？你非要这么累得好像你受了多大委屈似的。没有人让你受委屈，你要不愿意干就算了。"一连串绕口令似的话，把我急功近利的心态敲掉了，也把我给"绕"明白了：人就应该这样，保持一个平和的心态，踏踏实实地面对所有的事情，一点点解决。把自己弄得苦哈哈的，见谁都是敌人，多苦啊。

  从那以后，我明显感到自己的生活状态进入了一种良性循环，不躁了，心静了。原来和朋友出去喝酒聊天的时候多，现在在家里看书、写字、画画的时候多。梅梅也看在眼里，乐在心里。有天和朋友聊天时，她甚至不无自豪地告诉他们，一看到我沉浸在书画的世界，她就感到幸运和幸福。先生也说："谭梅可说了，你拜了我以后，她最高兴。"我在工作上的心态也改变了许多，这两年站在春晚的舞台上，我才真正有了一种从容不迫、应对自如的感觉。

  每年的春晚，先生都很关注。对于春晚，先生的意见特别鲜明，他说春晚不可能让每一个人都满意。因为人与人的要求都不一样，你不可能让60岁的人跟20岁的人欣赏一样的节目，所以要有自己的主心骨，干出自己的特色来，把春晚打造成一种经典的文化品牌，着力强化它的娱乐感。在这个舞台上，只需要集合中国最好的艺术家，拿出他们最好的作品就行了。

　　我深以为然。给春晚提意见的人很多，无论怎么做，都有人说不行。听了那么多意见，除了束缚住思想，捆绑住手脚，再没其他的了。舌头底下压死人的事常有，真要干成点事，只好抱着"天变不足惧，人言不足恤"的信念踽踽前行，因为实在没办法面面俱到。倾心打造春晚，是为了给人们带来愉悦，给人们带来精神享受，传达的就是一种享受的概念，享受春晚，享受人生。既然尽了心，尽了力，不负自己的良知，那么笑骂毁誉皆无所谓，乐享其中就好。

　　书画对我来说，究竟意味着什么呢？我想，那大概是一个心灵的跑马场，是一片精神的大草原，是一个自由的理想国。我没有什么绘画基础，从技术层面而言，我必须脚踏实地，从造型能力到笔墨的运用到结构的安排，一点一点地练。抛开技艺而言，有时候抡起大笔挥几下，未尝不起到一种心理疏导的作用，为自己的心情找一个释放的出口，直接用纸和笔与世界对话，却不必影响到任何人。当我情绪郁结无处发泄时，我会把心灵释放到宣纸上；当我心情舒畅的时候，可能画出来的鸟都是活泼的。

　　面对一张空白的画纸，每个人都有表达自我的权利和自由。有时候，我会在一张很大很大的纸上，只留下两片枯叶、一缕残阳。别人一看，说："没画完吧？"我说画完了，只是现在让它空着，没题写文字而已。两片落叶、一缕残阳，那就是我当时的心情，我知道自己为什么这么画。在这个时候、这个位置，不能说、不想说、不敢说的东西，都可以记录在这张纸上，等到能说、敢说、想说的时候再说给别人听。若干年后，当我在上面写下注解的时候，愿意读懂我的人就能够读懂我当时的心境。

因为主持《艺术人生》，所以总被人问到一个关于人生和艺术的问题：两种人生方式，一种是把人生当做艺术来体验，还有一种是把艺术当做全部的人生，你选哪种？

说实话，二者我都不赞同。艺术有太多的构思、技巧和臆想在其中，但是人生就是人生，人生是不可逆的。我会认真体验人生的全过程。活到这个岁数，因为意识到了自己的渺小，才明白为什么要对自然怀有敬畏之心。人只有先认识到自己的渺小，然后再去强大的时候，才是真实的强大。一开始就把自己想得特别强大，实际上是一种渺小的垂死，就像弥留之际的回光返照。人生的滋味在于，人们可以尽情享受人生过程中的每一个不可预测，无论是成功还是失败，无论是喜还是忧。

我的画室里放着一块恐龙化石，这个东西距今已经一亿五千万年了，我经常对着它发呆。一亿五千万年以前和一亿五千万年以后，我们人类在干什么呢？我们消失的时候，它一定还在。和那条恐龙曾经有过的生命比起来，人类真的太渺小、太脆弱了。人生短促如朝露，少则几十年多则上百年，掐头去尾，人活着顶多两万多天，刨掉不懂事的时候，刨掉老年的时候，刨掉吃饭睡觉的时候，一个人在这个世界上清醒的时候只有一万多天，真正做事情也就只有一万多天。用这个概念来量化的话，人还能做什么？一坐一天过去了，真的太渺小了。

人生就像画画写字，是不断地制造矛盾并且解决矛盾的一个动态平衡过程。譬如写字，前一个字碗口大，后面突然写了一个像核桃那么小的字，看起来不平衡，但当你把这一行写完之后，发现它是平衡的，那是巧与拙、得与失、快与慢、大与小各种变化之间找到的一种平衡。人生就是这样。我们在不断地跟矛盾打交道，又在不断地用智慧解决矛盾，也在不断地面对新的矛盾，甚至有意识地制造矛盾。就在这个过程中，人类在不断地完善自己，让自己的生命不断地得到平衡。把人生这行字真正写完的时候，无论巧与拙、得与失，它总体上总是平衡的。虽然这里面可能有很多挣扎，可能套进一个字里转不出来，那边浓浊的一笔转出来，进入清秀的笔法，突然又遭遇浑浊……整体完成之后，回过头去，会发现，我的一生原来是如此的清逸，或者我的这一生怎么那么稚拙，都不要紧，那是你自己的特点，没有优劣之分，人生带上了自己的印记，我认为这就是成功的，就应该感到快乐。重要的是，要在这个过程当中找到其中的平衡，所谓干湿浓淡张弛，都在其中。写完画完一看，太空了，就加一笔；多余了，就想点办法，让多余的变成不多余，完成了，挺好。我觉得人生就是这个过程。人生，何尝不是在创造一幅岁月的画图？

让13亿人在同一秒钟发笑的本山大哥

生根于贫瘠的土壤，以其顽强的生命，倔强地破土而出，以其不择地而生的性格孳生蔓延，人间开始出现一片新绿。这片新绿的种子随风披靡遐迩，造成了绿色的世界。春风助其生，野火遏其长，然则它带给人间的喜悦，是毋庸置疑的。这段话是范曾先生专门为赵本山撰文，写出的一段近似于赞美然而不失公允的评价。

反"三俗"的时候，先生给我打电话，问起赵本山的作品。我就把本山早期的小品《小草》，到后来的《卖拐》《红高粱模特队》，以及近几年的"白云黑土"系列，向他系统介绍了一遍。过了两天，去先生家，先生给我看他新写的一篇文章。拿起来一看标题，我忍不住说："您这个提法可是够高的。"先生道："怎么，不妥吗？我们自己的艺术家，我们为什么不去捧他？"先生的那篇文章，叫做《赵本山就是东方卓别林》，文章中第一次把赵本山和卓别林相提并论，这两人都是从生活底层跌打滚爬起来的艺术家，用草根艺术反映社会现状，他们都是天才的喜剧演员。

十几年前，农民表演艺术家赵本山从白山黑水间彳亍而来，把满含着黑土清香的东北幽默搬上了春晚舞台，并借助现代电视技术，一夜之间征服了全国电视观众，从此他成为了春晚的常客。他倡导"绿色二人转"，净化了东北的原生态艺术，刘老根大舞台在北国遍地开花。但是很少有人觉得他是"高高在上"的艺术家，更多时候，他在人们心目中的形象是"中国最聪明的农民"。本世纪初以来，赵本山的小品在春晚舞台上的分量日益吃重，赵本山成了春晚的一个标志性人物。

如果让我用一句话评价本山大哥，那很简单：赵本山不算艺术家的话，谁才算是艺术家？本山大哥做客《艺术人生》时，忆及童年坎坷和早年辛酸，他忍不住潸然。他的小品演绎的都是小人物的故事，他扮演起那些善良不失促狭，天真不失狡猾，俚俗不失高尚的农民时，简直信手拈来，因为处处都带有生活的印迹，个个都是他熟悉的母本。他塑造的那些小人物就像堂·吉诃德似的，与生活这架大风车搏斗，屡战屡败，屡败屡战，实在是可笑可叹，可怜可悲。往往初时逗人捧腹，思之使人落泪，在他们身上仿佛也看到了他自己的影子。一路走来，本山都在饱尝艰辛，早年折磨他的是生活的困顿，现在困扰他的是艺术的艰辛。

2009年9月30日，正在上海工作的赵本山突发脑血管动脉瘤出血，被送进医院抢救。那时候我正忙于录制国庆节目，脱不开身，等到10月3日的一台晚会结束以后，我匆匆赶往了上海。那天飞机晚点，抵达上海时已经是10月4日晚上9点多了，于是我就没敢去打扰他。

第二天一大早，我和两个陪同他的朋友去了华山医院。本山住院后，这里每天都驻扎着大批记者，医院把他藏在最靠里边的一间病房。本山那时候状态还行，只是手上扎着输液针。那时候他的左肩刚动过手术，得用支架支撑手臂，见我进了门，他有些费力地从床上坐起来。他看起来非常虚弱，和平时完全判若两人。华山医院的院长给我介绍他的病况时，就说刚送进来的时候挺危险的，晚一点或者如果不是在上海、北京这样医疗条件比较好的大城市，那就真的麻烦了。10月2日是他的生日，当时他刚刚脱离危险，从重症监护室转入了普通病房，那个生日他是在病床上度过的。

见到他的时候，我心里挺难受的。"大哥，没事吧？挺好的吧？"他和我说话一贯是简而又简："好了，好了，看见你特别高兴。"聊天过程中，他一直不断地重复："好好儿的，弟弟。好好儿的，弟弟。"这个"好好儿的"意味太深长了，这可能是他病后想得最多的：要好好儿地保重身体，要好好儿地工作，对家庭对朋友对社会也都要好好儿的……看他这模样，我心里有些发酸，一个劲儿地点头宽慰他。

我怕打扰他，坐了大约半个小时，便起身告辞："哥，你休息吧，我不打扰您，我走了。"本山到了那个时候还不忘关心我："你怎么着？"我说："我中午在外面吃饭，下午坐飞机就回去了。"接着他又问："你啥时候来的？"我说："昨天晚上。"他一拍床沿："那你昨天晚上咋不来呢？"我说："我怕你见了我，一激动，咱俩再聊高兴了，你晚上睡不着觉。"

我跟本山的关系很有意思，我们俩是不打不相识，属于打出来的兄弟。一开始他有点反感我，见了我总是一副爱搭不理的表情。有一次我忍不住问他："你什么意思？我又没得罪过你，你怎么见我老这样？"他很直接："我不喜欢你。"我很奇怪："为什么？"他朝我翻了个白眼，吐出俩字："你假。"我俩之前几乎没怎么接触过，他说这话我就更莫名其妙了："什么事觉得我假？"他三个字直接把我撂倒："不知道。"我当时心里颇有些不平，你又不了解我，凭什么说我假？太没道理了，和我相处过的人还觉得我真呢！真诚是我做人做事的信条和原则，因为真，我更交来了一大群真朋友。于丹就很认同我的行为方式："哥，你这个人做不了假。"有一次于丹还给我发来一条短信：哥，你是文艺圈里最不像文艺人的文艺人，这也许就是你所向披靡最大的法宝，你没有那么在意自己，你没有那么矫情，你真诚。

以我的脾气，你对我爱搭不理，我也懒得理你。很长一段时间，我和本山都形同陌路，直到有一天，在白岩松家迎来了"破冰之旅"。

那次白岩松老家的人给他带来了一只羊，小白就喊我到他们家吃羊肉。一进门，我发现本山大哥也在小白家，当时我俩都愣了。小白分别约的我们，我不知道他在，他也不知道我要去。那天陪了本山，还有王义夫、大连实德的徐明等人。在人家家里做客，又当着那么多人的面，总不能把气氛搅尴尬了，我就跟本山大哥打了声招呼："赵老师在呢。"然后大家坐下吃饭。席间敬酒，小白拉着我说："哥，咱们俩一块儿敬本山大哥一个。哥，咱们俩一块儿敬义夫兄一个。"本山看小白对我左一个哥右一个哥地喊着，感到奇怪，他实在忍不住了，就问："我说小白，你们俩这啥关系呀？"小白指指我，神情自然地介绍："这是我哥。"

由于分属两个部门，我和白岩松平时没有太多交集。有一年，"心连心"

艺术团到内蒙古赤峰慰问演出，归程的火车上，我和小白被安排到同一节车厢，这算是工作之余的首次接触。那天两人聊了一路，交流了各自的经历和对一些事物的看法，他对于社会时事的独到见解令我心生佩服。聊着聊着，小白突然问我："我记得有一回演出，你换外套时，衬衫袖子上还戴着黑纱，那是怎么一回事？"我告诉他，那天下午四点多我母亲去世了，接到这个噩耗一时赶不回去，因为晚上七点半有一台晚会，当时换人断然来不及了，我只得咬牙硬着头皮上台。我把黑纱别在衬衣上，外面套着西装主持了那台晚会。小白听了，神情端肃，端起一杯酒，道："哥，我敬你。"我一愣："你叫我什么？"他有些动情："哥，我很少管人叫哥，但今天，你这个哥我认了！"这大概是一个爆发点，我们很惊喜地发现，实际上我们两人都对彼此有诸多的认同。从那以后，我们以兄弟相称。

显然赵本山对白岩松是激赏有加，他就更摸不着头脑了，一个他不甚喜欢的人，一个他那么欣赏的人，他们俩居然关系那么好。可能从那时候起，本山才对我另眼相待，我们两个人的友情也进入发展的正轨。

一来二往，通过几次相处共事后，本山对我说："兄弟，哥哥原来对你有误解。你真是我的好兄弟！行了，以后有啥事就跟大哥说，大哥能帮你忙一定会帮你忙。"我没问他当初对我有什么误解，但他既然这么说，可见他对我的成见消除了，我心里也挺高兴："大哥，没什么事我也不会麻烦你。咱好好做兄弟就行。"

解开了心里的疙瘩，我们从此就真的像兄弟一样了。说实话，我和本山大哥的性格差异确实挺明显的。他是个很直率的东北汉子，爱憎分明，我行我素，有一说一，不留余地。而我说话做事比较注重别人的感受，尽可能照顾到方方面面，试图给所有人保留情面，有时候难免忽略了自己的感受。在彼此不了解的情况下，我们难以认同对方。但是一旦有了认知，相互了解之后，我们就都能理解对方了，相处起来也甚觉愉快。

跟本山交往不累，他是个特别真诚的人，实实在在地为别人着想。当朋友有点儿什么毛病，他会直言不讳，用特别简单通俗的话提醒人，而且每每一语中的。有一段时间我想去拍戏，本山听了以后跟我说："我可听说了，你上蹿下跳的想拍戏，拍啥戏呀？"我说那是好事。"好啥事呀？演好了，没人说你好。要有一点不好，能骂死你，你这不是找人骂吗？好好干你的主持人多好啊，有几个能像你这样的？好好儿的，珍惜现在，把你自己的专业弄好。"他就这样毫不客气、一点面子都不留地就把我的想法给否了。我听了他的话，也就把这事撂下了。

本山喜好书法，也非常欣赏范曾先生，我们有空就一块儿去看望先生。有时候约上几个共同的好友，去本山那儿，或聚到我家，或上白岩松家，酒逢知己饮，诗与会人吟，消磨掉一下午。

本山动手术两周后，带着一堆医嘱以及三个月不得坐飞机的禁令出院。毕竟经历过一场生死，出院以后那段日子他比较豁达，总跟自己说："别太较劲儿了。"但是过了那个劲儿，他又开始张罗了——也是不得已而为之——本山集团规模大，事务繁忙，全国各地那么多刘老根大舞台都要在他的指挥下运转，还得筹拍电视剧，方方面面的社会活动也很多，他整天像个旋转的陀螺，忙得停不下来。我劝他："别那么较劲儿了行不行？"他无奈地叹口气："手下一千多号人张嘴等着吃饭呢，你不干行吗？"

上不上 2010 年春晚，他曾经历过一阵痛苦的挣扎。谁都知道，只要进入春晚这个圈子，不拼命不较劲儿是不可能的事情。上，他担心身体扛不住。我们几个做朋友的都劝他："你歇一年再上。"本山挺犯难："这事不好决定，观众等着看，春晚剧组一次一次地来，导演亲自跑到沈阳跟我谈，要不上了，多伤人家。"最终他还是决定要上。那天上台之前还出现一个危情，他的血压忽然飙了上去，之前脑出血也和血压升高有关，大家都有些慌，本山自己镇定了一会儿，克服了身体的不适，到底还是上了台。

大家看到春晚上的赵本山总是那么诙谐、幽默、轻松，实际上他对艺术的严谨一点儿也不亚于冯巩，自我要求极其严苛，也是个为了春晚而搏命的人。表演《不差钱》的时候，他就在台上咳嗽过几次——那是真的咳嗽。2011年春晚，在后台候场的时候，本山大哥血压又升高了，台里的医生给他测血压，170/110，稍微有点医学常识的人都知道这种身体状况意味着什么。他在后台吸氧，我在台上主持串联，引出下一个节目，本山的小品《同桌的你》。我前脚刚下场，他拔掉氧气管，后脚就登台，又活力四射地表演起来，一瞬间身体好像奇迹般地恢复了正常。说实话，身体状况谁都没法控制，那只是在常年的敬业态度支撑下所形成的生理习惯。

这两年，每当临近春晚，本山大哥的血压就一直不稳定——完全是精神压力太大所致。别人问他，为什么压力这么大？本山说："就是担心节目不好看。不是担心别人骂，这些年多少风风雨雨都挺过来了，我不怕挨骂。最关键是别人不快乐怎么办？"许多观众看他头发白了，人憔悴了，都很为他心疼，觉得他是时候放手，试着让弟子们挑梁上台了。本山对于艺术的要求一向很高，在台上这么苦苦支撑，并非恋栈舞台，只是担心自己的弟子不够成熟。为人师表的，总有替学生操不完的心。

我想，什么叫艺术家，艺术家只有一点，把所有的观众深深装在心里，即使自己躺在舞台上，也要给大家带去欢乐。

有谁能让13亿人在同一秒钟发笑？只有大哥本山！

主持界的"土八路",艺术圈的"制片人"

2008年,我考上了北大的艺术硕士专业(Master of Fine Arts, MFA),开始了梦寐以求的燕园求学之路。其实早在2000年,我就萌生了给自己"充电"的想法。电视是一个迅速把人掏空的行业,走到一定程度,会发现自己的专业积累耗尽,知识结构断层。况且在当今中国,竞争如此激烈,如果不时时更新、丰富自己的知识储备,很容易会被社会淘汰。一些杂志评论说春晚主持人的声音是从一个模子里刻出来的,把我也纳入学院派的播音体系里。在下不才,我其实属于游离于专业人士之外的"土八路",没有接受过系统专业的播音主持学习。比起学院派,我觉得"游击队员"有他自己的一些特色,也有他的弱势。

我和学院派主持人的共同点是都接受过正规的发声训练,包括声乐、发声的位置、普通话的咬字等。作为一名主持人,规范语言,推广普通话,责无旁贷,也是最根本的职业素质。现在人们所谓的"个性"往往追求新、奇、怪,很多年轻的主持人热衷模仿港台腔。如果这也算"个性",我说兰州话岂不是更有个性了?老舍先生在20世纪50年代就提出:"语言的有力无力,决定于思想是否精辟,感情是否浓厚,字句的安排是否得当,而并不专靠一些土话给打气撑腰。"尽管他早先创作了那么多脍炙人口的京味小说,但到了创作后期,他作品中的"京味儿"不再那么浓郁了,而以人生的广度、阅历的厚度、思想的深度,力透纸背,代替语言的俏皮活泼,更具艺术性和思想性。想来老北京俏皮话也是为了填补早期作品中生活阅历和人生感悟的不足。所谓的"个性"往往是针对"共性"而言,产生于"共性"而高于"共性"。因此我赞同学院派注重基础性技巧的练习，主持人首先应该具备最基本的素质，把舌头捋直了说话，再去寻求或展示个性。大着舌头发嗲的不叫"个性"，那是鸡立鹤群。

我不认可学院派过于教条的学习方式。在我看来，主持人的技巧是最低的一个层次，因为只要肯用功，通过一段时间的训练，一般人都能掌握正确的发音技巧。主持人想提高自身素质，如果不通过课堂以外的实践操作，不用心积累，破万卷书也未必开卷有益。比如最重要的思维方式就是因人而异的，这与每个人的出身背景、成长环境、知识储备、交际圈、情感积累、人生阅历等等都有关系，这些因素共同形成每个人所独有的运思方式、观察世界的角度以及对事件的感知度。这个行业不是单靠智商就能干好的，更多的时候需要情商和逆境商，这些是学校无法教授的。授人以鱼不如授人以渔，老师应该告诉学生解决问题的方法，教他们如何举一反三融会贯通，而不仅是告知一个简单确凿的答案。

从来没有哪位前辈能够总结出一套放之四海而皆准的理论供我们学习参考。因为说到底主持其实是一门艺术，艺术没有规律可循，即使有规律，也是为了日后被打破而存在。而且大多数所谓的规律是别人在实践中摸爬滚打总结出来的经验和教训，时移世易，适用于甲未必适用于乙，适用于昨天未必适用于今天明天。每个人都应该是自己的实践者，都要学会自己摸着石头过河。可惜的是，大部分高校的播音主持专业只停留在对播音员的训练上，对于主持人的培养，无据可考，无例可援。遇到突发事件，用何种方式才能有效地化解，没有一本教科书能直接给出答案，因为教科书编撰者未必是站在业务第一线的主持人，而第一线的主持人未必有时间有精力有理论造诣去编书。事实上一切又回到原点，师傅领进门，修行在个人，掌握了基本技巧后，还是免不了实践，让自己在社会中砥砺磨练。这也是2000年我最终放弃去高校的播音主持专业继续深造的原因。

"游击队员"的一个无用之用是，没有过多的理论积累，也就不会被那么多专业性的条条框框所束缚，表达更贴近内心，跟人交流多了一分本色，少了一分匠气。我常常反躬自问，作为一个主持人，有什么是自己独具的，有什么是自己欠缺的。我觉得，自己的优势在于，在具备专业发声技巧的基础上，生活各个层面的历练比较多，人生感悟丰富，懂得珍惜生活，尊重每一个生命个体，怀着一个真诚的态度去做节目，形成了自己平实稳重、注重情感的主持特色。我的弱势在于，由于没有受过学院的熏陶，更偏重于感性思维，习惯采用演绎化的表达方式，缺乏一些理论性的归纳和总结，有时候措辞会显得不够严谨、精练。此外，十载《艺术人生》的主持经历不断地提醒着我，作为一名主持人，需要具备强烈的人文精神。人文精神由两方面组成，人文关怀和知识底蕴，前者是我所具备的，后者则有所欠缺，需要不断地学习、吸收、积累。

许多人心里都有名校情结，我也不例外，我从小就特别向往北大、清华、人大、复旦等名校，但由于历史限制，当时没有条件也没有能力进入这些高等学府。2005年，我一度萌生到中国传媒大学这个中国电视界的"黄埔军校"去进修的想法，由于种种原因依旧没能成行。到了2008年，我的生活亦渐趋稳定，这时候我开始反省以前主持时所犯的一些错误，又产生了让自己回炉再造的念头。北大是中国人文最高学府，可以给予我更复合的艺术滋养，这一次我没有再犹豫。

复习备考的过程就是一种自我督促，需要摒弃杂念，重拾基础知识，让自己的心灵保持安静、理性。沉浸在学术氛围浓郁、人文底蕴深厚的环境里，汲取北大名师的精神营养，学习他们的治学态度，使自己的思想更深刻，思维更严谨。在理性的指引下，我希望将抽象的精神情感具化为可操作的方案，从而在节目中找到人性的共鸣。

在北大的这几年里，我师从彭吉象教授学习电视专业，一方面了解了近几年中国电视的发展动态，另一方面对当前的电视行业进行了一次理论上的梳理，获益匪浅。此书落笔之际也将迎来我的 MFA 学位论文答辩，这本小书既是我对春晚大舞台的剪影记录，也是对自己在北大学习的一份纪念。

我的同班同学中有相当一部分是来自全国各电视台的同行，还有一些来自文化传媒公司，大家都是在职学习。学校开设了《作品分析》《电视理论研究》等课程，大家时常进行一些学术上的交流，或是共同分析一个作品，或是以讲演的方式分析一档电视栏目，我还在课堂上给大家介绍过《艺术人生》及其团队。

这个课堂上都是一群有追求、自我要求也比较高的人，其中不乏行业中的佼佼者。课下同学之间常常在讨论，面对当今娱乐化浪潮的奔腾汹涌，我们该何去何从？该如何坚守？该如何创新？该做哪些心理准备？该做哪些技术应对？上课的时候，师生之间也有探讨，我们会举手反驳老师的观点，也会和老师交流心中的困惑。

我在课堂上提出了一个"被娱乐"的观点。现在很多媒体人都强调观众需要娱乐节目，但在我看来，现在有太多的观众是"被娱乐"了，或者说，是被打着"娱乐"旗号的电视节目给"忽悠"了。打开电视，黄金时间全是所谓的娱乐节目，相亲的、PK 的、选秀的，除了这些东西，真正有思想内涵、能发掘人性真善美的节目越来越少。我不知道我们的观众是被娱乐了还是被愚弄了。我不相信我们所有的观众都愿意看相亲节目，都愿意听"宁可躲在宝马里哭,也不在自行车上笑"之类的言论。可是国内几乎所有频道都是商业性质的电视台,在市场经济的大环境下,在"收视为王"观念的引导下,劣币驱逐良币带来的后果是,可供观众选择的范围着实寥寥。

无可否认,我们现在处于社会转型期,这是一个过渡时代,各种社会思潮迭起,意识形态领域难免会有乱象丛生的时候。问题是思想领域看似百家争鸣,电视荧幕却几陷万马齐喑。此时媒体的责任在哪里?且不说引导,我们难道一味迎合吗?只有迎合才能生存吗?比如当下很多电视节目做得越来越偶像化、模特化,首先讲究主持人外形靓丽,年轻时尚,很少有人会去注意一个主持人驾驭节目的能力和经验,以及他的世界观、价值观对这个节目的影响。

为什么会变成这样?我想方方面面的因素都有。最主要的一个原因在于,这些年来经济高速发展,唯经济论被强调得过分了。很长一段时间,全国各地兴办各种庆典和节日,什么"龙虾节"、"芦苇节"、"豆腐节"等等,鼓吹"文化搭台,经济唱戏",以推销当地的特产。我觉得大错特错。一个具有前瞻性的民族,它一定得是经济搭台,文化唱戏。因为经济只能影响我们的生活,文化却会影响我们的心灵。回顾过去,虽然大家都吃不饱,但是大家心态都不错,因为那时候的人都有信仰。今天的人吃好穿暖,开着私家车,可还是有些人端起碗来吃肉,放下筷子骂娘。问题出在哪儿?核心价值观的偏离。

我觉得社会提倡多元化的今天,不应当全盘否定传统的价值观和道德观,如果一个民族像断了线的风筝一样,它的命运将会如何可想而知,而我们的传统恰恰就是牵引着风筝的那根线。现在有多少人想把这根线剪掉,逾越着伦理的门禁,挑战着道德的底线?据我所知,很多娱乐记者是没有工资的,一切向发行量、收视率这类数字看齐,数据提高就多拿点钱。也许很多娱乐记者打心底里未必想那么干，但是现实生活会迫使他去干。一个娱记的领导者根本不用开口教手下人该怎么去挖人隐私，也不用教他们如何写那些令人咋舌的东西，他用手里的奖惩机制就可以告诉他们该怎么做。为了绩效工资，人人都在拼抢收视率，拼抢发行量，绞尽脑汁制造噱头夺人眼球。

这几年选秀类的娱乐节目十分火爆，有些栏目也邀请我去当评委。我还是那个话，其实我真的不反对娱乐，不光不反对，还觉得我们的娱乐化程度不高。老百姓活得真的挺累的，需要一些轻松的节目调剂一下，我绝不介意为他们提供笑料，问题是自己都还没把这些东西捋顺。我做人的一贯原则就是这样，在把某件事真正弄明白之前，还是不参与、不妄加评论为妙，即使评论我也说得比较中性。到了这个年龄，老天爷给我改正错误的机会已经不多了。还是稳当点，安心做好分内事吧。

从 2001 年《艺术人生》诞生，到 2010 年，《艺术人生》整好十周岁了。这一年我从王峥手里接过指挥棒和计算器，担任起了《艺术人生》的制片人。

早在 2002 年的时候，文艺中心领导就找我谈过一次话，有意让我接手《艺术人生》的制片人。当时《文化视点》栏目刚开播，王峥受命担当制片人，她同时还是《艺术人生》的制片人，台领导担心她忙不过来，想给她减负。我没答应，当时自己更倾向于专心主持。制片人是一个行政岗位，除了管人、管钱，负责整个栏目的管理和运作，还要操持每期节目的策划和制作，事无巨细，十分琐碎。那时候我和王峥合作得非常愉快，我们两人算是互补，她全身心投入到整个栏目的运作中，我则一心一意主持好节目，权责分明。有时候我会提出一些管理上的建议，但不会干涉她的最后决策。业务上亦是如此，她带领整个团队策划前期做后期，但也一定不会干涉我的想法，录制过程则完全由我自主操作。这么多年，《艺术人生》的演播现场形成了一个不成文的规矩，只要一说"开始"，由主持人全权掌控，没有任何人会指手画脚，从开始到结束，一气呵成。很多栏目的主持人都不会获得如此高度自由的发挥。由于王峥的协作和信任，我很幸运，得以施展所长。这一合作，就是十年。

2010年王峥调任，几乎抽掉了《艺术人生》的一根主心骨，这个栏目站在了命运的十字路口，此时我和它都面临两种选择，接手或者不接手，生存或是死亡。从1993年进入中央电视台以来，我先后主持过《东西南北中》《中国音乐电视》《音乐直播厅》等栏目，但从没有一个栏目像《艺术人生》这样，一开始就有我情感的介入和创意的加盟。在这种情形下，我其实没有选择了，几个资深编导说："朱哥，你就带着我们往前走吧。"于是我就成了制片人。

从前不在其位不谋其政，现在职业角色既然从主持人转到了制片人，那就真正是"成也朱军，败也朱军"了。制片人不仅要抓好节目质量，还要对节目的经济效益负责，让节目叫好又叫座。

我接手《艺术人生》之后，从外围到内在都在尝试改变，希望让它的肌体更加健壮，更富有生命力。有的观众可能会瞧出一些端倪，舞台变大了，布景更现代了，LOGO变得晶莹剔透更璀璨了，氛围变得温馨逗趣更轻松了，还增加了一些表演环节。我接手的第二个星期就将片头做了改动，把它从原来黑白色画框似的布景，变成了金色水滴线阵，借用水滴的概念，寓意每一个人就像大海里的一滴水，人人都能彼此融合，汇聚成大海般无穷的力量。线阵的中央还有一块大屏幕，当大屏幕亮起，透过一丝一丝的金色线阵还能看到里边，就像罩了一层柔光罩，这也跟节目的定位有关，即人生不要过于直白，有时候温柔含蓄更美好。

这是节目外在形态的一些调整，内容方面我也努力创新。丰富节目的主题，拓宽受访嘉宾的范围，甚至还可以邀请普通人做客节目现场。虽然大刀阔斧动起来并不容易，但我还是会想办法推陈出新，让节目时刻焕发出生命力。但有一个前提，就是一定要保证它的品格、品位和品质，绝不会为了产生某种经济效应，在节目中随意挖人隐私，断章取义。

师父范曾先生也特别支持我的工作。《艺术人生·温暖2010》十周年特别节目时，先生专门到现场发言："艺术人生给我们展示了一个什么？展示了每个艺术家都有他自己独特的人生故事。"寥寥数语，一下抓住了《艺术人生》的魂，受到他的点拨，我忽然有了些灵感。《艺术人生》原来的制作模式是回忆、感悟人生故事，现在不妨试试改变人生断面，让事件先行。说白了就是讲故事，但是调整故事的讲述方式。曾经是冒险的叙事，现在就变为叙事的冒险。虽然国内的艺术家们几乎都被采访了一遍，但是随着时间的推移，他们也在变。从每个艺术家的个性出发，换一个角度切入他们变化的人生，换一种方式捕捉他们不同时期的回忆，萃取对大众有启示意义的人生节点故事。

虽然我对当下充斥电视屏幕的娱乐持保留态度，但还是抱着一个开放的心态，欢迎健康娱乐的加盟。除了调整节目的形态，我们也正尝试往节目中添加游艺成分，充分调动嘉宾的表演性和观众的互动性，增强节目的观赏性和娱乐性。比如宋祖英来做客《艺术人生》，我相信观众们不光想听她说什么，还想听她给大伙儿唱什么。虽然目前还没有找到一条通途，但这方面的尝试还是有所成效的。

创新，说起来很容易，真正实行起来却很难，因为十年的模式和陈式，时时在掣肘着我们。我常和团队的成员说，我们要回归本真，要在有意无意间自然而然地运用技巧，不能太程式化，太斧凿雕琢，自然是最好的状态。我们虽然在寻求一种改变，但是这个改变需要恪守一个道德底线。

每个行业都有每个行业的标杆，我曾想把《艺术人生》做成类似《今日》《60

分钟》这样的长寿节目，也曾经试图寻找自己的职业偶像，复制前人的成功之路。寻寻觅觅了一圈，最后却找不到那根标杆。不是自大，因为无论研究谁，赛弗也好，休伊特也罢，你会发现别人的路终归不是自己的路。社会体制不同，国情不同，生活轨迹不同，文化背景不同，和那些西方媒体大佬几乎没有可比性。所以我现在索性不给自己设立什么标杆了，只把握住一个大方向，那就是让生活更美好，到老的时候少一些遗憾，到老的时候没有那么多纠结，到老的时候没有那么多恐惧。

活着就是人生的艺术

一年四季兜兜转转，很难抽出时间陪伴家人；经常在电视上露脸，大众辨识度较高，也难得像普通人一样过普通人的日子。带着儿子逛花鸟市场，同样一盆花，卖给我岳母七十五，卖给我三百五，老板还说，这是折后友情价。

有一回朋友来我家，问我："每周你抽出多长时间陪你儿子啊？"算上吃饭睡觉，我说："三分之一的时间吧。"没想到我家那小子在一旁毫不留情地反驳："连三分之一的六分之一都没有！"

平常工作忙，一年也进不了两次电影院。难得偷个闲去看场电影，差不多等电影开演了，灯暗了，才拉着妻子悄悄地溜进去。两个人躲在黑糊糊的角落里，安安静静地看一两个小时，等字幕刚出来就走了。这么看电影总是没头没尾，显然不适宜看剧情片，那就看文艺片吧，细细品味影片中那股内敛含蓄回味悠长的情绪,至于片头片尾的缺憾,就用自己的所思及感悟去填补。
……

有一年领"中国电视节目六十年六十人"奖,我发表了一番获奖感言:"十多年前,有一个声音召唤着我,把我从黄河之滨的西北重镇兰州召唤到了中国首善之区北京,一路上我不敢停歇,追赶着前人的脚步,聆听着后来者的足音,这一路上不敢有丝毫懈怠,一路奔跑走到今天,我要感谢所有支持我的观众,感谢这个伟大的时代,感谢中央电视台,给了我这样一个平台。"后面一段编导可能觉得具体到个人了,就剪掉了,但其实这段才是我的心里话:"感谢杨伟光台长,当时您慧眼识珠(朱),"当时现场就乐了,因为我刚好姓朱,"把我调进了中央电视台,才使得我有了这片天地;感谢赵化勇台长,当年是您把重担压在了我的肩上,把我累成了今天这样。但是我累得坦然,累得高兴,乐此不疲。最后我感谢我的儿子,感谢我的家人,我想对我儿子说,实在对不起你,因为爸爸干了这么点事,把你耽误了十年,你原本今年18岁才对,"下面观众就更乐了,"可你今年只有8岁,但是请你相信,你的爸爸会用自己的努力,让你在18岁成人礼上,告诉你所有的伙伴,我为拥有这样一个父亲而感到骄傲和自豪!"

每一个父母都对孩子深怀希冀。我和妻子对儿子这一生最大的期许,就是过正常人的生活,在一个比较正常的环境里,健康平安地成长为一个真正的男子汉。

毛头刚学会说话那会儿,看见我在电视里,还很兴奋,伸出小手咿咿呀呀地冲着电视机里的爸爸打招呼。现在年三十晚上,孩子他妈打开电视,问:"看看爸爸怎么样,帅不帅?""帅。"他飞快地敷衍了一句,头也不回地继续盯着鱼缸里的鱼。在他出生之前我就站到了那个舞台上,他觉得这事挺正常。

他还太小，不懂得春晚的舞台对爸爸意味着什么，也体会不到一个人需要付出多少的努力，才能站在那个舞台上。

儿子五六岁的时候，我带着他去三亚主持谭盾的音乐会。音乐会结束后，很多人跟在后面要我签名照相，那天因为孩子在，我没有停下来，领着他走得飞快。在那过程中，孩子忽然仰起头，眨巴着眼睛，用一种奇特的眼神望着我。上了车，关上门，儿子蹦出一句："爸爸，我觉得当一个主持人也挺好的。"那是他第一次用崇拜的眼神看父亲。他现在一天天大起来，不好意思再说这些话，有时候别人问他："你长大想干什么呀？像爸爸一样？"毛头脖子一扭："我才不呢。"

因为打小就对明星们司空见惯了，所以他压根儿也不觉得明星很神秘。他见到歌唱家和演员，那些叔叔阿姨冲他招招手："毛头，跟我们照张相！"他没有任何反应。郎朗来了，我说："毛头，你是弹钢琴的，这可是你应该崇拜的人。"他才让郎朗抱着他照了张相。

儿子小的时候喜欢看《天线宝宝》《变形金刚》《喜羊羊和灰太狼》之类的动画片，现在他爱上了看战争片，还有《动物世界》《探索发现》《科学之光》等节目，但他对文艺晚会则兴趣索然，他自己抓着遥控器的时候，一见文艺晚会就换台。

迄今为止，我都没有想过让孩子具体往哪方面发展，那是他自己的事，未来由他自己去选择，我一定不会干涉他的自由。唯独在弹钢琴这件事上，我们和他铆上了劲儿。孩子五岁的时候，我们打算对他进行素质培养，我说了几样兴趣课程，让孩子选，他也不懂，凭直觉选择弹钢琴。我说："行，说好了，你得弹。"就给他买了一架钢琴。小孩子没长性，弹了一阵子，嫌烦说不弹了，我说："那不行，当时是你自己选择要弹的。"

现在每天督促孩子弹琴不亚于一场战斗。每天练琴前，不但孩子要经历一次心理阵痛期，孩子他妈也挺痛苦的。有时候到了练琴的那个点，梅梅一个劲儿自我提醒："今天别发火，今天别发火。"但一看到毛头种种抵触、消极、敷衍、不合作的态度，手指头有气无力地在琴键上摸来摸去，之前的预防针就全然失效，她还是忍不住烦躁起来。

有时候我在书房看书或者画画，听到琴房里头孩子在断断续续地弹琴，梅梅在喋喋不休地唠叨，她能够从毛头弹出第一个音符开始絮叨，一直持续到孩子弹完最后一个音符："怎么搞的你？你这个琴是怎么弹的？你那个手就不注意……"

当我的忍耐到达极限的时候，就冲进琴房，先告诉梅梅："你不能这么说孩子！"回过头来警告毛头，"朱思潭，你不能这样，这一课已经上了两个星期了，你还弹成这样，要这样我就把钢琴给你砸了！"没想到这小子还挺会过日子，一听，吓坏了，连忙伸长双臂趴到钢琴上死死护住："嗯，这好多钱呢，不能砸！"

坚持让他弹琴，除了锻炼他的素质以外，我还想通过这件事告诉他，一个人干事不能半途而废，你虽然现在还是个男孩子，但是你也是个男人。弹钢琴是你自己做的选择，你得对你自己的选择负责，你不能今天热血来了就要干这个，明天没兴趣了就不干。既然选择了，就得坚持，再痛苦都得坚持下去。梅梅喜欢把孩子的时间安排得满满当当，有时候我都劝她别把孩子搞得那么紧张，但是为了弹琴这件事，我没少跟孩子发火，甚至有时候在他脑袋上、屁股上拍两巴掌，就是为了给他树立一种对自己负责的意识。

小的时候他摔倒了，姥姥第一时间就冲过去，我赶紧制止岳母："妈，你等会儿，让他自己爬起来，不行的时候再帮他一把。"这些东西看上去好像都很简单，但在孩子成长过程中都会起到潜移默化的作用。这个年龄的孩子简直就像一块海绵，吸收能力快得惊人，父母的言传身教对于他们的性格塑造尤为关键。我在练习书法，毛头受了影响，也抓着一支毛笔在报纸上涂来画去。我和梅梅一合计，就又给他报了个书法班。

有时候和其他的父母聊天，有人很自豪地说："我儿子都不会说汉语！"我半开玩笑道："你儿子是中国人吗？我儿子会英语，但是汉语一定比英语好！"有人说："我们的儿子喝咖啡！"我说："我儿子茶都不喝，就喝白开水。"人家说："我们上某某贵族学校！"我说："我孩子就是上特别普通的小学，正常就好，我觉得这个比什么都重要。"

谁家的父母不爱子女，为了给孩子营造一个比较好的学习条件，在他上学之前我也早早地做了准备。北京几所有名气的学校，我都实地了解了一遍，学校的活动也都参加过。但是当他到了6岁，真正到了要上学的时候，我最终还是选择了一所知名度不算很高的学校。这个学校既没有亿万煤老板的孩子，也没有高官的孩子，都是普通市民家庭的孩子。我觉得孩子应该在这样的环境中长大，不要有什么优越感，也别有什么自卑感，正常就好。

有一次，孩子指着马路上的公交车兴奋地对我说："爸爸，那个双层的公共汽车很好！"我心中一动，跟家里人说："你带他去坐两回，再带他坐两天地铁——拣上下班高峰期的时候。"说实话，他是朱军的儿子，这本来就没有什么特殊的。再往深层次想，孩子生长在这个家庭，对他是福是祸都尚未可知。我所能够看见的是，在他出生百天的时候，周涛曾经半开玩笑地对他说："朱思潭先生，我们对你的要求也不高，你超过你爸爸就行了。"一句戏言，但是回过头来一想，我将来可能会是立在他面前的一座山，也许是一座他这辈子都在试图翻越的山。因为我是当儿子的，在我心里头，我觉得父亲是至高无上的,是每个儿子人生当中的第一个偶像和目标。等他再长大懂事一些,上了中学的时候,肯定就会有人说这是朱军的儿子;反过来也会有人说,你是朱军的儿子有什么了不起的?而这些都需要他自己去面对。所以我觉得,愈是这样,他愈需要在一个正常的环境中成长学习。当然,生长在这个世界上,没有人情不可能,我和学校的老师、校领导都很熟,大家关系也都很好,但是有一点我反复地和他们说,认真地告诉他们:"咱们关系好,不代表你们要对我的孩子有任何特殊的照顾,该是什么就是什么,你们该请家长请家长,该怎么教育他就怎么教育他。"

让孩子在正常的环境中学习生活,才能使孩子养成一个良好的心态。孩子快十岁了,虽然也调皮,有时候不安分,但他性格很乐观,内心很阳光,

我希望儿子在一个普通的环境里成长,拥有快乐的童年,体验简单的幸福。

没有那种所谓的家庭自豪感，也没有那些莫名其妙的优越感，这是我和他妈妈感到最欣慰的。

我们家是典型的"上有老，下有小"祖孙三代模式，孩子姥姥和我们一起生活了十年，血浓于水，每个成员都是家庭中不可或缺的一份子。儿子放学一回家就喊："姥姥，我饿了！"临睡前问："妈妈，我明天穿什么？"双休日的时候，拽着我的手往门外走："来，爸爸！"让我带他去跑步游泳打游戏。以爱相守，彼此扶持，一个完整的"家"永远在我们心目中占据着最重的分量。2011年9月，我们家光荣地被评为首届"中央电视台五好家庭"。

有人说爱情需要谋略，爱情需要设计。我其实特反感这样的观点。身为西北男人，我习惯以行动去取代语言。有一年，我们去深圳华侨城主持活动，无意中我看见董卿手上戴着的一块时装表很漂亮，就向她询问了一下这块手表的牌子。那次也赶巧了，我正巧随身带着港澳通行证，正好在深圳停留的时间也比较长，有三四天。有天上午休息，我就约了一个朋友，借了一辆能进香港的双牌照车，一早就从华侨城出发，直奔香港。进店一看，表是一对，一只男款，一只女款，我没舍得给自己买，就给媳妇儿买了一块，打包开票，拎着盒子就返回了深圳。回到酒店，我把东西搁在房间的行李柜上。下午董卿他们一群人跑到我屋来串门儿。大家坐在沙发上聊天，聊着聊着，董卿眼尖，一眼就看到了那个装手表的包装盒，问道："这从哪儿来的？"我说："刚买的。"董卿有些惊奇："你什么时候去买的？"我说："上午趁你们还睡觉的时候，我去了一趟香港。"能看得出来，当时董卿挺受感动的，我朝她笑笑："也会有人对你这么好的，放心吧。"

2011年七夕，台里做了一次长达11个小时的直播节目《我们的节日——天下有情人》，我和梅梅接受朱迅和其他三位年轻女主持人的"审问"。她们抛给我这样一个问题：我为妻子做过的最浪漫的一件事情是什么？我几乎不假思索地回答道："三个字，朱、思、潭！"即使到了今天，我心里也在为着当初的这个创意暗自得意：每当念起这三个字的时候，都是娃他爸在挂念着娃他妈，娃他妈也在思念着娃他爸，而朱思潭则会一直想念着他的父亲母亲。

电视内的我和电视外的你一样，都在过着平常的日子。但是你们用手中的遥控器成就了今天的朱军，给我这个平凡人的生活中时不时带来一些格外的惊喜，朱军会永远珍惜！

最近几年我知道我的一些粉丝们自称"竹叶"，他们为我在网上开设贴吧、论坛、微博群，我特别感谢他们，他们原本跟我什么关系都没有，他们甚至没有机会见到真实的朱军，但是他们依然那么支持我，我真的特别感激。有一个广州男孩，上初中的时候就开始通过各种途径试图跟我取得联系，直到最近开通微博之后，我们才有了交流。他告诉我，他一直拿我当做一个正面的励志榜样，在遇到困难的时候，会想到我当时会怎么样，在学习开心的时候，也会想起我。现在他已经大学毕业了，有时候他会通过微博告诉我："朱军叔叔要学会接纳一个不完美的自我。"我知道他的用意。这让我感到庆幸和开心。

除了感激，我更想对"竹叶"们说，不要因为喜欢我而浪费太多的时间，因为一个人总是立体的，他们看到的只是朱军呈现在舞台上的一面，生活中的朱军他们并不了解，可能也没有机会去了解，我很感激他们喜欢我，但是别在我身上花太多的时间，耽误了自己的正事。说实话，除了我的父亲以外，我在成长过程中没有追过"星"，我不是很能理解他们，但是很感激。我希望和这些喜欢我的观众朋友保持一种相互尊重的关系，他们的那种热情，会激励我在做任何事的时候都三思而行，精益求精。

"竹叶"中也有相当一部分还是在校学生，他们常常问我所谓的"成功之道"。在青联的时候，我们曾经花了一年的时间就青少年教育问题做了大量的调研，发放数万份问卷。2009 年，我走访了不下 20 所中小学，直接面对数千个孩子，听他们讲述各自的经历和感受。这两年还主持了"国家发展与青年责任"座谈会以及一些大学生联谊会，我发现现在的学生，尤其是大学生心理负担都比较重，这些压力一方面来自于社会，另外一方面，我觉得孩子们还是应该学会用更加有效的方法，控制这种焦虑、紧张的情绪，让自己真正快乐地、健康地生活。

撇开政协委员和曾经的青联常委的身份，仅仅作为一个过来人，我想告诉大学生们，成功在自己的心里。有人事业发展得那么大，后来自杀了，这样的人生成功吗？在我看来，太失败了。而有的人，看起来平平淡淡，但是日子过得很幸福，这样的人生就挺成功的。成功不成功关键在于自己心里怎么想，成功的那杆秤掌握在自己手里，看你把秤砣摆在什么样的位置。所以不要盲目跟别人去攀比，因为太多的东西自己不能选择，所以也就没有了可比性。只跟自己比，只要你今天过得比昨天好，你就是成功的。要胸怀大志，更要脚踏实地。

做人要阳光，当你看到的都是别人的优点，你心里就会阳光。当你看到别人对你的好，你就会懂得感恩。心中有佛的人才能看到真佛。拜佛拜佛，其实拜的是自己，真佛就在你的心里。一步一步地走来，走到春晚的舞台，我经历了很多痛苦、磨难和艰难，我觉得能够支撑我走过来的力量，恰巧是心里的这份简单，恰巧是心里的这点阳光。遇事遇人的时候宁可先往好处想想，实在不行了，再往不好的地方分析。其实心态好了，往往发现身边有很多贵人，机遇就在看得见够得着的地方。

凡人在世，大都历经七难，生，老，病，死，怨憎会，爱别离，求不得。

最让人恐惧、令人难以接受的，大概就是死亡。这些年春晚舞台上的明星不断有人逝去，比如赵丽蓉老师，比如高秀敏。我不知道当死亡真的来临的时候，自己会如何。但就目前的心态而言，我还比较坦然。对于生死的看法其实也是一种生命态度的折射。每个人打从生下来开始，就在往八宝山集结。

得知朋友去世，我一方面会感慨生命的脆弱，另一方面也会告诫自己珍惜当下，珍惜现在的生命，珍惜生命里的每一个朋友。在殡仪馆，看到昔日的好朋友躺在玻璃棺材里，宛若生前。过半个小时，他们就被装到小盒里被人抱出来了，从此就在这个世界上消失了。当某个人在世的时候，我们都说他多么伟大，多么了不起，多么离不开他，但是当他真正离开的时候，大家该干吗还干吗。罗京走了，《新闻联播》一天也没停过；小帆去了，《艺术人生》照常运转。这样的经历多了以后，我会时不时地告诉自己，珍惜当下，凡事不要太较劲儿，不要太较真儿，能够踏踏实实、坦坦荡荡、从从容容地活着，比什么都重要。

《艺术人生》的宣传口号是"用艺术点亮生命，用情感温暖人心"，这是徐小帆想出来的。当初我们一块儿探讨宣传语的时候，我跟小帆说："我想了一个，'艺术人生细细品味，人生艺术好好活着'。"现在回过头来想，我的这个宣传语挺好的，人生在世，我们每个人都需要细细品味属于自己的艺术人生，如果讲人生艺术，还有什么比好好活着更重要？当你不让自己那么焦虑，学会宽容，懂得如何放松地在这个世界上好好活着的时候，也就能坦然面对迟早有一天将要面对的死亡。

7·23动车事故发生后，伤亡者名单上有一个跟我同名同姓的人，还有一位名叫张也，这就引发了很多人的联想，也引来了很多朋友的问询。一天我接到了好朋友郭斌（乒乓球世界冠军王楠的爱人）的电话，最初电话里传来一阵

"我就是一个老百姓,要平凡地来,平凡地走。"赵丽蓉老师在带给我们无数快乐后,静静地走了,留给了我们太多的回忆。

奇怪的声音,半天没有人说话,我问:"喂,怎么着,弟弟?"我开始还以为他在笑,"怎么了,你有什么事?""你挺好的吧,哥?"我说:"挺好的。"郭斌问:"说说你在哪儿呢?"我答:"我在外地。"他一听就紧张了,连声问:"外地,在哪儿?""我在云南。"这时候我才反应过来他是在问这个事,并且才听出来他刚才分明在哭,我连忙安慰他:"弟弟,没事,我在云南,我根本不在那个动车上,已经有人打电话问过这个事了,我没事,好好的,过两天我就回去了,回去再聚。"后来才知道,郭斌看到"朱军"这个名字出现在动车受伤者的名单上时,伤心地号啕大哭。他又抱着一丝希望给我打了一个电话。那天也真不巧,我正好在一个没有信号的地方,他打了好几次电话,都是"您拨打的电话无法接通",郭斌就更受不了了，又不敢给谭梅打电话求证。大概过了半个小时，他还不死心，便继续给我打，终于拨通了，于是，才有了刚才那通电话。

回北京以后，有一天晚上大家在一起吃饭，郭斌见了我有些不好意思："哥，实在不好意思，那天实在忍不住……实在对不起，给你添堵了！"我给他满上一杯，对他说："弟弟，别自责，这不是什么不吉利的，这实在是一份难得的兄弟情谊。"这不是在安慰他，能拥有这样的挚友，为你高兴为你哭泣，实在太可贵。

说得宿命一些，人的生命长度是老天爷给的，可能自己都无法去掌控。如果我们没有办法去掌握生命的长度，可以想办法增加生命的宽度。去做一切有意义的事，让自己的生活尽可能充实起来。当你把生命的宽度增加的时候，恐怕你也就让自己延年益寿了。

知道路在哪里，明白自己在做什么，清清朗朗，就能把握自己。尝过红尘况味，明了世间百态，回归平平常常，简简单单，就是真正的人生。

第06章
这一刻，与国家同行
CATCH MY MOMENT

当我身处异乡为异客的时候，"中国的朱军"成为了我唯一的名片。借助中国的力量和艺术的魅力，我和我的朋友们一次又一次地向世界展示中国的风采。我为我有幸参与这些特殊的时刻而感恩雀跃！

红男绿女，笑看娱乐风云

我曾经开玩笑说："杨澜是我生命中最重要的几个女人之一。"众人皆笑，而了解个中缘由的人都明白，我是真心感谢她，杵臼之交加知遇之恩，这样的评价并不为过。

我和杨澜命运的交集很有意思。十多年前借着她一句话的引子，我毅然离开兰州，来中央电视台发展，而这一年她却选择了离开央视，去追寻自己心中更广阔的天地。面对杨澜的选择，我曾经不止一次地问过自己，你朱军做得到吗？结论是肯定的——做不到。尤其是在体尝了从兰州到北京的白手起家之苦过后，让我再一次放弃眼前好不容易得来的一切，只身漂泊海外，重新经历一番筚路蓝缕，另起门户，我真的没有这个勇气，或许正因如此，我才对她越发佩服。

我们平时见面机会不多，通话也很少，但是一直都以老友的姿态远远地关注着对方。彼此都会有陷入难关的时候，而我们心里都明白，除了靠自己别无他法。廉价的问候不能解决问题，只能徒增烦恼。在少有的几次见面中，谁都不会提及当前困境种种，风轻云淡的玩笑背后，是深层的理解和支持。

2005年春节刚过，我和杨澜终于有机会坐下来好好聊聊天了。但这次杨澜的身份有些特殊，她作为《艺术人生》的嘉宾走进了我们的演播室。简短的开场白过后，熟悉的音乐已响起，却半晌不见其踪影。正当大家纷纷疑惑之时，她才笑吟吟地姗姗来迟，手里拿着一红一绿两个纸巾盒，煞有介事地解释道："人家都说上朱军这个节目要做好流泪的准备，我专门去找了两盒纸巾，一盒给你一盒给我。"她顺手把红色的纸巾盒递了过来，还向台下的观众使了个眼神，好像在示意"咱逗逗他"。真没想到，她一上场就给我来了一个"下马威"。两人落座，中间的桌上摆着一红一绿两盒纸巾。"杨澜永远这么善解人意，正好是红男绿女，真好。"这句无厘头的调侃算是回敬了她。有人说这期节目的看点就在于"两个以谈话为职业的主持人如何火星撞地球，针尖对麦芒"，可能只有主持人多年的职业习惯才能碰撞出这种非一般的精彩，在温和的较量中，现场已是笑声一片。

"红男绿女"虽是无心之语，但恰好暗合了这个时代的风貌。也就是在这个年头，以《超级女声》为首的选秀、造星运动风生水起，一群20岁左右的孩子在舞台上上演着所谓的"PK"大战，一夜成名的诱惑催生了电视机前无数同龄人的迷梦，其他地方卫视也加快脚步攻占娱乐世界的桥头堡，中国已然进入了一个全民狂欢的时代。这股娱乐化浪潮表面上看是依附于社会转型期商品经济的繁荣和信息技术的普及，为生活节奏愈来愈快的人们带去时尚信息，不断地刺激他们的感官。但从社会层面解读，我觉得与整个社会的浮躁心态和媒体的急功近利大有关系。许多所谓的"时尚"仅仅是昙花一现，不需要给人们留下口碑，也没想过对社会负责，一个阶段炒一把是一把，在这种状态的驱使下，怎么让人内心安定得下来？"超女"现象，作为商业运作无疑很成功，但在这场活动中，赢家不是孩子们，而是商家。

就在我和杨澜这次见面前半个月，我参加了由中国视协主持人专业委员会、阳光集团在上海联合举办的"2005 国际电视主持人论坛暨年度颁奖盛典"，这是中国电视主持界规模最大、规格最高的一场盛会。从 1980 年到 2005 年中国出现真正意义上的主持人刚好 25 个年头，大会邀请了国内外同行一起回顾并总结这一历程。机会难得，我们特意在会议期间把《艺术人生》的演播室也搬到了上海，这也是开播四年多以来的首次移师。本期节目定名为《理想 2005》，邀请杨澜、白岩松、王志、崔永元、张越等多位观众熟悉的主持人担任嘉宾，多位同行的轮番发言使得节目现场颇像一场温情版的"业务交流会"，其间也不乏针锋相对。当我提到在娱乐时代，收视率这根准绳是否改变了心中的理想时，白岩松表示这也正是他很困惑的问题："两对矛盾，一对矛盾是商业跟新闻是一个什么样的答案，还有收视率跟良心又是一个什么样的答案，其实我觉得我的答案不清晰。"与之形成鲜明对比的是杨澜的回答："我总觉得这两个是可以结合在一起的……如果我们没有平衡好收视和我们要做一个好节目的话，那只是因为我们的功底还不够，而不是其他。"与他们的唇枪舌剑相比，我显得安静许多。娱乐风潮迎面扑来之时我也不适应，看到他们的纠结深有同感，但要我对其做出点评则不太可能，因为我自己心里对此还没有捋顺。没有调查就没有发言权。我们经常自豪地宣称中国是拥有五千年文明历史的泱泱古国，多少积极向上、催人奋进的文化值得传承，为什么一个《超级女声》就能万人空巷，全民沸腾？当一件事物出现并为人所喜欢的时候，一定有它的道理，在还没有弄清这个原因之前，就贸然批评它，未免有失公允，所以我一直告诉自己："无论你喜不喜欢，存在即是合理，你可以不接受，但不能反对。"

　　我虽然没有在会上公然反对，但心里确实有些难以接受。尤其是看过评委对选手做出的那些"语不惊人死不休"的评论之后——

"你全身都在抖，裙子也不例外，很冷吗？"

"这个赛区选手的心理素质太好了，怎么说都不哭。"

"你唱得像幽灵一样，别吓着后面的选手。"

……

接受他们点评的选手大多不过二十来岁，其中不乏在校学生，他们怀揣音乐梦想，鼓足了勇气来到这个备受瞩目的舞台，满心渴望能得到专业人士的认可，不料招来的却是一通人身攻击。最后只好在别人的奚落中，仓皇下台，惨淡收场。杨澜曾经说过，每一个莽撞少年，带着青春年少的梦想，刚从学校走上社会的那种心情，就像等待被裁判一样，紧张、忐忑，甚至脊梁骨发凉。登上选秀舞台，或许是大多数学生选手经历的社会"初裁判"，我们无法推想这样一个草率并带有些许玩世不恭的"判决"，会对他们的人生产生什么影响。

身为父亲，也许我能揣测电视机前观看他们比赛的父母是何种心情。有一天，我打开电视，看到两个所谓的评委正在对着一个像我儿子一般大的孩子指指点点。他们两位的形象就足以让人大跌眼镜，一位男评委只有半面头发，还染成了五颜六色，另一位我瞪着眼睛看了半天都没有分辨出性别来。他们能提出什么有益意见？难道要让我们的孩子向他们的方向发展吗？在这些节目中，孩子们的表演也是越来越成人化，不合时宜的劲歌热舞总能引来阵阵叫好，真不知道这到底是培养了孩子，还是仅仅娱乐了大人。娱乐风潮固然不可抗拒，我也不知道娱乐和理想之间的黄金分割点到底在哪里，但这种拿孩子寻开心的做法无疑挑战了我的道德底线。

但是这并不能让我全盘否定这种娱乐浪潮，毕竟在这种运作方式下，也推出了不少优秀的歌星。我个人比较欣赏2005年"超级女声"亚军周笔畅，她有质地的歌声让我们透过黑色镜框看到了她对音乐的独特理解。如果她不参加"超女",说不定在"青年歌手大赛"上也能取得一个不错的名次。对于这些有实力的选手来说,只是换了一个平台而已。作为过来人,我当然知道台上一分钟,台下十年功,没有谁能够随随便便成功。而舆论的引导让人们看到的是——昨天她还是一个流着鼻涕泡的邻家女孩,今天就成万众瞩目的明星了,所以才有那么多少不更事的年轻人对此趋之若鹜。

当年我和两位《超级女声》的选手共同参加了一个活动,后来有人强烈要求"超女"上《艺术人生》。记得我当时说:"我非常理解大家的心情,但是我们需要对这些孩子负责,她们还需要历练,时机成熟时,我会请她们来。"对此后来有一些传言,有人对《艺术人生》提出过一些诟病——"为什么一定要采访德艺双馨的老艺术家""都全民娱乐了,留着你的眼泪,省省你的煽情吧"!

那两年是《艺术人生》受到质疑最多的一段时期。娱乐记者时不时地就会跑来诘问我有关"煽情""德艺双馨""下课"等问题。仿佛在一夜之间,就从《是什么力量让我们泪流满面》的认同变成了不堪的煽情说。我做梦都在问自己:"我到底是哪里做错了?"我找专家交流,看书自己寻找答案,可是真理仿佛无迹可寻,我越来越迷惑。说到煽情,至今我都觉得有情才能煽得起来,这些老艺术家之所以常常在节目现场眼泪涟涟,是因为找到了一个能够倾诉的对象、一个可以抒发感情的出口,他们才愿意提及这些过往,而听到那些伤情的往事时,我总不能像石头一样无动于衷吧。

不光在节目中,日常生活里我也很容易被感动。随着年龄的增长,我的内心非但没有变得麻木,反而更加善感了。因为经历多了,很多别人的痛苦都感同身受,共鸣也就随之产生了。前一阵《山楂树之恋》热映时,我和蔡国庆等一些演员去云南西南高原——故事发生地参加活动,晚上10点多演出结束时,当地领导热情地邀请我们观看了这部电影。当屏幕上出现静秋全家糊信封的场景时，我想起了小时候母亲糊信封贴补家用的情景，不知不觉间，我早已泪流满面。一个大男人看电影还流眼泪多少有些难为情，无意间转头，却发现蔡国庆也是泪光闪烁。我心里释然了，触景生情，真情流露，流泪如何不丈夫？

　　在电视屏幕上，我出镜频率最高的节目是《艺术人生》和春晚，很多人因此认为朱军只会"动情"和"煽情"，缺乏娱乐精神。这类说法可以理解，但其实比较片面。假如娱乐有长度，以节目为圆心，以娱乐为半径，画一个圆，我自问从没游离开那个圆。认真论起来，我算得上是国内第一拨综艺娱乐节目主持人。最早可以追溯到1991年，那时候我还在甘肃电视台，主持过一档综艺节目《花好月圆》，当时甘肃电视台的意识很超前，节目理念也十分新颖，它的节目形态类似于后来湖南卫视的《快乐大本营》，有现场互动和真人秀。节目轻松幽默的风格很快就得到省内观众的认可，收视率一路攀升，成了台里的王牌节目，广告商插播广告需要排队。有时候看着电视里那些娱乐节目，我不无自豪地认为自己早是过来人。

　　2006年，外界的非议带给我的困扰逐渐淡去，我的内心慢慢平复下来，开始进行新的尝试。当时《梦想中国》《星光大道》等综艺娱乐节目热播，我和梅梅也顺应潮流，一起策划了一档新节目——《艺军突起》。

　　酝酿节目形态的时候，梅梅的八八空间舞蹈艺术社也成立了。梅梅一边忙着筹办公司的诸项事宜，一边和我一道怀着巨大的热情招兵买马、排练节目、设计舞台、录制样片……参赛选手和现场观众大多数为80后，为了融入他们的气场，在节目录制当天，我特意穿了一身较为随意的休闲西装，头发也做了特殊处理，根根直立，与以往形象迥异。参赛的三个队伍"不一定队""圣斗4队""仙人指路队"在现场极尽搞怪耍宝之能事，表演过程中不仅又唱又跳，偶尔还来一个有惊无险的后空翻,他们出其不意的表现引得现场观众阵阵惊呼,现场一片沸腾。

我和梅梅都大受鼓舞,信心满满地把录制好的样片拿给台里的领导看。一看到我的造型,领导就忍不住先"笑场"了,我还在暗想,看来节目的逗趣效果不错,没想到,整场节目看下来,领导发了话:"这太超前了,朱军你不适合,还是保持现在的定位比较好。"

这番话让前期所有投入随之打了水漂,我和梅梅为了打造这档节目已经耗费了近60万元,投入的时间精力更是难以计量,现在的这个结果委实让人有些无奈,"艺军"最终没能突起。

虽然新的尝试无疾而终,带来些许遗憾,但我没有气馁,一直在思考衔接娱乐需求的规划。无论在文艺时代还是娱乐时代,我从来都没有停下追赶时代节拍的脚步。不管发生什么,我对电视的激情永远在心里,从来没有熄灭过。倒也赶巧,没过几个月,我意外地站到了一档娱乐节目的舞台上。那档节目叫《想挑战吗?》,是2004年央视三套跟德国电视二台合作引进的,节目形态类似于《夺标》《敢打赌吗?》这些欧洲的竞技类真人秀。借了人家的壳,但内容还是咱们自己的,节目组会委托上海大世界基尼斯总部,定期挖掘一些民间高手,上台展示诸如"手指拉汽车""弹弓开酒瓶"之类的绝技。这档节目的竞技性、表演性、娱乐性、互动性都比较强,是央视三套对综艺节目进行革新的一次尝试。这类节目在欧洲采用季播方式,每年只有一季,国内引进来之后做周播,每期60分钟。周播节目不像季播节目可以大型化,日常节目的规模都比较小。我第一次主持这个节目,完全属于临危受命。

2006年"五一"长假期间,《想挑战吗?》进行了一次季播尝试,做了一组连续七天全国联播的特别节目。这次季播是中央电视台和地方电视台一次规模比较大的合作，当时但凡有娱乐竞技节目的地方电视台，包括河南、湖南、山西电视台在内的七八家电视台，一块儿参与进来。每个地方台出一个主持人，带着他们的挑战选手到一号厅直播。前六天都是阶段性挑战赛，每天 PK 一场，连闯六关，到了第七天，要组织一场规模最大的综合性挑战赛，决出最受欢迎的终极赢家。那天所有地方台的主持人齐聚现场，中央电视台节目主持人作为总主持人，跟他们互动。

台里的两个年轻人主持了前五场。五场结束以后，夜里快 12 点了，我忽然接到台里一个电话，说台领导看了，地方电视台这些主持人来到中央电视台就极其兴奋，两位年轻主持人大概主持经验不足，掌控不住地方台的主持人，直播时间把握不好。不行，还得派一个有经验的主持人直播。据说那天夜里开会，赵化勇台长临时拍板，把朱军给我调来！

第二天下午排练的时候，我就赶了过去，台长告诉我，这个节目的播出效果非常好，但是从操作层面来讲，现场总是出各种状况，比较混乱。当时我就明白了。凡是经历过电视直播的人都知道，如果直播的节奏控制不好，现场一整套导播程序就无法按照计划进行，导播间得开着窗口，随时进行人工应急调度，这种临时操作极不稳定，容易让现场工作人员陷入被动，对制播同步的节目来讲非常不安全。因为时间对于直播现场来说不啻是生命，掌控好直播时间的重要性不言而喻。救场如救火，我临危受命，匆匆上台。

可能地方台的主持人比较给我们这些老主持人面子，再加上我的场上经验也足够丰富，所以后面两轮比赛主持得非常顺利，从头到尾，基本上按照预定章程走。当时某地方电视台派来一个年轻的男主持人，在现场长篇大论侃侃而谈。我一看表，糟！已经超出预定时间一大截了。我冲他招招手："你过来，介绍完了吗？"他正侃到兴头上，还没听出言外之意："还没介绍完。"

我赶紧掐了他的话头:"挑战的选手不用介绍了。这样,我给大家介绍一下挑战规则。"等我三言两语介绍完规则,他回过头来准备另起一番说辞,又被我按住。我大声问现场的观众:"怎么样,我们现在是不是马上进入挑战?"观众等了许久,情绪已经积蓄得相当饱满,再也按捺不住,现场立刻掌声雷动。

录完节目,那小伙子很不好意思,跑来跟我道歉:"朱老师,对不起,场上我一不注意,一没留神就有点那什么……"我笑了:"没关系,我都能理解。只是你们还年轻,对直播的意识也许不是很强。主持这类节目还好一点,但是有些直播是一秒钟的误差都不允许存在的,比如说春晚,一秒都不能差,到零点就是零点;比如说在重大的国家事件中,十点钟国歌的第一个音符一定要奏响,国旗就得往上升,那个时候甭说你多讲那么多,多一个字都不行。所以说这种直播意识要有。"作为同行,我特别能理解他。在一个全国性的大型联动直播舞台上,谁不想好好展现自我,把自己的幽默、活泼充分地表现出来?而且确实每个主持人都有各自的特点。我前面提到的这位主持人属于那种一见观众就兴奋的,我始终觉得,愿意和观众互动,在台上保持激情洋溢,这是作为一个好主持人的前提。

后来我们配合得很愉快,最后一场直播也进行得非常顺利。挑战项目都比较精彩,节奏也掐得正好,给选手留足了表演时间。每一个挑战环节过后,我还给主持人保留了一定的采访时间,让他们和选手互动,谈谈参赛感受,这样既给地方电视台主持人提供了展示的机会,同时挑战选手除了展现绝活以外,也能够有所表达。

帮了一场忙,结束的时候皆大欢喜,我以为该收工了。结果没过多长时间,《想挑战吗?》栏目的制片人杨东升找我来了,开门见山:"老朱,我有个事儿,还得你去啊。"

"去哪儿啊?"

"新加坡。这次跟新加坡电视台合作,你得去。因为现在还不知道新加坡电视台会派出一个什么样的主持人。咱们得有所准备,有所应对,你得去。"

我当时想的是,这个栏目很火,收视率很高,台里两个年轻的主持人都干了那么长时间,如果我中途插入这个栏目,对他们势必有所影响。从职业角度来讲,我已经不再需要主持这类收视率很高人气很旺的栏目给自己增光添彩,只是完成台里的任务而已。但是对年轻主持人来说意义不同,这个栏目是一个很好的自我锻炼和展示的平台。于是我问他:"可不可以不去?"杨东升斩钉截铁:"你最好去。你要真不去的话,我们也做不了决定。这个事我们已经跟台里汇报了,台里已经批了。""嗨!你们都给台里汇报了还跟我说什么事啊,直接通知我就完了。"咕哝了他一句,就又去了新加坡。

新加坡的官方语言虽然是英语,但是华人众多,所以大部分当地人都会讲汉语,交流完全没问题。新加坡电视台也很职业,每一期节目台里都会为主持人设计搭配好相应的服装,我连衣服也不用带,挺省事。对方派来和我合作的女主持人是华语台的一个小姑娘,显然她在当地也有一定的影响力。接连三天的现场录制工作,我与新加坡同行们合作得甚是默契。"不愧是来自中国国家电视台的主持人,朱先生真是太棒了!"除了托国家的福,也许还沾了资历的光,我在现场表现出来的应变力和控场力让他们由衷赞赏,我的那位搭档则半张着嘴巴,瞪大眼睛望着我,可以毫不夸张地说,完全是仰慕的眼神:"朱老师,我能叫你哥哥吗?"我心里也挺高兴,一口答应。就这样,我又很幸运地多了一位新加坡的小妹。

转眼到了第二年暑假,节目组又给我打电话:"事儿还得你干。"我有些摸不着头脑:"又怎么了?""你不干咱们拿不回钱来。"我更懵了:"什么意思?"

原来 2007 年 6 月,"燕京啤酒节"与《想挑战吗?》栏目合作,推出一系列在燕京啤酒广场举行的狂欢节演出,之前燕京集团的相关负责人看过 2006 年的《〈想挑战吗?〉——"五一"特别节目》和《想挑战吗?——走进新加坡》,指名要朱军主持。这是一次常规主持,轻松上阵,圆满落幕。

合作了一段时间,这个节目的收视率一下子上去了,在整个周末晚间段冲到央视三套的第三四名。有天杨东升跟我说:"老朱,请你吃饭。"我猜到他要跟我说什么,推搪了一下:"饭就不吃了吧。"老杨也不兜圈子了,劝我:"这个节目对你来讲又不费劲,挺轻松的,你再干一段时间吧。"

我跟杨东升还有一段渊源。早年我来中央电视台的时候,台里还没有栏目化,没有制片人制,那时候还实行科组长制。中央电视台《东西南北中》栏目,现在叫"栏目",之前叫"地方组",老杨当时是文艺部地方文艺组的副组长,我当年到北京,第一次和我正面接触、正式谈话的是杨东升。记得当时他打量了我一阵,开口问道:"你觉得你怎么样啊?"

初进央视,也不知道哪来的勇气,内心怀揣着满满一份"仰天大笑出门去,我辈岂是蓬蒿人"的壮志,我清清嗓子,毫不犹豫地望着他:"如果给我一个机会,我不敢说还你一个奇迹,但是,我肯定会还你一份惊喜!"

若干年后,我和杨东升也成了朋友。某次闲聊,旧事重提,他笑着点点我说:"你小子,实际上当时就定了要用你!"

"为什么?"

"你自信。当时你说完这个话以后,我觉得你特别自信,而自信又是主持人特别重要的素质。"

所以从某种层面而言,老杨也算是我的伯乐。既然台里的资深导演两次跟我提了这事,我也不好再推,就从节目的客串主持转为日常主持。大约又主持了一年，我还是退了出来，主要出于两点考虑：一则节目太多，我实在有些分身乏术；二则还是得给年轻人一些机会，当时这个栏目组里还有几名优秀的年轻主持，我要占着，他们永远出不来。

主持《想挑战吗？》两年，近距离观察娱乐节目，有了切身体验，我对娱乐的想法也就梳理得更明白了。说实话，对娱乐节目，我从未有过非议。有人喜欢吃蛋糕就一定有人喜欢吃发糕，有人喜欢吃米就一定有人喜欢吃面，各人口味不同，不能强人所难。在我看来，娱乐不等同于庸俗，娱乐也是一件很美好的事。所以我从来不拒绝娱乐节目，因为娱乐本身没有错。关键在于，娱乐得健康，娱乐节目不能覆盖掉其他类型的节目。文化不能像商品经济那样，纯粹依靠市场规律这只"无形之手"进行资源配置，那样很可能配置出一盘文化沙漠。在这方面，媒体应该担负起属于他们的责任，不仅要制造出眼球经济，更重要的是创作出能让人思考、具有一定意义的节目，尤其是在中国这样一个有着深厚传统文化积淀的国度里，健康、正常的文化产业不能只剩下娱乐，老百姓除了浅层感受以外也需要深层感悟。

何谓综艺节目？何谓娱乐节目？虽然没有明显的界限，但各自担负的功能不同。比如《艺术人生》，除了介绍明星和艺术家们台前幕后的故事，这档栏目还起着一个抢救艺术成果的作用，这对一个国家的文化传承非常重要。这些年《艺术人生》最大的成果是与几百名艺术家对话，让更多的年轻人了解老一代艺术家从艺和为人之道，并获得具有普世价值的人生启迪。我相信十年二十年后，《艺术人生》会积累下一笔巨大的精神财富，这笔财富不仅属于央视，也属于全社会。

而《想挑战吗？》则不同，这个节目的定位就是轻松、愉悦的娱乐节目。在节目当中，我的心态也变得很愉快、很放松，纯粹把它当成一台大型游戏来玩。头发不用吹,抓把发泥一揉就成;领带也不用打,脱下西装,轻装上阵,穿着衬衫就跳上台。

剧组也觉得轻松,第一不用给我备稿,因为这个节目根本不需要稿子;第二不用刻意设计游戏环节,现场都是即兴的互动,逮什么抓什么,信手拈来,顺口说来,完全即兴发挥,很好玩;第三连现场导演都省了,直接由我在现场调度,包括节奏、道具、比赛进程等。节目的播出时长是 60 分钟,渐渐地,每次我都会把录制时间控制在一小时一刻钟到一小时二十分钟之间,争取做到无剪辑播出。在丰台体育中心录制日常节目时,一天能录四场。

编导有些担心,在底下喊:"老朱,行不行?"

我在台上玩得正 High,冲他们眨眨眼:"没问题,录六场都没问题!"

我觉得作为一名节目主持人,脑子里始终要有一根弦,清楚一些基本的概念,比如"综艺",比如"娱乐"。"综艺",顾名思义,有两层含义,既是综合的艺术,又是把各种艺术形式综合起来的一个行为。一名优秀的综艺节目主持人,身上就要具备两种素质:综合多元的艺术涵养、统合艺术形式的能力。"娱乐"更多的是从审美接受的角度来讲:东西让人喜欢、行为让人快乐。"娱乐"这个提法有一点很好,就是重视大众的想法,从观众的立场出发,制作他们喜欢的节目。但我一直认为,"娱乐时代"四字不能总揽当代文化全局,有些理念还是应该坚守住,不应为了观众一时的喜好而偏废。在这个问题上,我很认同我的一位同行——湖南卫视节目主持人汪涵对"综艺"的看法,他尝试从古典精华汲取"六艺"来解读"综艺"节目:追求"诗"的优美和节律;"书"的深邃和博大,讲究节目里不可哗众取宠;与嘉宾需要有"礼"的克制与辞让;节目内容需要像"易"一样的变化与神秘;把握"乐"的律动与节奏;"春秋"的大义和分明,千万不可造次。有礼,有节,有所为,有所不为,追求节目的形式美（包括艺术欣赏价值和娱乐价值），注重人文关怀，坚守道德底线，并具备一定的社会责任感。这样的方向，我是十分认同的，做节目时我也一直在尽力摸索、尝试。

与外国同行的暗战

主持《想挑战吗？》期间，我还随着《想挑战吗？》的步伐，走出了国门。这次挺有意思，德国人看了我的节目，觉得我主持得好，于是向我发出了邀请函。德国电视二台有位节目主持人叫托马斯·高萨克 (Thomas Gottschalk)，他主持的脱口秀节目《敢打赌吗？》（WETTEN DASS？）在欧洲相当有影响，非常火暴，其实这个节目也是《想挑战吗？》的母本之一。德方表示 2007 年夏季《敢打赌吗？》要在西班牙玛尤卡岛录一期节目，届时中国会派两名挑战选手过去，他们希望我也能参加，在现场跟他们的主持人托马斯有一个对接和碰撞。玛尤卡岛是地中海附近的一个小岛，节目将在岛上的一个斗牛场录制。

到了当地，我提议能否提前跟托马斯照个面，交流一下。他们表示托马斯很忙。当时我心里有点儿不高兴："我千里迢迢来到这儿，我不忙啊？我也挺忙的。"原来托马斯很大牌，他常年住在美洲，是为了避免在欧洲被打扰。有节目的时候他就坐私人飞机飞过来，做完节目就飞回去。欧美国家的电视体制是主持人负责制，托马斯主持一季节目，可以拿到 300～400 万欧元，主持人有影响，有品牌，有足够的号召力和资本实力组织起一支商业化的大团队，公司化运作非常成熟。欧洲主办方这群人是靠托马斯吃饭的，对他敬若天神，节目组当然维护他的利益。他们讨论了一阵，跟我商量，让我在节目开始前托马斯热场的时候，和他见一面。我心想，那还跟他见什么啊？心里堵着一口气，我直接回绝他们："这样的话就甭见了，我用不着见他。"

节目开始之前，我在现场，托马斯向我走过来。他看起来比我大两三岁，见到他主动向我示意，我也不能没有礼貌，于是两人握了握手。托马斯的主持风格类似程前。节目开场，他先给德国观众和西班牙观众介绍，说这是来自中国中央电视台的朱军先生，说我在中国的影响力就相当于他在当地的影响力。当时我心里颇有些不忿，立刻纠正道："不，不能这么比，我在中国跟你在这儿还不太一样。"

他有些诧异："怎么不一样？"

"我拥有全世界最多的观众。中国人口基数大，一场晚会有上亿观众看。"从他当时的反应来看，他大概没想到我会去主动挑战他，显然他有些惊讶。

我笑道："对，这不是正契合节目的主题吗？"

于是两人相视大笑。

这是我第一次和欧洲同行合作。通过与托马斯团队的沟通与交流，我得以近距离观察一个欧洲职业化的电视团队，他们严谨细腻的工作风格给我留下了深刻的印象。尤其是他们的工作脚本，值得我们借鉴。欧洲节目的工作脚本、主持台本比我们细致得多，厚厚一沓，和日本的脚本形式很像。主持人的机位摆在哪里，某时某刻给主持人近景还是中景，主持人见了观众以后所有的状态、对话，在他们的主持台本上都会——标明，甚至会精确到在哪个机位讲哪句话，满纸印着诸如"1分30秒3号机中镜，中景"、"10秒钟切1号机全景，结束以后换鱼眼，下接小全景"之类的视听技术词汇，类似电影脚本，非常职业化。但是也有一个问题，国外的台本一旦固定下来就要严格执行，说一是一，没有任何灵活性。其实我当时心里有些好奇，他们前期的台本设计得这么精密完善，如果现场有突发事件，只要打乱一个小小的细节，势必殃及全盘，那他们的应急预案该是什么样的？不过那台节目前期都经过工作人员严格的排练和认证，环环相扣严丝合缝，所以节目现场一切都照计划走，没有发生任何意外，也就无缘得见他们的应急措施。

有了这次经历，我总结出国内外两套不同的综艺娱乐节目制作理念。我们国内注重提高各工种的应变能力和协调能力，保留一切临场发挥的可能，不排斥奇迹；西方则注重前期策划，力求把失误率降到最低，安全至上。我觉得这两种不同的工作理念和工作方式，跟东西方人的思维习惯、文化传统有关。我们中国人是写意的，注重整体感，有随意性，也有灵活性。西方人强调逻辑思维，注重条理分析，严密论证，行事经常会"一根筋"。但是跟他们合作时，他们高度的职业化、精密化的工作特点给人的感觉良好，整个节目在国内播出的时候效果也不错。

在玛尤卡岛，我之所以敢于挑战托马斯·高萨克，一方面是由于庞大的观众基数赋予了我这份自信，更重要的是，我来自一个日益强大、不断崛起的国家。这几年跟国外的媒体打交道，我真正体会到了国家实力和国际地位的重要性。出了国门，有几个外国人看过《艺术人生》，看过春晚？别人之所以尊重朱军，礼遇朱军，至少在合作时保证双方地位平等，是因为他们看到了我身后的中国。随着综合国力的提升，中国在世界上的影响力也越来越大。我个人的亲身经历就有力地证明了这一点。

我的前辈倪萍在她的自传《日子》里提到，1992年她主持一台纪念中日邦交正常化二十周年的"中日友好歌会"时，两国主持人待遇悬殊。日本主持人能在中国的太庙内辟一处宫殿作为休息室，倪萍却只能跑到小树林里去更换服装；日本主持人身边围着5个人端茶跑腿，倪萍一个人提5个塑料袋，自己给自己服务，最后她是淌着眼泪背台词，饿着肚子上台主持的。直播的时候，她尽最大的毅力稳定住个人情绪，把日本人写的"亲爱的日本朋友，你们好，首先我代表中国人民在这里给你们鞠躬……"那种屈辱台词换成"亲爱的观众朋友，晚上好，请允许我向远方的日本朋友问候"，努力维护祖国的尊严，凭借着出色的职业技能和个人素质，她赢得了两国观众和中外同行的敬意。很多人通过这件事盛赞倪萍立场坚定，应对得体，品德高尚。这些固然不错，但是人们往往忽略了一个事实，尽管她挽回了祖国的荣誉，但是那次主持经历留给她的心灵创伤恐怕无法弥合。每一个公民都和他的国家血脉相连，媒体工作者和国家的关系更为直观，他们在传达国家意志的同时，也代表国家的形象。正如倪萍事后所说，我流泪不是为了个人，我是代表中国人来的，就应该有相应的位置。从某种程度上看，不同国家主持人之间的竞合，其实也是国家之间的较量。

2006年，我去奥地利主持"大地飞歌——中奥萨尔茨堡之夜"晚会时，又是另一番光景。奥地利主办方专门在舞台附近给我搭了一个白棚子作为休息区，工作人员把我领到那里，告诉我说："朱老师，这是专门为您准备的，请使用。"举目四顾，我发现那里只有这一间棚子，与我搭档的奥地利女主持人则一直站在外面。进去休息没多久，一个歌手进来跟我商量："先生你好，能不能麻烦你，借用一分钟你的地方让我换件衣服？"我说没问题你换吧，就出去了，看到那个主持人还在外面站着。等歌手换好衣服，我说："你把女主持人也叫进来吧，外面蚊子挺多的。"他连说不敢，说这个棚子花了好几千美金，是专门为我准备的。我说："没关系，就说我请她进来。"后来歌手就把女主持人也请进棚子里。她对我的邀请十分感谢，大赞中国人善良，我们双方的合作也非常愉快。

别人敬我一尺，我敬别人一丈，这是我做人的原则。保持谦恭，更能彰显礼仪之邦男人的气度。有时候气度也需要物质来打底，2006年、2007年的时候，去欧洲主持节目，外国人可能穿阿玛尼，我也会身着爱马仕，不是为了炫富，而是让对方知道，中国人也越来越讲究了。

新加坡每年会举办一次国家级的文艺颁奖晚会，叫"新加坡国家红星奖"。我主持《想挑战吗？——走进新加坡》之后隔了两三年，新加坡邀请我去颁"红星奖"的"最佳综艺节目主持人大奖"。候场的时候才发现，我们中国的节目在当地非常有影响，因为新加坡90%的居民都是华人。我走向演播厅的时候，当地的舞蹈演员和群众演员站在通道两侧看着我，他们一开始还有点愣，估计心里琢磨着，他怎么在这儿呢？过了一会儿，人群中一个声音高喊："这是中国的朱军！"大家一下子反应过来了，呼啦一下围上来要跟我合影签名。

在国外的华人世界，有些地区春节的"年味儿"可能比国内更足，春晚的影响力也更大，很多华人华侨本着一种仪式化的心态在收看春晚，而且每年必定从头看到尾，数年不辍。这几年春节期间，我跟随中国曲艺家协会和其他社会组织去国外慰问华人华侨时，很能感受到春晚在国外华人圈的影响力。每次出国，基本从下了飞机开始，各路侨领就排队请吃饭，一直到最后回国，真的有点"亲不亲故乡人"的意思。中国人凭着智慧的头脑和勤劳的双手，在国外往往都能有一番作为，但是脚踩着他人的土地，其中的艰难心酸也倍于常人，在国外见到祖国来的人，尤其是春节联欢晚会的主持人，聚在一起吃个饭，聊聊国内的近况，是件挺高兴的事。饭桌上，春晚就是最好的话题，大家一起讨论当年春晚哪个节目精彩，哪个节目有意思，哪个节目差强人意，简直如数家珍。一圈聊下来，彼此熟络了，就都成了朋友。

2011年春节期间，我去意大利主持"江南绿·中国红——吕薇2011米兰新春公益音乐会"，初一凌晨坐上飞往意大利的航班，十个小时以后下了飞机，当地时间还是初一早上8点多。因为时差的关系，当地观众比我们晚7个小时看到春晚。好些华侨见了我以后特别惊讶："朱先生，昨天晚上还在电视上看到你，怎么现在就到这儿了？！"他们的惊喜，总是给我别样的温暖。到达米兰当天，我和演唱会总导演杨东升、策划朱海等一行人便和当地华侨们小聚了一番。在一片觥筹交错中，大家互道着新春的祝福，谈笑风生，好不热闹。我调侃道："刚才朱海说他是杭州人，而在座的各位多为温州人。呵呵，我来自兰州，大家的家乡都带一个'州'字，都是老乡！"众人皆笑，我不失时机地端起酒杯，向席上各位同胞表达了新年的祝福："祝愿生活在意大利的同胞们，在新的一年生活顺意，生意兴隆，一切给力！我们在国内顶你们！"

不管身在何方，黑头发、黄皮肤的身份标识都一路随行。随着中国的崛起，走在异国他乡街头的中国人更加扬眉吐气了，有日益强大的祖国作后盾，我们底气十足。吕薇的这场音乐会定于北京时间2011年2月6日（辛卯年春节大年初四）凌晨4点半；意大利米兰时间当晚9点半在新斯卡拉大剧院举行，对于这么隆重的音乐会而言，我们的时间显得相当紧迫。和我搭档主持的是意大利米兰电视台的女主持人玛琳琪拉·皮拉。演出前一天，我们俩开始对稿子，由于语言不通，只能靠翻译帮忙。在这种情况下，为了在有限的时间内获得最佳的主持效果，只能由一名主持人主导，另一名从旁配合。为了落实台上的宾主地位，双方展开了一场微妙的竞合式谈判。在国内，主持人彩排前分工串联词是件很简单的事，我通常会尊重搭档的意见，尽力配合。而这回我却没有让步的意思，因为这是主持我们中国歌唱家的盛大晚会，也是宣传推广中国传统文化的大好时机，我当然要在台上争取主导权。意大利人的性子也很执拗,这轮"暗战"一直持续到演出前夕的彩排。

新斯卡拉大剧院的扬声效果非常棒,主持人无须话筒,激情澎湃的声音便可响彻容纳数千人的大厅。"女士们,先生们!"没了话筒的制约,双手都解放出来,我享受着这美妙的音响环境,激情洋溢,声情并茂地介绍起了每一首歌曲背后的动人故事以及中国的传统文化,侃侃而谈,陶醉不已。其中有一个节目是三位意大利本土歌唱家演唱著名的《我的太阳》,一曲放声,绕梁不息。我学声乐的时候曾经很认真地学过《我的太阳》《重归苏莲托》等曲目,面对此情此景,不觉技痒,心想反正是彩排,这么好的音响效果实在难得,又到了这首名曲的故里,不唱上两句就太遗憾了,于是在他们彩排结束后,我也凑了个热闹,即兴唱了一段意大利语的《我的太阳》。没想到唱完之后,整个乐队居然站起来为我鼓掌。担任指挥的是蜚声国际乐坛的著名旅意指挥家吕嘉,他从台上下来之后故作神秘地问我:"你知道乐队的这些哥们儿说什么了吗?"我笑着摇摇头。吕嘉眉飞色舞道:"他们说这一轮中国队和意大利队的比分是1比0,中国队获胜!"

也许是朱军版本的这首意大利民歌"征服"了我的意大利女搭档,个子不高的她再看我的眼神明显和之前不同了。而在彩排的舞台上,我也顺利地掌控了全场的主持,两人的配合渐入佳境。

晚上正式演出的时候,在米兰合唱组演唱完《我的太阳》之后,我和我的搭档玛琳琪拉·皮拉一齐上场,她笑眯眯地撩拨台下观众:"其实,这段solo朱军唱得非常好,大家要不要听一下?"掌声四起,盛情之下,于是我再次用意大利语清唱了这首意大利南部民歌。音乐是一种世界语言,我用他们的语言表达了来自遥远的东方古国的友好和诚意,显然,他们懂了。

当晚,我穿的正是主持2011年春节联欢晚会时的那身带有亮片的西装,配以红黑相间的围巾,颇具中国特色。身处具有"国际时尚之都"美称的米兰,我丝毫没有 OUT 之感。中场休息时,已经和我较为熟识的乐队乐手、参演的意大利歌唱家,甚至剧院的老板都纷纷过来要求和我合影留念。

音乐会非常成功,新斯卡拉大剧院座无虚席,整场演出下来高潮迭起,掌声不断。这场音乐会是作为意大利—中国文化年的首场重要活动隆重推出的,当地媒体给予了浓墨重彩的报道。许多报纸刊登了吕薇的大幅照片,她身穿的演出华服和佩戴的首饰均为中国制造,时尚而不乏民族韵味。主持人自是音乐会的配角,而随意翻阅一下当地的华人报纸,竟也发现了不少有关我的专题报道,每篇突出标示的句子都很相似——"这是中国的朱军!"

走进欧洲的"春晚"

其实早在 2006 年,"中国的朱军"就站在了"欧洲春晚"的舞台上。

那年夏天,歌手谭晶找到我说:"姐夫,帮我个忙好吗?今年 9 月就要拿学位了,帮我主持我的毕业音乐会吧。"谭晶跟谭梅关系不错,两人认作姐妹,平常开玩笑时就喊我"姐夫"。我一口答应:"行啊,什么时候?"谭晶一脸灿烂:"今年 9 月,金色大厅。"我一下子没反应过来,脑中飞速搜索"金色大厅"在北京的什么方位,谭晶笑着又补充一句:"维也纳金色大厅!""呵,厉害啊!"谭晶获得声乐专业硕士学位以后的第一场音乐会,对她来说意义非凡,而且又在大名鼎鼎的维也纳金色大厅举办,这是给中国人长脸的事,我由衷地为她高兴。

依仗祖国的人口优势,每年除夕夜,就春晚的观众人数而言,"最多"两字当之无愧。但若论及春晚的影响力，保险起见，就得在"全球最有影响力的文艺节目"后面加上"之一"两字，因为春晚的观众群主要集中在世界华语圈，而在地球的另一端，有一台历史更为悠久的艺术盛典，那就是在奥地利首都维也纳的金色大厅举办的音乐会。这是全世界最高水平的音乐盛会，只有世界上最顶尖的音乐家才有自信、有资格、有能力站到金色大厅的舞台上，接受来自音乐之城的市民和世界各地音乐发烧友最为专业和最为挑剔的评鉴。值得一提的是，维也纳音乐会影响力甚大，覆盖面极广，尤其是新年音乐会，鼎盛时期有30多个国家和地区通过电视卫星收看实况广播，观众人数达10亿以上，是名副其实的"欧洲春晚"。

我们国家和维也纳音乐会的缘分肇始于20世纪80年代。1987年，中央电视台第一次将维也纳新年音乐会引入国门进行直播。1998年，中国民乐乐团到金色大厅举行首演，轰动一时。进入新千年，宋祖英、郎朗等多位中国音乐艺术家也站到了金色大厅的舞台上，以精湛的技艺和他们所代表的中国文化征服了欧洲乃至全世界的观众。2006年，这一次的文化使者是谭晶，我在金色大厅现场，亲眼目睹了一场东西方艺术的完美交流。

2006年正逢中国和奥地利建交35周年，中央电视台参与了当年在奥地利举办的"中国年"活动，台里布置给我一项任务，让我去主持在萨尔茨堡大教堂的广场上举行的"中奥萨尔茨堡之夜"大型晚会。从时间上看，这台晚会和谭晶的音乐会并不冲突，但前后相隔了十天。为了支持谭晶，我和老朋友杨东升商量一下，决定推掉国内的事情，晚会结束后，继续留在奥地利。

杨东升身兼萨尔茨堡晚会和谭晶音乐会的双料导演。萨尔茨堡晚会结束第二天，我和老杨找了一辆车，离开了莫扎特的故乡，循着音乐天才当年的足迹，一路走马观花地前往他的第二故乡——奥地利的首都、美丽的"音乐之都"维也纳。入了秋的山区雨后微凉，新鲜湿润的空气混合着草木的清香漫入鼻腔，沁人心脾。汽车在连绵起伏的阿尔卑斯山脉和沃尔夫冈湖区间穿行，窗外风光旖旎，俯仰之间，景致皆可入画。徜徉在这迷人的湖光山色间，我们对于此次奥地利之行的最后一站也万分期待。

等抵达著名的"音乐之都"，我俩都眼前一亮：大街小巷到处张贴着《"和谐之声"谭晶维也纳金色大厅独唱音乐会》的海报，在遥远的异国他乡，尤其在这个每日音乐萦绕不绝的地方，同胞的音乐会居然得到这样广泛隆重的宣传，足见当地政府对远道而来的中国艺术的重视和对中国艺术家的尊重，我对这座城市的印象骤感亲切。

金色大厅果然名副其实，打眼望去，一幢金碧辉煌的建筑在太阳底下闪闪发光，十分恢弘。走进大厅，内部装潢一如外部那样呈现出瑰丽的金色。没有想象的宽敞，但是舞台很大，足以容纳千人规模的乐队。由于内部空间比较狭长，它也被人戏称为"长方形鞋盒"。不过这个"鞋盒"的声音流动性倒是特别好。听人介绍说，大厅屋顶的镶板、两侧楼厅和音乐女神的雕像，都不只是简单的装饰品，还起到了舒缓和延长乐音撞击到墙上的作用。脚下的木地板从大厅建成之日起就沿用至今，有百年的历史，踩起来嘎吱作响，但这些破旧的木板还是不能拆的宝贝，据说曾经拆过，换上新地板后音乐效果立刻大打折扣，于是又拆，悉数换回原来的木板。音乐厅的地板和墙壁营造出类似小提琴的共鸣箱，使管弦乐器的声音振动达到一种最理想的平衡境界。因此，金色大厅被公认为世界上音响效果最出色的音乐厅，带给全世界音乐爱好者无与伦比的视听享受。

谭晶面临着艺术生涯中的一次大挑战——她是有史以来第一个受邀代表中国在金色大厅举办独唱音乐会的通俗唱法演唱家。我和杨东升抵达音乐厅的时候，她的排练到了最后紧张而忙碌的冲刺阶段，我没敢打扰她。演出前一天，正好是她29岁的生日，但是由于第二天的音乐会太重要了，她那天还在进行最后一次彩排，于是这个生日被所有人有意无意地"忽视"了，没有进行任何形式的庆祝。

谭晶的妈妈也是一位歌唱家，她深知这场音乐会对女儿的重要性，因为担心，她比女儿还紧张。演出前三个小时，谭妈妈就拉着老伴站在金色大厅前，像虔诚的信徒祈福参拜一样为女儿祈祷。回到后台，谭妈妈看到谭晶化妆，很着急，总说这个不好那个不好，弄得谭晶也焦躁不安起来。我一看表，离开场不到十分钟了，赶紧把谭妈妈拦到一边："您该忙什么忙什么去，这儿没您什么事了。"说完，就把谭妈妈请出了化妆间。谭晶没有辜负母亲的一片苦心，演出非常成功，应观众的热烈请求，最后还加唱三首歌曲。演出结束后，我向谭妈妈道了歉："别生气，开演前对你态度不好。但是回过头来还是要说，那个时候只能鼓励，怎么能说不行呢？"

这场音乐会的阵容十分强大：著名音乐人、作曲家印青任音乐总监，谭晶的老师李双江和朱以为担任艺术指导，知名指挥家李心草与奥地利著名的维也纳国家民族歌剧院交响乐团合作为谭晶伴奏。这么多"大腕级"的艺术家甘当绿叶力捧谭晶，她的动力和压力都是前所未有的。说实话，她的专业素质完全没问题，舞台经验也很丰富，关键是在这个场合，面对着世界上最"久经沙场"的观众，对于年轻艺术家来说，需要承受更多的是来自心理上的挑战，连我都替她攥了把汗。

音乐会上和我搭档主持的郭思乐女士在维也纳市政府任市长助理，她是个中国通，曾在中国留过学，汉语非常流利，在台下交流的时候，她教我用德语说"晚上好"，一开场我就现学现卖地来了那么一句，观众们多少有些意外，等他们反应过来,一个个都乐了,看到台下一张张诧异而惊喜的笑脸,很明显能感受到他们对这场音乐会的热情和期待。

主角谭晶以一曲藏族民歌《在那东山顶上》拉开了"和谐之声"的序幕。她精心准备了十多首风格各异的歌曲,用汉、德、意、蒙、英五种语言把不同国家和地区、不同民族、不同唱法的歌曲带到了同一个舞台上,她的歌声既蕴含了国际流行元素,又带有浓厚的民族韵味,在古典、民歌、美声和通俗音乐间跨界游走,收放自如。她那天的演出状态极佳,金色大厅更是给她的演出效果加分,为她这些年的研习交了一份精彩的答卷。

她的搭档也有意思。有一个节目是谭晶和当地的青年艺术家托马斯·提斯勒对唱山西民歌《想亲亲》。排练的时候,奥地利小伙子不理解"想亲亲"是怎么回事,怎么都进入不了这首歌的情境,我就跟他解释,还给他纠错:"你唱得不对,中国的音乐小弯很多。"他不会拐小弯,我就在谱子上标了很多音,包括颤音、装饰音等,一一给他示范,提斯勒就抱着谱子练。到底是专业出身,功底扎实,声线很好,正式演出的时候,他不但唱出了九转十八弯的音调和韵味,连山西方言的歌词也咬得十分地道,如果不见其人只听其声,十有八九会以为是个山西人在演唱。谭晶自然更没得说,无论是歌声、动作还是表情,都细致完美地勾勒出一个思念恋人的中国少女娇憨活泼的形象。两人中西合璧珠联璧合,观众听得津津有味,我则是备感意外——要知道,几天之前,提斯勒还完全不得要领呢,士别三日就让人刮目相看,足见其用心和敬业。音乐响起时,谭晶把一枚红色中国结戴到了奥地利小伙子的脖子上,像是一个信物,既契合了这首情歌的剧情,同时又彰显两国之间的友谊,这个细节又一次把全场气氛推向高潮。

值得一提的还有现场观众,这是我所见过音乐素养最高、最具专业水平的欣赏者。不愧来自"音乐之都",他们听得非常认真,也很有礼貌,安静而专注。现场没有领掌人,但是该在何时鼓掌,掌声鼓到什么程度,他们总能自发准确地达到一致,就跟事先排练好的一样,给人一种专业的感觉。可见音乐是相通的。维也纳的观众也许听不懂歌词,但他们很懂音乐,能够理解音乐中所传达的情绪,随时作出呼应。在这场音乐会上,我终于明白,为什么金色大厅是那么多艺术家向往的"圣殿",因为在这里,他们能寻觅到真正的知音,这里的鲜花和掌声是对他们艺术造诣的最高嘉奖和礼遇。演唱完最后加唱的三首歌曲后,现场掌声如潮,经久不息,谭晶如释重负,脸上洋溢着激动和幸福。我也挺为她高兴,给她献了一束鲜花以为祝贺。她是一个十分勤奋而有灵气的女孩子,这个女孩在过完生日的第二天实现了人生中的一个梦想,这个梦想可能是许多人一辈子可望而不可即的,很不容易。

这一年既是奥地利的"中国年",也正好是音乐大师莫扎特诞辰250周年。中国音乐回荡在奥地利的天空、东方艺术的魅力征服金色大厅的同时,未尝不在向那位音乐巨人遥遥致敬。我想,以一个民族的艺术向另一个民族的艺术家表达敬意,共同诠释出一个世界的主题,这样的巧合背后是否也隐藏着某种缘分?

同为世界上著名的长寿晚会,维也纳音乐会和春晚颇有相似之处。首先,这两台晚会都是国家级的盛会,全民关注、全民参与的程度很高。春晚的筹备工作在每年的七八月份就正式启动,从前期的导演竞标到最后的电视直播,持续时间达半年之久。维也纳新年音乐会也是如此。每到年末,维也纳几乎全城动员,社会各界的退休人员纷纷前往金色大厅参与会场布置,奥地利人会精选产自意大利"阳光之城"圣雷莫的鲜花装点会场,务求新年音乐会上花团锦簇,春色满庭。其次,二者的仪式感都很强,经过几十年的演绎,都具备了一脉传承的精神和特征,渐成一套程式固定下来,若干经典节目作为仪式的一部分得以保留，如1984年以来春晚结尾的保留曲目必定是《难忘今宵》，在金色大厅举办的每一场交响乐肯定由《拉德斯基进行曲》收梢，这些都已成为一种惯例、一种品牌、一种仪式。按时收看这两台节目在各自国民心目中也都成了无可替代的新年习俗。

当然，二者之间的差异也十分明显。春晚更强调全民皆欢的集体性概念，每年的晚会节目都求新求变，海纳百川丰富多样，紧随时代步伐，以满足社会各阶层的审美需求。维也纳音乐会则更坚持传统，新年音乐会的所有演出曲目都来自有"圆舞曲王朝"之称的约翰·施特劳斯家族的音乐作品，由维也纳爱乐乐团演奏，保持了古典音乐的纯正性，因而对于欣赏者的要求也更高。为了保证音质，金色大厅的内部装潢甚至都不容轻易变动。相较我们的春晚，它更为严肃和程式化，是一种纯粹而专业的艺术体验。有一个特例是，在2008年第50届维也纳新年音乐会上，奥地利广播公司首次在电视直播信号中插入中国钢琴家郎朗问候全世界观众的画面，那年音乐会还特别演奏了一曲老约翰·施特劳斯的《中国人加洛普》(Chinese Galopp)，献礼北京奥运会。经典的西方盛会向遥远的东方国度伸出友谊的橄榄枝，并为其修改了恪守近百年的仪式程序，可算前无古人。

一个国家的诚意

有人说，只有走出国门，才能真切感觉到个体与国家的链接。而在2008年，随着一系列大喜大悲大事件的发生，在中国的本土，每一个中国人都强烈地感受到了一个国家的诚意。

2008年初,一场突如其来的大雪把归心似箭的人们拦在了回家过年的路上。当南中国的交通枢纽被大雪截断时,2008年的春晚已经进入了倒计时阶段,导演组在彩排时临时决定加进雪灾的内容。当时已进入第四轮彩排,距离春晚直播不到七天。

当春晚班底决定用集体诗朗诵的方式来关注南方雪灾时,一个很切实的问题摆在了众人面前:谁来执笔?家国有难,用怎样的笔触和情怀才能够一抒胸臆?当时朱海二话不说,接受了这一挑战,他所面临的压力可想而知。耗费几十个小时的心血,最后他以写成"熊猫眼"的代价,高效圆满地完成了任务。

雪在下!雪在下!雪在下!
牵挂着成千上万个寒风中的你,
牵挂着成千上万个路上的他。
来吧,
让我们一起过年吧!
让我们彼此温暖,紧紧相依!

在直播现场,群星诗朗诵《温暖2008》。这个节目成为2008年春晚一个特别的动情点,感染了许多观众,也感动了整个中国。节目长度不足10分钟,形式非常朴素,一首诗,一支歌,由中央电视台十三位主持人和众多演艺明星共同朗诵,表达了对因雪灾而滞留在外的人们的安慰和鼓舞。

朱海连续多年担任中央电视台各类大型综艺晚会的策划、撰稿工作,他也是和春晚关系非常密切的一位主创人员。我刚来北京的时候，就和他认识并有了合作，那时他还在广州，是个著名的词作家和报告文学作家，写过不少大部头的作品，晚会策划、诗词、剧作、报告文学样样精通，是个十足的多面手。2003年抗非典特别节目《我们众志成城》、2008年一系列国家级救灾晚会、近几年的春晚和元宵晚会等台本大都出自他的手笔。经常有人开玩笑说，"央视'三朱'战春晚，朱彤朱海和朱军"，朱彤当时任文艺中心主任，是春晚的艺术总监，朱海负责策划和撰稿，最后由我来主持。每次我和朱海通电话，都以"本家哥""本家兄弟"相称，我们关系很融洽。

朱海的作品天马行空文采斐然，但是为人非常低调务实，没有文人（尤其是诗人）惯有的那种骀荡自我——这些特征大概已经穿过他的躯壳，融进了他的文字里，在他身上几乎看不到了。许多撰稿人不喜欢别人擅自改动他们的脚本，这能理解，因为他们在创作过程中付出了极大心血，在设计每一段台词的时候都有自己的构思和理由。有时候出于节目考虑，我不得不改动他们的稿子，征询其意见时，他们虽然不会说什么，但我能明显感觉到对方心里的不痛快。不过此类事情永远不会发生在朱海身上，他每次把稿子给我，都会特别谦逊地补充一句："仅供参考。"遇到春晚这类比较特殊的大晚会，台本需要通过几级审核，甚至还要送到中宣部部长手里审阅，一般情况下，我们主持人是不会动串联稿的基本内容的，我只会根据自己的语言习惯稍作一些字句上的调整。但是即使改动了，朱海也不会说什么，他往往夸一句："好，比我写得好！"最初跟他打交道，还不了解他的秉性，一听这话，我心里就在打鼓，不知道人家是不是正话反说，就说："你别开玩笑，你是骂我呢还是表扬我呢？"这个时候他往往一脸认真："兄弟，我说真的。"朱海就是这样一个才华横溢又真诚平和的人。

但朱海这个人的长相和他写出来的东西反差极大。光看他外表，完全不会想到他是一个文人：个子高，长得"糙"，走到哪儿都有些吊儿郎当，常给人慵懒懈怠之感。但他写的很多诗意象丰富措辞优美，兼具浪漫抒情和慷慨激昂。可能正是因为他更关注内心感受，重视情感体验，所以在其他方面不拘小节，落拓不羁。他的诗人气质体现得最为充分的地方在于他一气呵成的写作方式，许多作品他都是一夜成稿，最多24个小时就能拿出来，颇有文思泉涌万马奔腾的意思，如《温暖2008》《我们众志成城》等诗，全都是倚马可待的急就章，那可真叫一个才思敏捷。

后来，媒体将这场南方暴雪比喻成2008年对中国的"第一考"。2008年以如此悲壮的篇章开年，后面的日子会如朱海的诗作中所期待的那样"我们迎来了温暖2008最美丽的春光"吗？那时候对许多人来说，这不但是一个良好的愿景，也实在是一个悬念。

2008年5月12日下午14点28分，我在家突然感到一丝异样，大地腾腾腾腾地蹦了起来，家具晃得厉害。瞬间，我脑中迸出了一个可怕的念头：地震？我飞快地给梅梅打了一个电话："地震了！你感觉到了吗？"她说："感觉到了。"当时她在公司，那里楼层很高，震感比家里更强烈。我又陆续给朋友们打电话，多数人还不知道这件事，甚至都没有感觉。打开电视，新闻播报说汶川发生了地震。新闻频道在震后一个多小时开始直播，但是具体情形还不太清楚，没有做特别深入的报道。到了夜里事态突然紧急起来。大哥给我打了一个电话，告诉我地震了，情况很严重，甘肃也受了灾，陇南地区是重灾区，省里已经总动员，要组织人员奔赴灾区前线。我大哥是省领导，又曾在陇南当过地委书记，熟悉当地情况，所以他理所当然地成为第一批前线志愿者。

从第二天起，灾情开始一点点向外界渗透，伤亡人员的数据不断飙升。

那几天我没干别的，就看电视关注灾区消息。当时我的一些朋友已经自发组织去灾区救援。受到他们和我大哥的影响，我心里也冒出了一个冲动，想要跑到汶川去，一是参与实地报道，二是也想去参与救援工作。正在准备行囊的时候，台里通知5月18日要举办一台晚会，让我回台里参与晚会的筹备工作。那台晚会非常重要，由中宣部亲抓，即"爱的奉献"2008宣传文化系统抗震救灾募捐晚会。

18日下午，灾区的英模及家属陆陆续续来到了晚会现场，他们一个个看起来都极度疲惫，极度憔悴。那个时候看到他们，大家谁也不知道该说什么，甚至连一句安慰的话都说不出口，比起过去一周他们所经历的，任何语言都显得太过苍白。在后台，我接触了两个人，一个是谭千秋老师的女儿谭君子，还有一个是北川县县长经大忠。

谭千秋是一位普通的中学教师，地震发生时，正在上课的谭老师迅速组织学生向楼下疏散。一天以后，当人们在废墟里发现他的遗体时，他的双臂还是张开的，趴在讲台上。当人们扒开谭老师的遗体时，讲桌下的几个孩子生还了。他用自己的生命保护了那些孩子。他的女儿谭君子当时正在北京念书，当她得知父亲死讯的那一刻，心灵上所承受的冲击，常人恐怕难以想象。看到谭君子的第一眼，我就感觉这孩子傻掉了，在她的情绪中完全体会不到刚刚失去父亲的那种悲痛，她很冷静，冷静得让人毛骨悚然。那一刻我忽然想起了我的母亲。父亲去世之后，我母亲就处于那种状态，她的那种镇定自若、有条不紊，跟父亲在世的时候简直判若两人，但是一百天以后我母亲就崩溃了，彻底崩溃，一下子病倒，从此再没好起来，不久就去世了。那件事给我的印象太深，记忆犹新，以至于我看到谭君子的时候，觉得她和我母亲当年的处境有些相似，也许她对她父亲去世那件事还没反应过来，或者根本不愿意接受这个事实。谭君子在舞台上还是特别冷静，但她越冷静我越心惊，为了避免她再受到刺激，我没有引导她说什么，只是自己做了总结："我深深地相信，天堂有了谭老师这样的好老师以后，一定会多一分朗朗的读书声。"

突然和挚爱亲人天人永隔，同为血肉之躯，情何以堪？这样的打击对每个人都是毁灭性的，即使身为男人也无力承受。

经大忠，一条来自北川的羌族汉子，自从到了后台就一动不动地坐着，从没变换过姿势，面部表情也一直是凝滞的。踟蹰了许久，我才开口采访他："县长，您好些了吧？您能不能给我讲讲当时的情况？"危急关头，经大忠指挥200多名学生疏散，在地震中自己却失去了五位亲人。和经大忠面对面的时候，他给我的感觉是已经灵魂脱壳了，虽然人在演播现场，但他的心还在北川县城，看得人心里一阵阵发酸。我心中一个声音反反复复地回荡着：什么叫共产党人？这就是！这条铁骨铮铮的汉子就是！

现在回想起来，人处在当时那种情绪下，直觉特别敏锐，很多即兴的表述和措辞都会非常准确。那场晚会十分特殊，没有完备细致的台本，主持词大多是临时组织的，并且内容随时都在变动调整，以备信息不断更新。赵化勇台长在直播开始前半个小时来到一号厅，问道："朱军，准备好了吗？"我点点头。他就递给我一份《人民日报》，上面有一篇文章，讲的是地震发生时一位母亲用自己的血肉之躯庇护孩子自我牺牲的感人故事。只是匆匆浏览，我就走上了直播舞台。说也奇怪，我居然将那段话的每个细节都精准到位地复原了出来，每字每句好像经过宿构一样。也许是情感牵引着直觉，我仿佛和这位记者一起来到了灾区现场，仿佛亲眼看到这位伟大的母亲，看到了她怀里护佑着的孩子，那一瞬间我不是在播报，也不是在讲述，而是代表那位妈妈在进行爱的倾诉。

整台晚会是在一种撕心裂肺极端压抑的气氛下进行的，人人沉浸在巨大的悲痛中难以自拔。有一个细节，白岩松在采访女警蒋敏时，得一直小心翼翼地搂着她。这个不幸的女人参加救灾工作期间，陆续收到了包括外婆、母亲、女儿在内的十个亲人遇难的噩耗！但她依然坚守在工作岗位，投身于救援工作。因为精神打击太大，加上劳累过度，她在直播现场一直处于飘忽状态，如果白岩松不搂着她，她根本站立不住。采访完蒋敏，白岩松一个人蹲在演播室的墙角，抱头痛哭良久。那种悲戚，使见到他的人无不感同身受。时至今日，当我在写作这部分内容的时候，眼眶还是湿润的。每次回忆起那台晚会，回忆起那台晚会上的人和事，痛心疾首的感觉还会时时袭来。

到了晚上 10 点多，编导递给我一张纸，接过一看，是一份国务院公告。看完公告，我踌躇片刻，将它递还给编导："这个由罗京来宣读是不是更合适？"晚会尾声，罗京以他特有的新闻播报的声音，庄严、沉痛地宣读了那份国务院公告：

"为表达全国各族人民对四川汶川大地震遇难同胞的深切哀悼，国务院决定，2008 年 5 月 19 至 21 日为全国哀悼日。在此期间，全国和各驻外机构下半旗致哀，停止公共娱乐活动，外交部和我国驻外使领馆设立吊唁簿。5 月 19 日 14 时 28 分起，全国人民默哀 3 分钟，届时汽车、火车、舰船鸣笛，防空警报鸣响。"

夜里 12 时整，所有电视台的台标都变成了黑白色，以响应举国哀悼的号召。

回到家中，我躺在床上辗转反侧，彻夜难眠。那台晚会从晚上 7 点半开始，持续到夜里 11 点 50 分，剧组是春晚班子，时长和春晚相当，但那次直播跟春晚完全是两回事。大悲大恸几个小时，几乎把人所有的心血都耗尽。晚会上的人和事就像电影片花似的，一幕接着一幕，在我脑海中不断地翻涌回放。

CATCH MY MOMENT

坐在人民大会堂的会议席，投上我庄严神圣的一票，是我作为一个普通公民的荣耀。看我开心得都合不拢嘴了。

2009年10月1日,一眼望不到头的受阅方队整整齐齐地挺立在太阳底下,威武雄壮。回想起25年前我在这里参加过35周年国庆庆典,一股自豪之情充溢我的胸膛。

CATCH MY MOMENT

　　在主持奥运会倒计时一周年的晚会上，我可谓"艳福不浅"。左手杨澜，右手董卿，一边是我的旧相识，一边是我的新搭档。站在流光溢彩、灯火辉煌的天安门广场上，我们不禁感叹：这辈子这样的机会也许就这一次了！

CATCH MY MOMENT

　　擎着奥运火炬，点燃奥运圣火盆的那一瞬间，我有一种不枉此生的感慨。不仅仅因为自己有幸参与火炬传递，更因为我见证了世界文明在中国的传播。

意大利米兰新斯卡拉大剧院挂满了红红的大灯笼,处处洋溢着"中国"的味道。吕薇的精湛演出,让异国友人赞不绝口。而我也忍不住在现场秀了一把歌喉,吓得我的女搭档"瞠目结舌"。

CATCH MY MOMENT

　　在美丽的音乐之都维也纳,我耳闻目睹了一场东西方艺术的完美交流。谭晶动听的歌声在音乐圣殿金色大厅上空回旋,她用东方艺术的魅力诠释出了同一个世界的主题。我真的为她骄傲!

我的一个朋友，原农大校长，广西自治区副主席陈章良，堂堂一条汉子，地震发生那天人在北川，五天以后给我打了一个电话，我刚"喂"了一声，就听到电话那头的号啕痛哭。按照我们普通人的思维推断，作为部级干部，他也许会更冷静更理性地面对这一切。其实不然，完全不是那么回事。当灾难真正降临的那一刻，当我们眼睁睁地看着一个个生命就在眼前消失却束手无策，亲睹生命的脆弱却无从拯救时，再理智的汉子都会忍不住痛哭流涕。陈章良尚且如此，何况那些在地震中失去挚爱亲人的老弱妇孺？

那种灭顶之痛压得人透不过气来，到了凌晨四五点钟，我跃身起床，来到画案边，像是发泄似的，猛地拿起画笔，先是画了一堆震后的废墟，有断裂的楼板，有卷曲的钢筋，有塌陷的楼里伸出的竹竿，所有的一切都是黑白的。最后画了一枝红花，顽强地从废墟中探出，向上生长。我为那幅画起了个名字叫"生命礼赞"，并题字纪念："公元2008年5月12日，中国四川汶川以及周边地区发生里氏7.8级地震（当时检测出的数据还是7.8级），5月18日中宣部组织全国宣传文化系统赈灾义演爱的奉献。席间宣布19到21日为国哀日、全国降半旗致哀。这是中华人民共和国首次为他的平民百姓俯下的头颅。主持完晚会回到家辗转反侧难以入眠，起身写此画以寄之。"写了长长的一段，搁下笔，天已大亮。我凝视着那幅画，觉得胸臆还没完全抒解，整个人还沉浸在情绪中无法自拔，于是拿起一管大笔，饱蘸朱砂，从上到下甩了好多道红色到纸上，像血一样，缓缓地流淌下，晕开，濡红了纸上的废墟，仿佛黑暗中洒下无数的血雨、血泪，触目惊心。画完了，把笔一扔，觉得憋屈在心里的那口气总算疏泄了出去。

5月21日，我驾车行驶在三环路上，下午14点28分，所有的车辆全部停靠到了路边，几乎所有人都自发地从车里下来，一手按着喇叭，一边低下头去默哀。三分钟的鸣笛，响彻天宇。那一刻，我被周围的环境动容了，真真切切地感受到整个中华民族的那股凝聚力。在这场大灾难的面前，人人都抱成一团，路上所有人，包括路边的小商贩，甚至连乞丐都起身为灾区同胞默哀。那一刻，我突然了悟，何谓民族，何谓同胞，我们不分年龄，不分性别，不分阶层，在灾难面前，几乎所有人都是一体的，因为我们有一个共同的名字——中国人。

6月27日，台里选了几个大家比较熟悉的主持人去参加少儿频道录制的一台晚会——"2008抗震救灾英雄少年"颁奖晚会，交给我们两重使命：到了台上，集体表演一个诗朗诵节目《感动》，为灾区来的儿童加油打气，鼓励人们重振信心、重建家园；在台下，和灾区孩子们进行交流，开导他们，疏解他们的心理阴影。到了这个时候，救援工作差不多接近了尾声，北川、汶川等重灾区已经全县封闭，人们开始从营救伤员阶段过渡到心理抚慰阶段，一部分心理医生也已开赴灾区，为受灾同胞进行心理创伤理疗。

孩子们在地震中失去了许多，有的失去了伙伴和老师，有的成了残疾儿童，有的沦为孤儿，但是最令我担心的，还是这场灾难对他们心灵造成的伤害。也许经历过这场磨难，他们的童年将一去不复返，他们将要提早面对这个世界苦难、无奈、酸楚的一面，肩负起原本不该他们承受的担子。这个时候，多和孩子们交流，陪他们聊聊天，鼓励他们，甚至于拥抱他们，给他们一些肢体上的爱抚，对他们而言，这些比什么都重要。我们这些主持人中有不少都做了父母，比如我，比如李瑞英，看到灾区来的那群孩子，会自然而然生出一种父母之心、同情之爱。以前没有孩子的时候，看见一个挂着鼻涕泡的孩子，心里可能会嘀咕，这小孩怎么这么脏啊。但自从有了孩子，心态就完全不同了，即便那个孩子跟我非亲非故，只要看见他流鼻涕，下意识地就会掏出张纸巾帮他擤鼻涕擦脸。对于为人父母的来说，孩子在我们心中所占的分量太重了。

直播那天，我特意早早地赶到1000平方米演播厅，并特意带了礼物给孩子们。那天来参加节目的孩子大部分都很年幼，天真烂漫，真的都是一群可爱的小精灵和小天使。然而在地震发生的时候，他们就像绝壁处的小草，虽然弱小，但决不孱弱，他们挣扎着求生，一旦寻找到一线阳光，就迸发出了惊人的生命力：个头矮小的林浩，在废墟中背出了一个又一个的同学；"可乐男孩"薛枭被救出后的第一个愿望就是"要喝可乐"，汶川地震使他失去了右手，但是这个折翼的小天使非常坚强，聊天的时候，他悄悄告诉我，他打算以后还是一样地面对生活。他们用自己的言行努力消解着命运的无常和严酷，那种稚子之心、稚子之言所表达出的对生命的热忱和珍爱，思之令人潸然。跟他们接触的时候，我几次产生掉泪的冲动，偏偏又被他们一个搞怪的表情、一句童言给逗得逼退了眼泪。

林浩简直是一个小精豆子，聪明得不得了，一看到我，就跑过来和我打招呼："朱军叔叔好！"我说你好，拍拍大腿招呼他："来，坐！"他就一屁股坐上来，兴致勃勃地和我聊天。他的头部在地震时受了伤，一块头皮受损，当时他有一个愿望，希望头发尽快长出来。趁他不注意，我悄悄扳过他的脑袋看了一眼，头发已经长得很浓密，几乎看不出疤痕了。但愿他小小的心灵也和他的头皮恢复得一样康健。

第一次见到"敬礼娃娃"郎铮的时候，他还很小。少儿晚会结束后不久，他又出现在"向祖国报告"的晚会中。彩排的时候，他的军礼敬得可标准了，一副煞有介事的小军人模样。到第二天直播时，他大概厌烦做重复动作了，就没好好敬礼，松松垮垮地敷衍了事，到底还是个孩子，那副怠懒的表情把我们都给逗乐了。一晃三年过去，我以为他认不出我了，没想到那孩子噔噔噔地朝我跑来，亲昵地唤道："朱军大大！"可能当时他年龄小不记事，感觉那场灾难没给这孩子留下阴影，他现在活泼极了，还跟三年前一样有意思。我摸摸他的脑袋："你长高了！"他点点头："长高了。""现在敬礼不敬礼了？""不敬了。""为什么不敬礼了？"他很认真地想了想，最后调皮地吐吐舌头："忘了。"

记得那台晚会上，我在朗诵诗歌《感动》时有这么一句话："可爱的孩子，把可爱的中国生动地矗立在大灾面前，废墟之上。"从那天起，可爱的少年中国的形象，长久地留存在了我的脑海中。我相信，因为这些可爱的孩子，我们这个民族将会永远迎着明媚的阳光前行。

可爱的不独是孩子，还有投身到抗震救灾中的那些"最可爱的人"。两天以后，即2008年6月30日，另一台《向祖国报告》——迎"七一"暨抗震救灾文艺晚会也在中央电视台一号演播大厅拉开了序幕，参与这套晚会的主持和幕后工作的依旧是春晚的班底。

这台晚会被赋予一种情绪翻牌的功能。地震发生以来，全国人民都心系灾区，举国同悲。到了7月1日，距离8月8日奥运会开幕式只剩一个多月的时候，有必要振奋社会情绪，将其从一种大悲大恸的氛围中引出，导入中华民族百年圆梦，喜迎北京奥运会的期盼当中，所以整台晚会的基调是积极昂扬的。在演出过程中，以报告的形式从各个方面展现了抗震救灾的阶段性成果：军队、消防、公安、国家救援队抗震救灾成果报告，教育战线抗震救灾成果报告，灾区重建报告等。

《向祖国报告》这台晚会将很大的篇幅给予了我曾经的战友们——那些最可爱的人——人民子弟兵。灾难降临的时候，真正的主角就是他们，无论作出多大的牺牲，他们永远迎着灾难走，冲在最前线，出现在国家和人民最需要他们的地方。

我虽然离开部队多年，但实际上现在这个岗位和在部队里有许多相通之处，直播时如同冲锋陷阵，没有退路；在演播室里，工作就和在部队严格训练一样，一旦发生变故，就得冲在第一线，效力于国家电视台，就要以个体服从大局的态度思考和处理问题。主持人就像军人一样，我代表的不是个体，而是整个集体。这么多年我一直没有脱离在部队养成的思考方式和处事习惯。主持这台晚会的时候，千丝万缕的情思一瞬间迸发，在我内心里涌动。人民子弟兵的种种事迹带给我的共鸣和感动恐怕要超越一般观众。

北川县公安局副局长李跃进的母亲和妻子在地震中全部丧生，同样是警察的儿子李宇航也在救援时捐躯。当他看到儿子遗体的时候，他做了两件事：打开一瓶矿泉水，给儿子洗了把脸；摘下儿子胸前的警号，别在自己身上，又迅速地奔赴抗灾第一线。那个时候，这个老警察肩负起了两代警察对人民的神圣承诺。李跃进的家在地震中被夷为平地，他儿子生前所有的照片都被埋在了地底下。晚会的编导经过一番周折，才在李宇航所在公安局的档案室里找到了他仅存的一张证件照。那天晚上，当李跃进看到大屏幕上爱子唯一的照片时，他竭力克制着自己的情绪，不让自己哭出来。当时他背对着观众，大家看不到他的面部，但我看到了他隐忍的表情，忍不住过去拥抱了他。时间不允许我用语言表达更多，而且我觉得无论用什么语言都无法清晰、准确地表达出自己当时的感受，两条汉子之间的一个拥抱，或许能够表达相互间的一种敬意，让对方感觉到我们对他的尊重之情、敬佩之心、同胞之爱。

有评论者总爱以"人文"为借口，抨击电视晚会善于制造廉价的感动，赈灾晚会让灾区的人们登台发言是在揭人心灵的伤疤。作为一名普通的中国人，从小我便知"国家"二字的分量。皮之不存毛将焉附？在那种特殊的时刻，需要有一种大爱，超越个人情感，将整个民族凝聚起来。媒体人的职责，就是要激发乃至放大这种民族大爱。以春晚班底打造一系列大晚会，表达的是一个国家的诚意。一个国家的诚意，表现在空降兵明知是死亡也要跳下去救援；一个国家的诚意，表现在不计代价地第一时间挽救公民于水火；一个国家的诚意，表现在用强大的国力支撑着你精神层面的尊严。

这样的大感情绝不是空泛的口号，而是对每一个公民从生命到心灵的实实在在的全方位救赎。

奥运，有我一棒

2008年六七月间，我内心的过山车冲到了至高的一段轨道，一阵俯冲，又一阵腾跃，激荡起伏。刚忙完《向祖国汇报》的晚会，有一天我忽然接到了甘肃省体育局副局长石生泰的电话："朱军啊，跟你说个事儿。你当第一棒火炬手恐怕是不行了。"我心下一惊："怎么了？""省里临时决定，第一棒由抗震救灾英雄传递。""5·12"大地震发生时，甘肃是除四川之外灾情最重的省份，地震过后，甘肃陇南地区涌现出了一批抗震英雄，由抗震英雄来完成兰州圣火第一棒的传递，很有意义。

我稍微喘了口气，道："我能理解，完全理解。我传第几棒？"电话那头顿了两三秒，局长的声音再次响起："最后决定，由你传最后一棒。"最后一棒意味着圣火盆将由我点燃，这不是更好吗！我兴奋得不能自已："太好了！那我什么时候回去？"局长道："如果你没什么大事，我们希望你尽早回来。

火炬进入甘肃的第一站是敦煌，那里有个交接起跑仪式。反正你也得回来传递火炬，不如提早两天，先到敦煌帮我们把起跑仪式张罗一下。"我心里乐坏了，连说没问题。

说到传递奥运圣火这件事，我要特别感谢甘肃奥组委和甘肃省体育局。当时全国各地上报奥运火炬手名单时，有些地方向我发来了邀请函，但我觉得到哪儿当火炬手都不如在自己家乡，于是就给甘肃省体育局副局长石生泰打了一个电话，主动请缨。局长听完就说："这个事我们知道了。朱军，你能回来传递火炬，对家乡来说当然是件好事儿。你等我们的消息吧。"好消息很快就传来了，甘肃奥组委和体育局把我定为兰州的第一棒火炬手。无论是第一棒还是最后一棒，都是至高无上的荣誉，我一定会不辱使命，完成奥运圣火的传递。

当圣火穿越河西走廊，进入甘肃的第一站——敦煌那天，出现了一件奇异的事。当时晴空万里，敦煌火炬起跑仪式正进行中，忽然间一朵白云不知从哪里飘过来，在敦煌莫高窟的九层楼阁上空徘徊。那朵云彩的形状非常像奥运火炬上的祥云，漂亮极了。再仔细一看，我发现那朵祥云是由两个面对面的飞天女神的形状组成的，而且有鼻子有眼，有头有身体，拖着长长的飘带，裙摆随着云卷云舒摇曳得迤逦多姿。这鬼斧神工的造物主，在这个时刻，在这个地方，抟出这样令人惊叹的艺术品，简直太神了！当时我特别后悔手上没拿照相机，想让摄像师拍下来，但前面有个人正对着镜头讲话，我没好意思打断，一直等他讲完，我赶紧一指天上："看，祥云显瑞！"可惜等镜头摇上天的时候，云已经有些散了。此情此景，让人感慨良多，我们做好了一切准备等待着2008年8月8日那个大日子，然而在百年圆梦之前我们却先经历了雪灾、地震等各种百年一遇的灾祸，真是好事多磨。但是这一切没有吓退中国人，大家万众一心，终于跨过了那几道坎。也许是多难兴邦，也许是我们的精神和信念感动了天地，祥云显瑞，真是个好兆头！

敦煌圣火传递仪式结束后，我就赶回了兰州，为传递圣火最后一棒做准备。看到家中最小的兄弟有幸参与这么重大的活动，全家都很高兴，大家相约第二天到现场给我加油助威。最后一棒安排在了7月7日中午，这天早晨9点多钟，我就换上火炬手的服装，一家人兴冲冲出了门，赶往火炬交接点。

兰州是黄河唯一穿城而过的省会城市，兰州火炬传递的路线围绕着母亲河两岸展开，几乎就是一条"黄河风情线"：从"天下黄河第一桥"中山桥开始，沿黄河南岸向西，经银滩大桥转道黄河北岸，在北岸向东传递一段距离后，圣火穿过黄河大桥，再次回到黄河南岸，继续东传，直到河畔的水车博览园。

市政府在南岸滨河路上建了一条长达十里的景观带，景致优美，我和梅梅谈恋爱那会儿经常来此散步。小时候我家就住在水车博览园附近。早先这里有两架大水车，人们把黄河的水车上来浇灌周围的菜地。"文革"期间水车曾被拆毁过，后来又作为一个景观标志恢复了，还建成了现在这个向市民开放的街心公园。当我得知火炬传递路线的时候，心里又一顿感慨：好家伙！这回可实实在在是在自己家门口迎接奥运圣火！一路上全是我成长的记忆和足迹。

甘肃电视台的工作人员已经在交接点布机器做准备工作了。摄像、导演都是曾经和我共事过的好兄弟，主持人更熟，是我在兰战歌舞团的相声搭档陈立伟。大家都按捺不住激动，隔得老远就打起了招呼。

跑道两侧挤满了热情似火的市民，大家都急切地盼着火炬的到来。中午11点30分，第295棒火炬手擎着火炬刚出现在水车园，大家就高声喊道："来了，来了，火炬来了！火炬来了！"

当我和第 295 棒火炬手在黄河边的水车博览园交接完毕后，我们将各自手中的火炬摆成"V"字造型，并击掌致意。随后我高举着熊熊燃烧的祥云火炬，步履轻快地踏上了兰州最后一棒的征程。

我接过了最后一棒，高高地擎着奥运圣火，时不时向道路两边的父老乡亲挥手。背倚摩天轮似的巨型水车，听着水车提灌的声音，我的情绪越来越高昂，步子也迈得越来越大，以至于跟镜头的摄像朋友一个劲儿让我慢一点、慢一点，他扛着摄像机，简直快赶不上我的步伐了。在圣火传递的过程中，随处可见人们打出"弘扬奥运精神，支持抗震救灾""携手相传圣火，同心共建家园"等标语。奥组委还在起跑点、沿途和回收现场设立了多个抗震救灾的募捐点，以发动社会支持灾区，这是圣火传递过程中的一道独一无二的风景线，也是最为彰显奥运人文精神的动人一笔。

奥运圣火在兰州传递的总路程大约 27 公里，平均每个火炬手跑 100 米左右，我因为是最后一棒，一口气跑了二三百米，可当我抵达终点时，还有些意犹未尽。梅梅抱着毛头，和姐姐们站在终点朝我挥手致意。我虔诚地用双手举起火炬，深深地献上一个吻，随后将火炬伸向圣火盆。11 时 45 分，奥运圣火盆点燃了，黄河两岸的奥运激情也点燃了，在场所有人都热烈地鼓掌欢呼起来。

望着熊熊燃烧的奥运圣火，那一瞬间，一股自豪的暖流突然袭击了我。感谢家乡的父老乡亲，感谢奥组委，把甘肃圣火传递最后一棒这样一个殊荣交给了我。诚如我在接受采访时所说："点燃圣火盆的一瞬间，我们也点燃了激情，点燃了梦想，点燃了陇原儿女对北京奥运会深切的祝福和期盼！"

这样的时刻，这辈子估计就这一回了

大事发生，我在现场！这是许多媒体同行引以为傲或不断为之奋斗的一个目标。作为综艺节目的主持人，我也有幸亲历过许多重要时刻的重大仪式现场，当了多次"坐在第一排的观众"。

从北京申奥成功那天开始，我几乎全程参与了一系列与之相关的活动。奥运会会徽的发布、火炬的传递点燃和奥运会开幕式并称为奥运会运动当中的三件大事。幸运的是，这三件大事一件不落，竟然全都让我赶上了。

2003 年 8 月 3 日晚上 8 点 30 分，中华世纪坛前，一辆流光溢彩的敞篷双层观光大巴启动了。这不是一辆普通的大巴，这辆车将载着神秘的第 29 届北京奥运会的会徽从中华世纪坛一路走到举行会徽发布仪式的天坛；同时，这辆大巴也是国内第一间移动直播室，在这个晚上，中国首次实现了长距离的移动直播，这辆车书写着中国电视史的一个崭新篇章。而登上这个移动直播室的第一批旅客，就是我和周涛。

我们的身份比较复杂，在这辆移动直播车上，同时扮演着乘客、报站员、导游三重角色。社会各界的代表，比如文化学者、公共汽车售票员、奥组委官员、小学生等也都陆续上了车，一路上我们要和他们进行互动，并全程报道奥运会会徽的运送过程。前一天晚上，我和周涛冒雨彩排了一遍，当时信号设置、时长、路程都控制得非常准确。但到正式直播的时候，我手心里还是捏了一把汗，毕竟这套长距离移动直播设备是首次投入实战，我们不想出现任何差池。

在观光车的顶层，摆着一张茶几，一只大方锦缎盒子已被端端正正地放在上面，我知道，那个神秘的东西此刻一定安静地躺在盒子里。压抑着揭开盒子看一眼的冲动，我和周涛一边一个挨着茶几坐下，面对镜头开始给全世界观众介绍北京的街景。

站在敞篷大巴上，以另一个视角俯瞰长安街，现代北京最繁华最亮丽的一条街景几乎尽收眼底。那天的长安街显得与以往不同，璀璨亮丽的夜空极富魅力，尽显国际大都市的开放和大气。我忍不住感慨，这真是我生活和工作的城市吗？那一刻，想到自己作为这个城市的一份子，也参与建设了这个繁华的城市，为它添加了一抹亮色，我顿感自豪。

一路上，那只锦盒离我不到 50 公分，但它依然是一个遥远而巨大的谜团，不停地撩拨着我的好奇心。采访奥组委官员时，我忍不住对他说："我真想打开看一眼。"他微微一笑："不光你，可能现在所有人都想打开看一眼，但那是不可能的。只有等到 30 分钟以后，到了天坛现场才会隆重发布。"我问："奥运会会徽真的在这里头吗？"他肯定地点点头："确实在这里。"他告诉我们，本届奥运会会徽是从 1985 件国内外参选作品中甄选出来的，经历了准备、竞赛、评选、修改、审批通过和公布 6 个阶段，足足历时 1 年 4 个月。

一听会徽出炉的道路如此漫长而曲折，我更不死心了，故意套他的话："这个会徽为什么好？能否告诉我它好在哪里？"他显然是有备而来，回答得滴水不漏："告诉你好在哪里的话，答案就揭晓了，我没有这个权力，我是签了保密责任书的。"这下子我没辙了。奥运会会徽的保密工作确实做得极其到位，为了安全，我和周涛事先也被要求签下保密责任书，因为这属于国家机密。

大巴进入天坛公园南门时，一片翠柏扑面而来，一下子把我们从一个车水马龙、灯火辉煌的现代都市拉入了一条厚重深邃的历史隧道。道旁每株古柏上都布了光，苍翠欲滴的枝桠间发出幽幽的墨绿色光晕，更让人感觉到古代祭坛的肃穆、庄重、深沉。天坛入口处错落有致地竖立着几十个灯箱，每个灯箱上都印有历届奥运会的会徽，意趣盎然。大巴在诞生于各个时代、彰显各种文化的会徽中穿行，缓缓地进入天坛公园。

天坛祈年殿的规模虽然不是很大，但它作为中国古代的标志性祭祀场所，伫立在一片比故宫还要开阔的广场中央，四周空旷，加上建筑本身所体现出的天圆地方的东方哲学设计理念，另有一番宏伟气象。台基外围原本是两道汉白玉围栏，张艺谋稍做调整，又加了两道用泡沫仿制的围栏，骤然将天坛烘托得更高，更加气势如虹，庄严神圣。古老的祭台上人头攒动，暖色调的灯光照在朱漆大门上、洒落在蓝色琉璃瓦上，彼此交相辉映，给天坛带来前所未有的时尚亲和与生机勃勃，历史似乎与当下融合了。

大巴驶入天坛东门，稳稳地停下。邓亚萍和成龙从祈年殿的台基上拾级而下，共同接过了锦盒。看着他们把盒子抱入祈年殿，我和周涛齐松了一口气，任务顺利完成。我们站到观众席后头，等待见证中国印发布的那个历史时刻。

中共中央政治局常委、全国人大常委会委员长吴邦国与奥运会协调委员会主席维尔布鲁根一道主持了会徽的揭幕仪式。晚上9点整，吴邦国和维尔布鲁根一齐打开装有奥运会会徽的紫檀内盒，取出一枚玉质徽宝，它的造型颇似中国古代的玉玺。我心里由衷地惊叹了一下，印章文化是中国文化的典型代表，把会徽图案刻在印章上发布，体现了独一无二的中国特色，实在是别出心裁。

我屏住呼吸，目不转睛地注意着主席台上的一举一动。吴邦国和维尔布鲁根共同握住那方徽宝，一同盖下。随后，一幅白屏冉冉升起，缓缓展开，困扰我一路的谜底终于揭晓了！

当我第一眼看到"中国印"的时候，心中的感受只能用"震撼"两个字来形容！小篆"京"字的形状乍一看像一个挥舞红绸带的运动员，他仿佛在赛场上纵横驰骋，又仿佛在向全世界展臂示意"北京欢迎你"；这个"京"字又酷似汉字的"文"字，彰显着华夏民族的文化底蕴；底下用汉隶书写"Beijing2008"，最底端则是奥运五环，把中国的印章文化、书法文化同英文、奥运元素新颖地结合，非常有创意。

记得北京奥组委的蒋效愚先生曾经说过，2008奥运会会徽有三大特点，第一点是体现了灿烂的中华文明，第二点体现了奥林匹克"更快、更高、更强"的主旨和精神风貌，第三点是既体现了我们中国的灿烂文明，同时又展现了当代中国的动感和活力。把历史和现在、体育和文明、东西方的文化有机地结合了起来，充满了中国人的智慧，体现了一个核心的理念：历史和现代的碰撞。

这是奥运会申办成功以来，我参与的第一次重大活动。这天晚上的长距离移动直播体验也令人难忘，车上、街上、天坛，到处都可以充当直播室，直播车上的受访者、路上向我们挥手示意的行人、天坛现场的来宾，乃至电视机前的观众，大家有意无意间都参与了奥运会会徽的揭幕仪式，这种直播方式大大拓宽了仪式的范畴，几乎达到一种全民参与的广度。

紧随其后的就是奥运吉祥物福娃的发布。头天晚上彩排，临近结束，导演通知主持人留下，其他演员清场。这次又让我们每人签署了一份保密协议，不过签完协议后，我们比全国人民提前十几个小时一睹福娃真容。

在正式的发布仪式上，福娃将以充气人的形式亮相，因此彩排的时候它们必须登台走一遍场地，我们主持人则要负责介绍这几个福娃的寓意。"北、京、欢、迎、你"，每个字分别对应哪个吉祥物，都得提前和它们认识一下，第二天才能对号入座向观众介绍。

第一眼看到福娃的时候，我有几分意外，感觉和自己想象中的挺有差异。

我心目中的吉祥物比它们更抽象一些，有点类似上海世博会的海宝，还会具备中国古典元素，尤其是古代建筑的特征。现场每个福娃的体积都很硕大，身上的图案一目了然，鱼、大熊猫、火娃、藏羚羊、燕子都能一一辨识清楚。再看几眼，觉得这些福娃一个个憨态可掬，还挺可爱。

2007年7月，距离奥运一周年之际，我还荣幸参与主持了一次更大的盛典，那就是在天安门广场举行的奥运会倒计时一周年晚会。剧组在人民英雄纪念碑和国旗旗杆之间搭起一个巨大的圆形舞台，上下叠着两层，上面一层较小的圆台面是玻璃材质的，溜光水滑，演员站上去表演，极具美感。这个舞台真是硕大无朋！但是天安门广场太宽阔了，看电视直播的时候，根本不觉得舞台有多大。天安门城楼上布了上百个镭射灯，灯光的效果跟我们小时候看到图片上的天安门一模一样，光芒万丈，天安门成为这个圆形舞台的华丽背景。

虽然经历了那么多大场面，但收到主持通知时，我还是激动万分，而且简直可以用"雀跃"来形容，这份激动一直延续到正式直播。时间非常紧迫，来不及现做衣服，就挑选了主持春晚时穿的一套黑色礼服——在这样的场合，怎么隆重都不为过。

因为在天安门广场和长安街上清场太过兴师动众，所以这台晚会和护送奥运会会徽仪式一样，都只在直播前一晚进行一次彩排。头天下午先走一遍台，晚上彩排。那次我和杨澜搭档，我们两人坐在舞台上，夕阳西下，光照色温最合适的时候，天安门城楼上的千万盏灯光倏然间打亮了，一瞬间爆发出无数道光芒，直刺舞台。假如你不在现场，真的很难想象那幅场景，恢弘、壮美、闪耀、温暖。当时我俩都特别激动，我对杨澜感叹："咱这辈子恐怕就这一回了。"她深以为然。直到现在回忆起来，我也觉得恍如做梦，你不可能在中国的核心区域找到第二个这样的广场，再在广场上搭建一个舞台，并以天安门城楼作为舞台的主要背景。这样的机会实在是绝无仅有，一辈子能经历一次，已属奢侈。

回想自己一路走来，还真的挺幸运的。我之前和天安门有过两次交集，第一次是国庆35周年参加军乐团演奏，第二次是1994年刚进央视工作时，参与报道了国庆45周年庆典，当时我站在正阳门下，作了一段仅仅几十个字的解说。只是我做梦也不会想到，当年那只"菜鸟"飞啊飞，居然十几年后就这样站在国家心脏的核心地带，深度参与世界大事，真有一种无以言说的自豪与荣耀。激动之余，内心还隐隐有些惴惴。

值得一提的是，这次直播晚会有一个细节安排得特别人性化。为了贯彻人文北京、和谐奥运的精神主旨，在天安门广场上举行那么盛大的一场活动，整个天安门附近的交通都没有断流。前景，广场上的晚会热热闹闹地开演；后景，天安门城楼壮丽无俦，整条长安街上依旧车水马龙川流不息。国家庆典与日常生活并行不悖，两幅图景，两种节奏，和谐地交织在了一起，统合为一项全民参与的仪式，热闹鲜活而真实地把一个现代北京展现给全世界。在这一点上，我非常欣赏晚会导演的构思，假如那天实施了交通管制，把马路清得干干净净，一辆车都没有，反而失去了人性化和真实感，单一的宏大叙事始终无法达到那种可爱动人的效果。

大概这台晚会带给我的振奋和新鲜感太强劲了，经历过这次，我心里头那份激动逐渐沉淀下来。随着奥运会脚步的临近，我反倒越来越平静了。

奥运会开幕式前夕，我做好了随时听候工作指令的心理准备，但是到最后也没有得到通知，倒也暗自庆幸。主要庆幸两件事：第一，燕京集团为了答谢我在2007年主持"燕京啤酒狂欢节"活动，赠我两张北京奥运会开幕式的门票。奥运门票统一采用实名制购买，但是僧多粥少，向来紧俏，尤其是开幕式，那真是一票难求，花钱求人也买不到。燕京集团是奥运会赞助商之一，持有一定比例的开幕式门票。我攥着那两张入场券，感觉像捧着天上掉下的两块馅饼，热乎乎沉甸甸的。第二，假如我被安排主持开幕式前的热场环节，等正式开场时我就得退场回家看电视直播了——根据那天的交通状况，回到家大概能看到点火炬。可见，这两个条件缺了其中任何一项，我就会和现场的开幕式失之交臂。大概看在我这些年工作卖力的份儿上，幸运女神朝我微笑了一下，那两个小概率事件竟然都实现了。

还有更小概率的事也奇迹般发生了。2008年8月8日下午，我和梅梅专门套上两件印有"中国"字样的红色T恤，拿着相机，策划了半天行程，决定坐地铁去鸟巢。我们到得很早，在鸟巢熙熙攘攘的人流中，一个熟悉的身影蓦地闪进我的视线，这个人不是我大哥吗？确认自己没走眼，我立刻喊了一声："大哥！"大哥回过头，一看是我，兴高采烈地朝我走来。我喜出望外，问他："你什么时候来的？"大哥道："昨天来的。"都来了一天，连个电话都不打，我有些生他的气："你来怎么没跟我说？"大哥冲我憨厚地笑笑："想着你这个时候肯定忙，就没有跟你说。"我们的座位不在一起，索性站在鸟巢外聊了一会儿天，时间差不多了，才各自进场。

邻座的观众一个都不认识，但大家那天都奔着同一个主题而来，所有人都兴致勃勃，分外投缘。我的座位一侧挨着通道，通道里站着一大群身穿蓝T恤的志愿者，他们带领观众一起鼓掌、欢呼。刚进场的时候，他们很惊讶，似乎觉得我不站在舞台上，却出现在观众席是件很不可思议的事。"朱军！你怎么在这儿？"我乐了："我还不能逮个机会来看看开幕式？"

每个座位上都放着一只环保帆布包，里面装备齐全，有一面国旗、一面奥运会的会旗、一块红纱巾、一瓶水，还有一支小火炬状的变光荧光棒，摇

穿着印有"中国"字样的红色T恤,我们在"鸟巢"前留下了这张珍贵的照片。

一摇荧光棒,上面会出现"中国印"的图案,换一挡再摇一下是"北京欢迎你",接着还有福娃,不同挡位、不同方向会摇出不同的图案,真是很别致的一个小玩意儿。

到现场观看开幕式和通过电视屏幕看直播完完全全是两码事。巨大的击缶方阵敲响的时候,灯光暗去,十九八七六五四三二一,每秒钟齐刷刷地跃出一组相对应的汉字和阿拉伯数字,想到成百上千位表演者隐匿于黑暗中,动作却如此协调划一、齐整精密,除了感到震撼还能说什么呢?焰火在鸟巢上空绽放时,仿佛就擦着头皮訇然炸响,沿着鸟巢边缘喷涌而出的一圈金色火焰,照得头顶上的夜空光耀如白昼,火花溅落,恍如金色瀑布飞流直下——

泻千里，惊心动魄，异常炫目，简直让人睁不开眼。

升旗仪式也设计得相当出彩。我的位置靠近旗杆后方，视线极佳。林妙可站在旗杆下唱《歌唱祖国》，55个少数民族的孩子拉扯着一面大国旗，踩着细碎的步子，挥动着小胳膊走来。解放军仪仗队的护旗手则挺立在升旗台前等待接旗，个个都是一米八几的俊朗青年，魁梧挺拔，身穿制服，戴着白手套，脚蹬皮靴，把中国男儿的飒爽英姿展现得淋漓尽致。他们接过小朋友手中的旗帜，将五星红旗高举过头顶，踢着全世界最无可挑剔的正步走到旗杆下。当天真烂漫遇到庄严威武，一谐一庄，一动一静，分明是截然不同的两种风格，但此时此刻，这番搭配却让人感到无比的和谐。升旗手展臂一挥，鲜艳的五星红旗徐徐升起，瞬间点燃了现场的激情，全场同时大声吼唱国歌。现场没有磁带配乐，大家真的都是用嗓子在吼，直冲云霄。那一刹那，我实实在在地感受到仪式的现场感，那么地真实，真实到充溢全场的精气神仿佛都变得有形有体起来，简直可以在空气中触摸到。一股情感洪流溢满了全身，身上每个毛孔都贲张开来，每根汗毛都竖立起来，仿佛要把全身心的感情都释放出来。

开幕式接近尾声时，我用胳膊肘碰碰梅梅，伸手指指右前方的碗沿："快看！火炬要立起来了！"梅梅问："在哪儿呢？"那时候黑灯瞎火的，火炬还倾斜着，如果不特别关注，根本看不清。可能参与的活动多了，有了一种职业敏感。入场前我在玲珑塔下对着鸟巢拍了很多张照片，笃定地告诉梅梅："鸟巢顶端有间房子。如果我没有判断错，主火炬塔应该在那儿。"梅梅将信将疑。但我觉得这个可能性非常大，因为点火仪式一直属于高度机密，火炬极有可能被就近藏在房子里。为了验证我的猜想，观看开幕式时，我时不时关注着小房子方向的动静。果不其然，当外场火炬手一棒接一棒传递奥运圣火时，主火炬塔已经不着痕迹地在那个地方缓缓竖立起来，并逐渐为大家所见。

不过开幕式的高妙之处在于，就算我猜中了开头，也猜不中结局。虽然摸清了主火炬塔的藏匿之处，可如何点燃那支巨大的火炬对我来说依然是个悬念：一般的"超级碗"体育馆是由两个不合拢的半圆组成的，两头透风，而我们的鸟巢则与众不同，它是一个封闭的碗，要是在舞台上点燃那么大的火炬，非烧到观众席不可。

当李宁接过最后一棒火炬，凌空绕场一周，飞升到鸟巢顶端点火时，我的困惑终于解开了，我不由得拍案称奇，这个设计太有想象力了！李宁在空中奔跑，鸟巢的碗沿循着他的足迹，用投影的方式把奥运火炬从希腊到中国传递的全过程再现了一遍，一步一个回溯影像，当影像中的火炬传递到北京天安门广场时，李宁正好绕场一周，这时影像结束，虚实合一，万众的注意力再次聚焦到他的最后一棒，期待他点燃主火炬塔的圣火。

李宁手中的祥云火炬接近主火炬塔时，他前倾的身躯忽然停滞了。我心里猛地一沉，唯恐出现什么意外。边上也有观众急了："怎么还不点呢？"大约过了几秒钟，火炬才被点着，奥运之焰熊熊燃烧，烟花漫天，全场一片沸腾。

后来我就此事请教过李宁："为什么停了几秒才把火炬点燃？"李宁告诉我，身体被吊在空中，沿着体育馆的碗沿凌空跑上那么大一圈，别说一支2斤重的火炬，就连一瓶矿泉水，任谁都攥不住，因此他身上拴着两根钢索，持火炬的胳膊被其中一条钢索固定死，根本动弹不得，无论身体竖直还是倾斜，完全由钢索操纵，他在空中无法自行控制。虽然他手上的火炬非常靠近主火炬塔，但也无法再向前挪动半寸，要等到钢索移动，才能点燃火炬。

我又问他："那么高，你吊上去害怕不害怕？"李宁道："你说呢？我告诉你吧，头一次吊起来的时候连三分之一高度都不到，我就让他们把我放下来了,晕!"我们坐在底下的观众席,仰头看他,几乎只能看到一个点。能够想见,那样的高度,对于血肉之躯来说是何种挑战——即便他是"体操王子"李宁。训练之初那几天,李宁每次要被吊足三分钟练习凌空奔跑,被放回地面时他常常双脚麻木。但他凭着惊人的意志力咬牙坚持,一点一点地训练,前后持续了一个多月,终于演绎出宛若惊鸿的一幕,震动了全世界,奥运开幕式完美收官。

看完了奥运开幕式,我的大脑一直处于兴奋状态,胡思乱想了很久。后来见到开幕式的导演张继钢、张艺谋,我就主动地献策:"我放一个马后炮啊,看到你们的那个点火仪式,我受到启发,也琢磨了一个方案。"

"打从一开始就有一幅画轴,贯穿了开幕式的大部分内容,小孩在上头画画,运动员从上面走过,踩出一幅山川河流,这些设计多棒!但是那幅画轴到最后没有交代了,有些可惜。不妨把它利用到底。点火仪式的时候,画轴立起来,卷成一支祥云火炬,火炬手走过去一点着,祥云火炬升上天,然后把主火炬塔点燃。这事挺靠谱的,画轴和祥云火炬,本来就都是一张纸的概念。"

他们听罢,笑道:"你这个设计还有点意思。想法挺好,可怎么实现啊?技术上有很多问题都解决不了呢。"

开幕式给北京奥运会打了个开门彩,在其后的半个月赛事中,中国的体育健儿也是捷报频传。转眼临近闭幕,这次我没闲着,和董卿搭档解说了闭幕式。

闭幕式当天,我们走进设在主席台西侧的媒体席,几百名国外媒体记者都在那儿进行紧张忙碌的报道工作。国外电视媒体录制奥运新闻时,大多数转播的是我们中国的公共信号。所有外媒记者看到佩戴着中国记者证的我们,一致伸出大拇指冲我们微笑,当时我心里的自豪感别提多强烈了。

那天的解说,我只给自己提了一个要求,就是稍微控制一下自己的情绪，因为有了在现场看开幕式的亲身体验，我觉得情绪可能会过度饱满。按理说，像我这种一天到晚跟晚会打交道的人，在现场都能被歌舞催眠，很少有什么事情能够让我激动起来。但是开幕式太让人震撼了，我真正地激动了，这种激动的心情一直持续到闭幕式。所以那天一直默默地告诫自己，别太激动，别太过头。电视体验毕竟不同于现场体验，在电视机前看到的是一个局部，如果解说的情绪太过的话，电视机前听着会很夸张、很刺耳。所以那天我对主持词的处理，在不失激情的前提下，更多是以诗意、抒情的方式去表达，把现场热烈、激昂的信息传达给观众就行。

我常对自己说，这个职业的优势在于，你总是站在第一排，近距离地见证历史事件的发生，很少有人有这样的机会总是站在第一现场。奥运会闭幕式那种面向全球直播的大型活动，整个解说就两个人，你是其中之一，实在值得自豪！直播完了我便对董卿说："估计这辈子就这一回了，跟天安门广场的奥运倒计时一周年晚会一样，在有生之年奥运会再回到北京的可能性不大了。"在2008年能够见证这么多历史性的时刻，我感到心满意足。

见证祖国的奇迹

2009年9月初的一天，我突然接到来自全国政协办公室的一个电话："朱军委员，我们邀请你参加60周年国庆观礼，会尽快把邀请函寄给你。"自从接到这个电话，我总忘不了每天查看一下家里的信箱。盼了二十多天，正式书面通知才于9月下旬姗姗来迟。捧着那张邀请函，想到10月1日将以第十一届全国政协委员的身份观礼国庆 60 周年大阅兵，我心里万分感慨。从兰州军区战斗歌舞团的军乐手朱军，到中央电视台主持人朱军，再到全国政协委员朱军，这个非凡的国家盛典，见证了我的成长足迹，也牵连起了我和父亲各自 25 年的非凡记忆。

9 月 30 日下午，我来到集中地国际饭店，全国政协青联界别的十几个委员陆陆续续都来报到了，韩红、神州数码的郭为等人都在。青联界别和其他界别的政协委员不太一样，都是一群少壮派，我算是比较年长的，一群不同背景的青年才俊聚在一起，大家都极其亢奋，闲来无事做了一个决定，集体遛马路。

那时候路上开始交通管制了，街上车辆稀少，除了附近居民，也没什么行人，往日熙熙攘攘的十里长街显出少有的静谧，仿佛正为迎接明天的喜庆而养精蓄锐。其时日影西斜秋高气爽，一行人浩浩荡荡地穿行于道旁国槐下的树影里，风起影动，凉爽的秋风从树缝间漏下，我简直沉醉在这美好的金秋里了。

第二天一大早，我特意打了一条大红色的领带，又在上衣袋里插了一块大红的兜巾，以示喜庆。下楼集合，大家也都换上了正装，一个个器宇轩昂神采奕奕。我们排队接受安检，出了酒店，上了一辆大巴，向天安门广场驶去。此时受阅部队已到达指定地点列队完毕，一个方队挨着一个方队，方队的尾巴几乎排到了国际饭店门口。透过车窗朝外看，整个长安街的北侧都是受阅方队，一眼望不到头，车子一路向东，依次看到机械化导弹部队方阵、机械化部队方阵、陆军方阵、海军方阵、空军方阵、中国人民解放军三军仪仗队，整整齐齐地挺立在太阳底下，威武雄壮。

汽车徐徐开到天安门城楼的西观礼台下，甫一下车，我第一眼就看见了街对面的军乐团,年轻的战士们正在那里练习曲目。他们集结的位置我很熟悉,因为 25 年前我也曾站在那里。我在长安街的北侧,怔怔地注视军乐团良久。

军乐团的一位副团长一回头看到我了,朝我走过来:"怎么样朱军,看见我们这个队伍还是很激动吧?"我点点头:"很激动!可惜回不去了。"

当年我在军乐团的时候,我们二大队有个分指挥名叫于海,现在他已经荣升为军乐团的团长兼总指挥了。今年乐团在沙河机场集训期间,于海团长跟我通了好多次电话,鼓动我回训练营看看:"我告诉你,现在军乐团的水平和咱们那个时候相比,真叫天地之别!现在队伍整齐,技术好,乐器也先进,你来看看。"刚开始他这么跟我说的时候,我觉得自己已然是一个局外人了,再去军乐团看人家排练好像不太合适,怕影响人家,而且自己工作也忙,就一直拖着。大概到了 9 月中旬,于海又给我打了一个电话:"朱军,你是知道的,你这个时候再不来的话,我们可就封营了,还不来看看?"临近十·一那几天要保证训练营的绝对安全,整个训练基地不允许外人进去。我有些迟疑:"我去合适吗?"他说:"有什么不合适的,大家都盼着你来呢。你来,给大家讲讲你的经历,大家会很感兴趣的。"

盛情难却,有一天我就去了沙河训练基地。确实,军营里发生了翻天覆地的变化。二十多年前,大家住在一个篮球馆似的大房间里,六七十张上下铺,没有空调,用的都是集体的卫生间和洗漱间。这次去一看,两人一个标准间,有独立卫浴设施,房间里还有空调,条件比我们那时候优越多了。

20 世纪 80 年代,部队普通战士的伙食费一天只有几毛钱,集训期间,军乐团享受的是飞行员的待遇,一天的伙食费是两块多钱。集训时按桌吃饭,一张圆桌八个人,每顿饭四菜一汤,每周三晚上有小会餐,六到八个菜,周六晚上是大会餐,八个菜以上,可以吃到海鲜和北京烤鸭,甚至有大桶的燕京啤酒畅饮无限。那个年代，生活条件普遍艰苦，两块多钱的伙食已经相当不错了，大家都很满足。现在部队食堂更先进，不再是一桌一桌、一盘一盘地上菜，改成了自助餐，每顿饭都有几十个菜，凉热荤素，鱼虾蟹贝应有尽有。我忍不住啧啧赞叹："简直是天壤之别！"于团长也喜不自胜："你再听听他们的演奏水平。"

战士们打开装备，我一看，呵，好家伙！所有乐器无论国产进口，几乎都是世界名牌，和我们那时候拉拉杂杂拼凑起来的家伙相比，真叫个鸟枪换大炮。不光生活条件好了，他们的演奏水平也比我们那时候高得多。记得国庆35周年时，我们准备了24首军乐曲，包括《阅兵进行曲》《分列式进行曲》等，但是那年我们只完成了其中的23首，有一首《咱们工人有力量》没有完成，大家觉得那首乐曲分声部的谱子太难了，需要具备相当的演奏技巧，当时我们还达不到那样的演奏水平。现在的军乐手，精湛的技巧配上优质的乐器，如同好马配好鞍，真给人一种视觉和听觉上的双重享受。

因为之前的那次接触，我在天安门广场再见到军乐团那些年轻的战士们时就备感亲切。跟郭副团长聊了几句之后，我就上观礼台了。10月是北京一年中最惬意的季节，那天的天气格外好，天上一片云彩都没有，干净清透，真是万里晴空。

10点整，北京市委书记刘淇宣布首都庆祝中华人民共和国60周年庆典开始，礼炮分队鸣响六十响礼炮，随后升国旗，奏国歌。

国歌奏响的那一刹那，记忆又把我拉回到1984年。那一年，国歌的第一个音符是从我们嘴里吹出来的，印象最深的就是节拍器啪啪啪地打着拍子。在那之前的几分钟，偌大的一个广场上人山人海，明明是雷霆万钧的气象，却安静得能听到自己的心跳，队伍前节拍器的摆动声清晰嘹亮，深深地刻进了我的记忆里。

升旗仪式结束后,阅兵仪式正式开始。军队方阵一个接一个地走过来,战士们的动作保持了几十年如一日的规范整齐,而各军种的服装则又是另一番变化了。35周年庆典时,解放军刚穿上改制的八五式军装,镶黄边的红领章,绿色的肩章,只有常服没有礼服;军乐团则第一次恢复了礼服制,礼服的红肩章上佩着乐徽,裤子上镶着两黄夹一红的裤线,穿上去神气活现。60周年的阅兵方阵,别说海陆空三军的制服和礼服;光是迷彩服都让人眼花缭乱,沙漠迷彩、野战迷彩、陆战迷彩、海战迷彩,各种门类应有尽有,甚至连钢盔的样式型号也是各不相同,武器装备也先进许多。随后的游行队伍、各省市自治区和各行各业的彩车,把祖国各地的特色风貌以最凝练最热闹的方式一一展现在全国人民面前,让人看得热血沸腾。

整齐划一的列队,庄严威武的军装,瞬间把我的思绪带回到了绿色的军营。20世纪80年代,部队的兵大多数来自农村,像我这种来自省会城市的士兵寥寥无几。初入新兵营,从学习铺床、叠豆腐块被子、整理内务开始,衣服鞋帽如何穿戴,立正稍息齐步走怎样规范,都要一一训练,非常辛苦。每天的作息也安排得满满当当,晨起出早操,早操归来整内务,内务之后吃早餐,早餐以后没几分钟就开始训练,训练完一个上午吃中饭,午饭结束有一个小时的午休时间,这一个小时班长不让我们上床,担心我们把内务搞乱,于是就命令一人搬一个小马扎,趴在床边休息一会儿,下午接着训练。

有一天我实在太累,忍不住爬上床,一头枕在被子上,腿一伸就睡着了。班长看见了,大吼一声:"谁让你上床睡的?"我浑身一哆嗦,从睡梦中惊醒,揉着眼没好气道:"床放在这儿就是让人睡的,凭什么不让我睡?"班长愣了半晌,厉声道:"这是部队的规定!"我牛脾气上来,跟他铆上了:"你把条例给我拿来,部队的哪一条条例规定中午不允许上床睡觉?你给我拿来。"几句话不合,我俩就呛呛起来了。班长一看,你个新兵蛋子,还敢跟我顶嘴?!一把将我拽到了床下。

床底下摆着一副马扎,我急了,一侧身就把马扎拽了出来,没等班长反应过来,站起来照着他脑袋就是一马扎。这下闯了大祸了!一个新兵,敢跟班长动手,了不得了!班长捂着脑袋,狠狠地瞪我一眼:"管不了你?!"他气呼呼地走了。

班长把这件事告诉了排长。排长把我叫到部队营房后面的一片杨树林里谈话。他先问我原因,我就一五一十如实说了。排长听罢,问道:"你觉得这事你做得对吗?"

"我打人不对,但是他把我从床上拉下来,他也不对。没有哪一条条例规定中午不能上床睡觉,我会在集合之前把我的内务整理好,他为什么不让我睡?"受心灵手巧的父亲的影响,我自己摸索出一套整理内务的办法,选个合适的角度,以适当的力度把被子一提、一搁就是方的,有的人用牙咬,拿板子夹都夹不成那样。因此我有信心,就算躺在床上睡了,也绝对不会因为内务问题拖全班后腿。

排长忍不住笑了,淡淡地责备一句:"他毕竟是你的班长,你这样可不对。"我说:"班长怎么了?班长也是人,我也是人。作为班长管理我,有话好好说就行,我听他的,但是他不能这么粗暴,凭什么把我拽下来?"排长叹口气:"你们这些城市兵啊,部队本来就对你们有看法。当班长的大部分都是农村兵,一直觉得你们没有部队的团结紧张严肃活泼的样子。你自己再不注意,他们对你的成见就更深。"整个中午,排长跟我讲了很多人生道理。部队里的战士都来自天南地北,能在一个集体中很不容易,过些年真要离开部队的时候,就会知道去珍惜这份战友情。那时新兵连的帽徽还没有发，他告诉我，当你把领章帽徽戴在身上的时候，你会感觉到作为一名军人的纪律和责任。末了，排长说道："你看这样好不好，你回去写一个认识，班长那儿，我也会严厉地批评他。认识写完，我们看你的态度，咱们再做处理不迟。"

我原本以为，发生那么大的事，我肯定会被处分。谁知排长处理这件事的时候，特别有技巧，他先问原因，弄清楚事情的前因后果，也没有一味地批评，而是跟我讲道理。我那时正值青春期，正是叛逆的时候，如果用粗暴的态度和方式逼我就范，我也许不会服气，会抗争到底，但那次排长说得有道理，更何况态度是那么地和颜悦色，于是害怕变成了一种感激。

回去以后我就和班长道歉："班长，排长找我谈话了，这事我错了，要不然你收拾我吧，你怎么收拾我都行，反正我错了。"班长笑了："错哪儿了？"我说："我不该打你。"班长扑哧一笑："你打我？我告诉你，我要真打你的话，十个你都挨不到我边上。"十个都打不过你？别闹了！我心想，当时虽然没说什么，但总觉得他在吹牛。班长挥挥手，很大度地放我走了。

直到三个月后新兵训练结束，我被分到了侦查一排侦查一班，这位班长依旧是我的班长，我这才发现，他所言非虚。班长在连队训练好多年了，认真动起手来，十个我都未必是他的对手，他真的只是不收拾我罢了。男人与男人之间过招，无论成败，大家都坦然接受，最后我心悦诚服。

一个新兵训练营，班与班之间、排与排之间、连与连之间都暗暗有竞争，彼此较着劲儿，相互比拼哪个班的新兵队列走得好。那时候我觉得不能给班长和排长丢人。我惹祸了，人家没有粗暴地收拾我，而是那么认真地跟我谈，我得懂得感恩，要干好了，给人家争气。

我的身体协调性原本就比较好，加上心中这个想法时刻鞭策自己，所以练习得很用心，我的队列动作在整个新兵营里一定是最标准的。在分列式的队列中，前排右侧的第一个兵叫"集中兵"，相当于队列中不说话的指挥官，75公分的正步步伐不能有丝毫误差，其职责就是把握步伐的大小和频率的快慢，通常集中兵由个儿最高的士兵担任，前后左右的人都以他为基准看齐。天安门广场举行阅兵式时，方队走到金水桥畔第一个华表处，需向城楼上的首长敬礼，前面两个领队敬举手礼，方队中所有人都抱着枪，枪口朝上，行45度注目礼，只有集中兵盯紧自己脚下的线，掌握好整个方队的步伐，无须敬礼。当时尽管新兵营里有个子比我高的战士，但他们都站在我身后，我永远是那个集中兵。

很快，我在新兵连受到各种表扬。每天中午休息时，班长就让我领着队列成绩不好的战士继续出操训练去，我心里的荣誉感和责任心与日俱增，根本不觉得那是份苦差事。三个月的新兵集训之后，我从200多名新兵中脱颖而出，获得了在部队的第一份荣誉——新兵连连嘉奖。

从那时候起，我产生了要向组织靠拢的想法。这点还是受到了家里的影响。从我记事起，父亲就在灯下做两件事，一是帮别人修表，二是写入党申请书。那个时候共产党员在我们心中非常神圣。要入党，非得成为最优秀、最拔尖的典型不可，得实实在在地付出自己极大的努力，让大家看到我要为共产主义事业奋斗终身的决心，甚至拼上命，才有可能入党。我参军的时候，连共青团员都不是，得先入团，才有可能入党。于是我在新兵连递交了一份入团申请书，下到连队一个月以后，光荣地加入了中国共产主义青年团，那年我不到18岁。父亲写了大半辈子的申请书后，终于在知天命之年获批入党。两年后，我也通过自己的努力，光荣地成为中国共产党的一员。

当时的入党仪式给人的感觉也特别神圣。记得和我同一批入党的只有五六个人，指导员集合全连，宣布入党宣誓仪式开始，请新党员出列。我们便一一出列，面对小党旗，由一名老党员领着我们宣誓，我们的身后站着整个连队。举起右手宣誓，发誓要为共产主义奋斗终身的那一刻，真是一腔热血都在沸腾，内心的那份激情完完全全被集体主义精神所点燃。

在我性情最躁动的那段日子里，无论是战士间互帮互助、互相竞争的那种上进心和荣誉感，还是入党仪式上所感受到的那份神圣庄重，有意无意间，自己的命运已经跟集体的命运、国家的命运，乃至时代的命运，都紧紧地绑在了一起。

在现在这个提倡个性、追逐自由的年代，大家的集体观念比过去淡漠了。但我始终觉得我们还是需要保持集体主义的意识，任何一个人要在世界上生存，他的价值观、行为尺度都无法脱离大的时代背景，无法脱离我们生活的这个大舞台。众人拾柴火焰高，集体主义就是点燃薪堆的那一把火。

阅兵式结束以后，我从长安街一路步行回到了国际饭店。有人来统计参加晚上国庆60周年文艺晚会的观礼者名单，我说："我去不了，你们观礼得观我了，我得去工作了。"大家了然一笑："对，晚上是您的活儿。"

同事们在台里的800平方米演播室里给我和董卿搭了一个小播音间，我们在那里完成了国庆60周年焰火晚会的解说。熟悉的同事，熟悉的演播厅，熟悉的紧张，熟悉的兴奋，熟悉的感动，一切仿佛又回到了春晚的舞台上。

对于中国而言，过去的2008年实谓多事之秋，这个国家经历了大喜大悲，一场牵动亿万国人心绪的灾难，一场圆了国人百年梦想的盛会，2009我们又迎来祖国60周岁的华诞。无论是国难还是国庆，春晚班底迅速组建起一个个前所未有的演出阵容，借助艺术的魅力，隆重表达着一个国家的诚意。在那些特殊的时刻，一次次浓墨重彩地书写荡气回肠的大情大爱，让我们所有人见证一个国家的奇迹，分享一个国家的荣光。

虽然是照稿解说，虽然只是透过监视器的小屏幕看天安门广场的大热闹，但我的心已经飞到了广场上。

"今天的中国普天同庆，举国欢腾！今晚的北京笑意盎然，欢乐和谐！今晚的天安门广场笑语欢歌，灯火辉煌！"

"今夜礼花漫天！"

"明天我们用汗水创造未来，编织希望！"

1959年，我的父亲参加国庆10周年庆典；1984年，我参加了国庆35周年庆典；2009年，我又观礼了国庆60周年庆典。站在天安门的观礼台上，感受着祖国的脉搏，倾听着祖国的心跳，我由衷地感到骄傲。祝福中国！

牵住风筝那根线

我们经常会说一句话，当你走远的时候，千万别忘了出发时的方向。在这个快速奔跑的年代，当我们不顾一切地往前冲的时候，千万别忘了回家的路。

1994年的大年初八，我和梅梅到兰州白云观游玩，求了一支签，签文说："璞玉雕琢已成器，东南西北任你游，四海皆朋友。"竟然一语成真，那年我离开兰州来了北京，从此就像一只四处飞翔的风筝，再也没停下自己的脚步。但是飞得再高，飞得再远，也总有一根无形的线牵着我。

大多数中国人都有一种浓郁的故土情怀，无论身在何处，故乡永远是我们难以割舍的牵挂，"每逢佳节倍思亲"早已成为打开每个国人心灵之门的钥匙。这种感情对于很小就背井离乡的父母亲而言，尤甚；对于从未在故乡生长但又对她满怀崇敬的我而言，尤甚。

我与故乡的"相遇"总带着一丝尴尬而匪夷所思的色彩。不知道多少次在饭桌上，只要提起河南人，总有人爱把他们和"造假"、"骗人"这些贬义词联系在一起，还会有人煞有其事地告诫大家："千万不要轻易相信河南人！"这类话竟能得到不少人的附和。等众人语毕，我总会站起来，给刚才发言的人恭恭敬敬地满上一杯酒，对他说："谢谢你们对河南人的评价，实在不好意思，在下就是河南人。"那人一听，登时脸红，急忙说道："哎呀，朱先生，你早说你是河南人呀。"我笑了笑："干吗要早说，我就想听听你们对我们河南人的评价，有什么不好？我希望从今天开始，从我这个河南人开始，你们对河南人的看法是不是可以有所变化。"

在大多数人眼里，我是兰州人。没错，兰州是生我养我的地方，但河南洛阳埋着我的"根"，那里是祖辈们灵魂的栖居地，那里有父母儿时的欢乐。自打记事起，借着父亲断断续续的口述，我就在心里为故乡和故乡人勾勒出大致的轮廓。洛阳、开封、安阳等历史名城，《清明上河图》的那一倾繁华，白马寺、龙门石窟等文化圣迹，无一不在我童年的想象中占据一席之地。父亲当了一辈子军人，而我也在部队度过了一段漫长的青春年华。父亲经常自豪地对我说："军军呀，当兵就要一心一意保家卫国，你可不能忘了，大英雄岳飞，那是咱的老乡！"后来，我又陆续知道了许多河南的"大人物"，才知道河南不仅出英雄，还是文人故里：上至老子、庄周，下到杜甫、李贺，无一例外都是咱河南人。我为河南自豪，也为河南人骄傲！

这里是黄淮伊洛各流域文化的汇聚之地，人文荟萃，但这里在历史上却一直饱经风霜。各种水旱天灾，各种兵连祸结，给当地的百姓带去莫大的痛苦。

在这样艰辛的条件下，大多数河南人顽强地活着，在如此恶劣的环境中生存下来的河南人可以说是全中国人里聪明的一拨。也有极少数河南人迫于生计，走上了造假骗人的道路，这成了后来河南人遭他人诟病的主要原因。然而我接触了那么多河南人，在他们的性格里，我既看到了中原文明的印记——睿智，又看到了西北人民的特质——豪爽。宽广的土地滋养了博大的人民，河南人从不怕吃苦受累，如广袤的中原大地一样，他们的本性质朴、豁达、真诚。年年春晚，只要中华戏曲大联唱一开始，豫剧那粗犷醇厚的一腔一调，总是能引发我对故乡的深切怀恋，也加深着我对祖祖辈辈命运的理解。

故乡河南是中华文明的发祥地，华夏民族的子孙多能在此追本溯源。循着时间的长河，顺着这根脉向东，来到长江入海口的黄浦江上，这是另一处人文鼎盛之地，中国现代文明蓬勃发展之所在，背倚长江，面朝太平洋，海纳百川，气吐万方。

2010年初，上海世博会一系列活动热热闹闹地开幕了。1月下旬，我和董卿以及两位上海主持人一同主持了世博会倒计时100天的晚会，那天的晚会非常有创意，搞了一次上海市民风采展示活动，展示了全市各个社区的文化，像是邻里间的一个大联欢，轻松快乐，活力四射。本届世博会的宣传主题是"城市，让生活更美好"，我觉得这个主题与这座城市的气质贴合得简直天衣无缝。

上海是中国经济的风向标，"十里洋场大上海"这个称谓真不是白来的。从纽约坐飞机到上海，下了机场，不会觉得浦东比曼哈顿差，相反，上海给人的感觉甚至比纽约更现代化。中西合璧的海派建筑，风情万种的南京路，精致细腻的上海人，都令人印象深刻。北方人的粗犷和上海人的细腻反差强烈。然而北方人的粗犷和豪放，有时候甚至装不下上海人的细腻。这些年和上海人打交道比较多，跟上海人谈事情时，开始他们给人的感觉比较磨叽，不像北方人，事情定了就拍板。上海人的契约意识很强，事无巨细都会关注，具体到每一个细节，甚至细致到住什么样的宾馆，吃什么样的饭，用什么车接送，找什么人陪同，都要一一落实在纸上。但是"叽叽歪歪"以后，每一步都按照事前商定的协议来执行，规规矩矩，不打一丝折扣。我觉得这是经济社会发展的必然，也是形成一个契约社会的必要条件，人与人之间订立契约，所谓丑话在先，然后再做事，把矛盾化解于事前，而不是之后。北方人有时候豪爽得不拘小节，事先没沟通清楚，过程中出现问题，就经常会搞得双方都很尴尬。大多数上海人有言在先，照章办事，这种周密而有效率的处事方式是我对上海产生好感的根本原因。

我第一次去上海是1986年，那时候随部队到上海演出，演出场地在西藏路和南京路的连接口上。当时连演了十几二十场，时间长了，和剧场里一个打扫卫生的大妈挺熟。她特别关照我，做了晚饭总喊我一起去吃："小朱，到我那儿吃饭去噢！"老太太是地道的上海人，一边吃饭一边和我交谈："你们是兰州的？"我说对。"兰州在什么地方？"我答："甘肃。"她点点头，我以为她知道，没想到她又问："甘肃在哪里？"我说甘肃在西北。老太太还是不解："那兰州在哪里？"我抓抓脑袋，想了想说道："兰州是甘肃的省会，相当于江苏的南京。"她这回弄明白了，又换了个话题："哦，那个西北是不是风沙特别大？"我说："还可以吧，至少兰州市还不错。"

当时正值七八月份瓜果成熟的时候，吃完饭，老太太切了西瓜，递来一块瓜在我眼前晃："你们那儿有西瓜吗？"我笑着接过瓜："兰州还有一个称呼叫'瓜果之乡'，不但有西瓜，而且兰州的西瓜还特别好吃。"她就不理解了："你在说笑吗？那边不都是沙漠？风沙那么大，怎么可能吃得到西瓜？每年能吃几颗西瓜？"上海人把"一个"叫"一颗"。我就解释给她听："在我们那儿吃西瓜不论颗,都论麻袋,都是成袋成袋地往家里背,背回家就塞床底下,也没算过一年会吃几颗西瓜。"老太太依然不相信:"你这个小伙子在逗我玩。"

当我真的逗她玩的时候,她却当真了。"你们住什么?"我说:"也住楼房。"她一脸狐疑:"风沙那么大住楼房?"西北即沙漠的观念在老太太的意识里根深蒂固,我就逗她:"我跟你开玩笑呢,我们那儿确实是戈壁滩、沙漠,我们都住地窝子。"她来劲儿了:"什么叫地窝子?""就是在地下挖一个坑,像地道一样,然后再挖一条壕沟进去,下到壕沟再往里挖房子。"她一脸认真地问:"哦,为什么要住那样的房子?"我忍住笑,也一脸认真地回答:"因为风沙大,一刮风,大石头就来回乱滚,住在地面上很不安全。"老太太特别善良,当即表现出极大的同情:"哦,那蛮辛苦的。"我点点头:"就是蛮辛苦的。"老太太随即喜滋滋地问我:"我们上海好吧?"我说上海好,她就特高兴,真是让人哭笑不得。

现在的上海日新月异,但是老牌资本主义体制下形成的商业传统没有变,这座城市的后劲儿就是大,不开发浦东则罢,一说开发,没有什么外力驱动襄助,几年时间,自己就发展起来了。老话说"大上海、小香港",把香港形容成弹丸之地,认为上海才是东方的大都市。如今,这座城市的包容性越来越强,越来越有国际大都市的风范与魅力。黄浦江上的这颗东方明珠正日益闪耀着璀璨的城市之光。

世博期间,我走访参观了八个有特色的馆,整个采访过程中,有两个馆给我留下了深刻的印象。

沙特阿拉伯馆的馆长听说我们要采访他,破例安排我们参观了沙特馆的顶楼。那里搭了一个棚子,恢复成沙漠地带的居住环境,摆放着各色沙特水果,地上铺着斑斓的地毯,毯子上垒起成堆的软垫,人们席地而坐。沙特馆的一个女执行官先出来接待我们，她对我说："我们馆长很熟悉你，而且他挺喜欢你的节目。"我很奇怪，沙特人还喜欢我的节目？不一会儿，馆长来了，他包着头巾，戴着头箍，穿着一袭阿拉伯白袍，飘逸地走来，我起身跟他握了握手。馆长操着一口流利的中文，说话风趣。他十分友好地接受了我们的采访，采访结束，他起身专门泡阿拉伯茶请我们喝。在阿拉伯的习俗中，请人喝茶是对客人的尊重。

喝茶闲谈的时候，我问馆长："你是甘肃人吧？"他看看我："是吗？"我很笃定地说道："如果我没听错的话，你应该是甘肃临夏人。"他眼睛一亮："你怎么听出来的？"我笑道："你一口临夏话，怎么能听不出来呢？"我从小在甘肃长大，对周边的方言太熟悉了，他张口说第一句中文我就听出了其中的味道。他也乐了："确实，我的祖籍是甘肃临夏。""那你怎么跑到沙特去了？"他告诉我，他是沙特的第三代华人，他爷爷那一辈从临夏去了沙特，他的父亲生在沙特，他也生在沙特。我叹道："你的中文说得这么好，还能让人听出临夏口音，这个不容易。"他说："从我爷爷那儿就要求，我们回家要说中文，到外面才说阿拉伯语。"在沙特，中文只能跟家族里的人交流，他爷爷说的是临夏话，他爸爸也是说临夏话，他跟他爸爸学的还是一口临夏话，我一听太好玩了，居然在沙特馆碰见了一个沙特籍的临夏人。

另一次比较有趣的经历是采访新西兰馆。新西兰馆把环保作为第一理念，以生机勃勃的鸟语花香景象著称，展馆屋顶是一座名副其实的大花园，布满新西兰特产的草木、花卉、水果和农产品，墙上也都种了草。展馆门口设计了一条林荫小道，进去之后，发现整个展馆都没有安装空调，全靠植物墙来调节室内温度。我们去的那天气温很高，但是室内却比较凉爽，那种自然的温凉让人觉得很舒服。有一处很有意思，一堵不大的墙上镶嵌着两个壁龛，分别陈设着一枚中国古玉和一枚新西兰古玉。我原本以为玉文化只有在中国才发达兴盛,没想到新西兰也崇尚玉,玉石文化同样源远流长。那一面墙似乎在告诉人们,中新两国的文化具有某种共通性。人类面对着大自然的慷慨馈赠,所秉持的美好态度总是殊途同归。我们就在那堵玉石墙前采访了新西兰馆长。

主持完世博会的闭幕式晚会,行走在世博园宽敞的道路上,阔大的园区内,远近一些展馆陆陆续续熄了灯。此时秋风送来一丝沁凉,我心里有一种宁静和满足。走远了再回头,中国馆在群馆之中鲜红醒目,在夜空中璀璨辉煌。我心里蓦地涌起一股感动。无论从北京到上海,无论从国内到国外,世界越来越平,地球越来越小,地球村的概念越来越大,人与人、民族与民族、文化与文化之间的联系也越来越紧密。不出国门,一样能领略到世界各地的风光和民俗,一样能把中国的文化和魅力传向各方。

在一个社会快速奔跑的年代,在一个经济迅速发展的时期,我们更要时时提醒自己,我们因何出发。无论这个社会发展到了什么阶段,无论我们的文化、经济如何日新月异,我们都不该忘了老祖宗的春秋大义,都不该忘了这一路是怎么走来的。

不是厚古薄今,盲目地贬损当下的文明,而恰恰是因为,在这片土地上,孕育中国现代文明的那些辉煌灿烂的传统文化和精神财富是如此的厚重深邃,珍贵耀眼,让人无法忽视。事实上,这既合乎创新的需求,也合乎我们的本心。譬如世博中国馆最引人注目的,是那一圈以清明上河图为蓝本的水墨动画;譬如奥运圣火在兰州传递的第一站是丝路的要塞,飞天的故乡敦煌;譬如这些年春晚最令人津津乐道的话题是"小虎队"的回归、"纵贯线"的陈酒新酿、王菲的复出。

行走在今天的中国，我试图努力地牵住风筝那根线，希望从传统文化中汲取养分，提高自身的修养，使自己变得更富有远见，更具有包容力，以一种自信、开阔的胸襟和姿态拥抱这个伟大时代的浩瀚文明。

这根线在哪里？在我们每个人的眼中，在我们每个人的手心，在我们每个人的脚下，在我们每个人的血管里，在我们每个人的心灵深处。

牵紧了，别松手！

(代后记)
零点时刻
CATCH MY MOMENT

　　每年主持春晚的时节，都是朱军一年中最瘦的时候。

　　这与工作的忙碌有关，更是朱军的刻意而为。为了保证以最佳形象和状态出现在春晚的舞台上，近几年他会有意识地控制体重。每年距离春晚还有两个月的时候，他就开始基本上不碰主食。那段时间，我和妈妈每天变着法儿煲点营养汤，准备一些维生素片剂给他吃。有时候看他实在饿得难受，忍不住劝他吃点主食。他摸摸微微有些凸起的腹部，一咬牙，转身离开饭桌。

　　看到丈夫的背影，些许的感叹常常在我心里流淌，但我想具体描摹时，又忽然感到语言是如此苍白。

　　就像亨利·沃德所言，爱情是世界上的生命之河。在这条长河里，我与他共同游弋和泅渡，到今年已经接近20年的时光。他的感性，他的泪水，在众人的口中被评判和解读，他的坚硬，他的执著，谁又曾经目睹？

　　从饮食的节制到时间上的把控，朱军的中年心境越来越进入了自由的格局，于自由中求规矩，在规矩中趋自然。作为妻子，我的感叹中又增添了宽慰、欣喜和钦佩。

从人生的舞台到春晚的舞台，作为妻子，作为观众，我们和春晚都在发生着嬗变。这些年，朱军站在台上主持春晚，我坐在电视机前看他主持春晚。年年岁岁，春晚在变，我们也在变，经历着人生的起起落落，经历着从外表到心境的各种变化。然而无论怎么变化，我们有一点没变，还是那句话：你好，我就好。

如果说"零点时刻"是象征意义上的人生拐点，我们可谓共同经历了许多刻骨铭心的"零点时刻"。我们的起点很低，一对"裸婚"的小夫妻，赤手空拳从兰州来到北京闯世界，我们一起吃过苦，一起当过"蚁族"。我们在一起的时候，也曾有过贫贱夫妻百事哀的辛酸。而正是每次归零后的重新出发，激情奋斗，才会迎来今日的美好生活。

这本书的出炉，是朱军在繁复的录制节目、紧张的MFA论文修改的空隙，几乎放弃了所有的休息时间写成的。当他开始起笔，让我帮忙搜集材料的时候，我不禁有些疑虑地问他："时间太紧了吧？"朱军笑了笑，只是说了句："除了每天画画，就是忙它了。"坚守在字与画的世界里，他似乎很享受地履行了自己的诺言。

为了写好这本书，朱军经历了一次漫长的回忆梳理过程。在此过程中，愉悦夹杂痛苦，有时候他控制不住激情，洋洋洒洒，有时候他遏制不住伤感，几度搁笔，无法继续。作为共同记忆的参与者，我只对他提了一个建议——拿出诚意用心书写。

我希望这是一本直达心灵的心理励志书，目的不是让人看到高不可攀的成功男人朱军，而是撇去浮在表面上的那层光鲜，还原一个最真实的朱军。成功肯定不是偶然的，每一个成功的人背后都付出了巨大的艰辛和汗水。我希望他能为读者展示隐藏在光鲜背后那些更真实、更阳光、更美好的东西，那也是一个更为立体、真实、全面的朱军。希望所有人读了这本书，看了朱军的故事，都可以从中寻找到一些于己有益的启发，从而有所思，有所感，有所悟，这样，我们的目的就算达到了。

每个人的成长史都不是个体奋斗史，我们俩的今天同样得益于周围诸多力量的提携和帮助。在这里，借朱军新书出版之际，我们向这些年来倍伴在我们身边的亲人，向尊敬的师长，向亲爱的朋友和工作伙伴们表示真诚的谢意。感谢你们，愿我们的情谊伴随岁月的流逝更加坚固。

朱军又在画画。我问他，假如要你为春晚画一幅画，你会画什么？

他放下画笔，很认真地思索了一阵，对我说："我会在前景画一些草花，比如萱草、凌霄、蒲公英、野菊花；在中景画很艳丽的花，比如茶花，比如木棉，黄鹂鸟、翠鸟、蜂鸟、蜜蜂、蜻蜓在花间振翅飞舞，远景，整个大背景会是层峦叠嶂的高山，山上倾泻着汹涌的瀑布……"

有优美，有盛大，有恢弘，有层次，有意境，有留白。

我想，这就是朱军心中的"零点时刻"。

谭 梅

2011 年 12 月 1 日

THE END

图书在版编目(CIP)数据

我的零点时刻/朱军著. —南京：江苏人民出版社，2011.11
ISBN 978-7-214-07644-1

Ⅰ.①我… Ⅱ.①朱… Ⅲ.①朱军－自传 Ⅳ.①K825.78

中国版本图书馆CIP数据核字（2011）第238279号

书　　　　名	我的零点时刻
著　　　　者	朱　军
责 任 编 辑	刘　焱
特 约 编 辑	俞　芬　宋　甜
助 理 编 辑	徐　茜　张　亚
责 任 校 对	陈晓丹　郭慧红
美 术 编 辑	孙　倩　申　佳　万　点
装 帧 设 计	门乃婷工作室
出 版 发 行	凤凰出版传媒集团
	凤凰出版传媒股份有限公司
	江苏人民出版社
集 团 地 址	南京湖南路1号A楼　邮编：210009
集 团 网 址	http://www.ppm.cn
出版社地址	南京湖南路1号A楼　邮编：210009
出版社网址	http://www.book-wind.com
经　　　　销	凤凰出版传媒股份有限公司
印　　　　刷	北京瑞达方舟印务有限公司
开　　　　本	700毫米×1000毫米　1/16
印　　　　张	18.75
字　　　　数	227千字
版　　　　次	2011年12月第1版　2011年12月第1次印刷
标 准 书 号	ISBN 978-7-214-07644-1
定　　　　价	35.00元

（江苏人民出版社图书凡印装错误可向本社调换）

《一问一世界》

杨澜入行 20 年首部传记作品
立体展现杨澜非常媒体生涯

杨澜 朱冰 著　定价：32.00 元

　　她，被推选为"能推动中国前进，重塑中国形象"的新时代女性；她，创建了中国第一个以历史文化为主题的卫星频道；她，采访了数百位世界政要和各界风云人物，被誉为"中国的华莱士"；她，荣获了国家公益慈善领域最高奖——中华慈善奖……荧屏内外、舞台上下，她用她的美丽与知性，打动了中国，撬动了世界！她——就是杨澜！

　　这本书是杨澜入行20年首部传记作品,书中通过采访500多位世界政治、商业、艺术、体育、文化等各界精英人物，经由一次次提问，串联起杨澜印象深刻的若干采访，立体展现了她的非常媒体生涯，记录了一个真实的杨澜和这个时代的历史真相。

　　在书中，杨澜将告诉你：她从1990年到2010年的生命跨越和岁月流转；她与基辛格、克林顿、布莱尔、老布什、李光耀、韦尔奇等高端人物的交往秘辛；她如何在人生每个节点自由潇洒地转换；她对"赢"的重新理解和体悟；她眼中的传媒江湖……

《活着已值得庆祝》

首届中国达人秀总冠军刘伟首部自传作品
一本能够撼动所有人的心灵成长史

杨澜、倪萍序荐，周立波、伊能静、高晓松力荐
刘伟 著 定价：32.00 元

刘伟，中国达人秀首位总冠军，10 岁时不幸被十万伏高压电击中而截去双臂，当命运一次次把他推向鬼门关，他却奇迹般逃离死亡，并以他的坚忍和意志战胜了所有的困难：他不但夺得了全国残疾人游泳锦标赛的冠军，刷新了用脚打字最快的吉尼斯纪录，而且还自学钢琴，成为世界上第一个用脚演奏钢琴的钢琴家，并成功登上维也纳金色大厅的舞台。

刘伟的故事，感动了世界，他成为新一代中国人的精神偶像。

杨澜说他是一个让世界惊艳的人！

倪萍感慨听他的音乐像灵魂过电一样！

周立波把他比做一个奇迹！

伊能静称他是达人中的达人！

《活着已值得庆祝》是刘伟用双脚敲打出的感人作品，作者用朴实的笔触讲述自己失去双臂前后十余年不平凡的经历，倾诉他对生存、死亡以及人生的深切感悟；首次披露了他两次与死神擦肩，成功挑战各种生命难题，一次次排除常人难以想象的困难，经历从绝望到看到希望，从忍受挫折到走向成功的心路历程。

刘伟以他的真诚和戏谑，以他传奇般的人生经历和对生命的深切感悟，传递了永不放弃的精神力量，诠释了活着的本真意义。相信这部不寻常的心灵自白将对所有在尘世中慢慢前行的人带来巨大的心灵震荡！